中国财政风险金融化的传导机制与宏观效用研究

Research on the Transmission Mechanism and Macroscopic Effect of Financialization of Fiscal Risk in China

张圆圆◎著

中国经济出版社
CHINA ECONOMIC PUBLISHING HOUSE

图书在版编目（CIP）数据

中国财政风险金融化的传导机制与宏观效用研究 / 张圆圆著 . -- 北京：中国经济出版社，2024.3

ISBN 978-7-5136-7699-1

Ⅰ. ①中… Ⅱ. ①张… Ⅲ. ①财政管理－风险管理－研究－中国 ②金融风险－风险管理－研究－中国 Ⅳ. ① F812.2 ② F832.1

中国国家版本馆 CIP 数据核字（2024）第 061258 号

责任编辑 张 巍 王洪聪
责任印制 马小宾

出版发行 中国经济出版社
印 刷 者 天津嘉恒印务有限公司
经 销 者 各地新华书店
开　　本 710mm×1000mm 1/16
印　　张 16.5
字　　数 296 千字
版　　次 2024 年 3 月第 1 版
印　　次 2024 年 3 月第 1 次
定　　价 78.00 元

中国经济出版社 **网址** http://epc.sinopec.com/epc/ **社址** 北京市东城区安定门外大街 58 号 **邮编** 100011
本版图书如存在印装质量问题，请与本社发行中心联系调换（联系电话：010-57512564）

前言

财政与金融在中国特色社会主义市场经济中形成犬牙交错的关系，财政风险金融化的形成与发展演变存在客观必然性。防范化解金融风险是金融工作的根本任务，也是作为国家治理基础和重要支柱的现代化财政工作的重要任务，新时期和新常态对财政与金融在平衡稳增长和防风险中的协同配合提出新要求。研究财政风险金融化的产生基础与传导机制对防范化解重大风险、推动经济高质量发展具有重要意义。

本书在阐述财政风险、金融风险与财政风险金融化基本概念，梳理相关理论和文献研究综述的基础上，提出财政与金融功能、财政与金融资金之间的差异与联系，财政与金融在本质与主体、基本功能和政策工具等方面存在差异，但在配置资源和稳定经济等功能方面有共同之处；财政与金融资金的性质不同，货币资金与货币经济的存在是财政与金融资金产生联系的前提，两者在资金运动中的联系主要体现在互为收入来源与互为资金来源两个方面。财政风险和金融风险的双向转移是经济运行中的客观现象，可以形成一个闭环式循环，财政风险金融化与金融风险财政化的本质、产生条件与传导机制均不相同，风险循环机制并非简单的单一链条式传导。政府参与并干预经济活动为财政风险金融化提供了重要的前提条件，财政风险金融化的产生原因主要包括财政收入的增长受到法律和经济的约束、经济刺激政策的需要以及基础设施建设投资规模快速增长等。财政风险金融化现象的根源在于财政风险，传导机制及特征表现主要受经济体制类型、金融体系结构与资本市场的资金充裕程度等因素影响，传导路径因运用金融手段化解财政赤字风险的方式不同而变化。财政风险金融化具有双重宏观效应，对资金的公共性效益增加和市场性效益损失应当加总考量。财政风险金融化的宏观评价标准可以从全社会财政与金融资源配置的有效性和宏观成本与收益两个角度进行分析论证，通货膨胀机制应以通胀率的波动对经济的影响为标准，银行机构系统性风险传导机制应以金融机构的系统性风险程度为标准。风险预警或防控目标的设定应当基于双重宏观效应，以防控财政风险金融化的负向宏观效应为主要目标，构建包含财政体系、金融体系和宏观经济体系三部分的防控机制与风险监测指标体系。

本书回顾了美国、日本、韩国和部分拉美国家财政风险金融化的演变历史，比较了不同经济体制下财政风险金融化的特征。从经济发展战略变化和财政金融体制改革、财政与金融在国民经济与资金融通中的关系与作用变化、财政风险金融化产生的原因与特征表现三个维度详述了我国自新中国成立以来财政风险金融化的历史演变。重点研究了后金融危机时期财政风险金融化产生的经济与制度因素，以及通货膨胀风险和银行机构系统性风险两类传导机制的新变化。

本书运用了不同的实证模型对后金融危机时期财政风险金融化传导机制的风险来源与作用路径，以及宏观影响效应程度与双重宏观效应进行测度分析。第一，运用动态因子分析法和时间序列模型分析两类传导机制的风险来源。研究表明在通货膨胀风险传导机制中，中央财政风险与地方财政风险对通货膨胀均有显著的正向作用，地方财政风险的作用更大；在银行机构系统性风险传导机制中，中央财政风险有显著的负向作用，地方财政风险有显著的正向作用，表明中央财政风险可以降低银行机构的系统性风险，地方财政风险是这一传导机制形成的决定性因素。第二，通过对比与分类论证，分析传导机制的作用路径。分析认为，通货膨胀风险机制中主要是地方财政风险引起房地产价格的快速上涨，进而导致广义通货膨胀风险；银行机构系统性风险传导机制中地方财政风险对国有商业银行的信用风险影响不显著，股份制商业银行、城市商业银行和农村金融机构是其主要的资金来源和传导渠道，中央财政风险对国有商业银行和农村金融机构信用风险影响较为显著，这主要源于国有商业银行的发展定位与经营规模和农村金融机构业务经营范围等因素影响。第三，运用有调节的中介效应模型分析财政风险金融化对宏观经济总体影响效应。分析认为，财政风险和财政风险金融化对宏观经济的影响同时存在，财政风险金融化实质是财政风险对宏观经济影响的一个中介效应，约占整个财政风险宏观效应的四分之一，且在金融体系结构因子的调节作用下，宏观效应占比上升显著。第四，运用门限效应回归模型分析财政风险金融化的双重宏观效应，分析认为财政风险、财政风险金融化与宏观经济增长的关系均为“倒U形”，财政风险金融化可以延缓财政风险对宏观经济的负面冲击，使负向效应延迟出现，在低风险区间与预警区间内，财政风险金融化对宏观经济有显著的正向促进作用，对处于控制区间的财政风险金融化现象则要实施严格的外部监管与政策干预。

在经济进入新常态和防范化解重大风险进入持久战的背景下，结合我国金融风险产生的根源与特殊性和我国防范化解重大风险面临的现状，提出防控财政风险金融化的基本原则、制度框架及相关政策建议。防控财政风险金融化要建立在财政风险金融化双重宏观效应的基础上，合理运用其正面效应促进经济增长，同时要严格控制过度金融化对金融安全与稳定的负面影响。合理划分财政与金融在资金融通中的不同职能，政府债务融资要严格秉持市场化原则，分离政策性金融与商业性金融职能。从财政与金融两个方面搭建风险防控的制度框架，财政方面要强化预算法治与严控隐性债务，建立各级政府事权、支出责任和财力相适应的预算管理体制，改革和完善地方政府融资机制，加强财政支出管理，提高财政资金使用效率；金融方面要发展健全直接融资市场，建立多层次差异化发展的金融机构体系，加强综合性监管与监管协同。实现宏观审慎管理的“本土化”，建立财政金融双支柱的中国式宏观审慎管理体系，提升财政在宏观审慎管理中的定位与作用，有效弥补现行宏观审慎管理政策的局限性，促进宏观效益的最大化。

PREFACE

In the socialist market economy with Chinese characteristics, the fiscal and financial issues have formed an interlocking relation ship. The formation and development of fiscal risks financialization are of objective inevitability. Preventing and defusing financial risks is the fundamental task of financial work, as well as an important task of modernizing fiscal work, which is the foundation and significant pillar of the national governance. In the new era, the new normal has raised new requirements to the coordination and cooperation between the fiscal and financial work in balancing steady growth and risk prevention. It is of paramount significance to study the generating basis and transmission mechanism of the fiscal risks financialization for preventing and defusing major risks and promoting high – quality economic development.

Based on the expounded research on the basic concepts of fiscal risks, financial risks, and fiscal risks financialization, related theories, and literature review, the book proposes the differences and connections between fiscal and financial issues. There are differences in nature and subjects, basic functions and policy tools, while have similar functions in allocating resources and stabilizing the economy. Fiscal and financial funds are different in nature. The existence of the monetary capital and monetary economy is the premise of the connection between fiscal and financial capital, and the relationship is mainly reflected in the two aspects of mutual income source and mutual capital source. The mutual transformation of the fiscal risks and financial risks is an objective phenomenon in economic operation, thus forming a closed loop. Fiscal risks financialization and financial risks fiscalization are different in nature, production conditions and transmission mechanism, and the risks circulation mechanism is not a simple single – chain transmission. The government's participation and intervention in economic activities provide essential prerequisites for the fiscal risks of financialization. The causes mainly include that the growth of fiscal revenue is constrained by law and economy, the need for economic stimulus policies and the rapid growth of investment scale in infrastructure construction. The characteristics and performance of the fiscal risks financialization depend on the nature of the economic system, the structure of the financial system and the adequacy of capital markets, and that root cause is fiscal risks. The transmission path changes alongside with the manner of using financial means to resolve fiscal deficit risks. The fiscal risks financialization has dual macro effect. Public benefit increase and marketable efficiency loss of the capital should be aggregated to assess macro effects. The macro effects evaluation standard can be analyzed and demonstrated from two perspectives: the effectiveness of fiscal and financial resources allocation in the whole society and the macro cost and benefit. The evaluation of inflation risks mechanism should be based on the impact of inflation fluctuations on the economy, and the banking institutions' systemic risks transmission mechanism should be based on the degree of systemic risks. The prevention mechanism should be established on the basis of double macro effect, and focus on controlling the negative macro effects of fiscal risks financialization. The risks monitoring index system should be constructed including fiscal system, financial system and the macroeconomic system.

This book reviews the evolution history of the fiscal risks financialization in the United States, Japan, South Korea and some Latin American countries, and compares its characteristics under different economic systems. This book introduces the historical evolution of the fiscal risks financialization in China since the founding of the People's Republic of China from three dimensions: the change in the economic development strategy and the reform of the fiscal and financial system, the change of the relationship and action between fiscal and financial issues in national economy and capital financing, and the causes and characteristics of the fiscal risks financialization. It focuses on the economic and institutional factors of the fiscal risks financialization in the post – crisis period, as well as the transmission mechanisms changes of the inflation risks and the banking institutions systemic risks.

This book avails different empirical models to measure and analyze the risks source and acting path of the fiscal risks financialization transmission mechanism in the post – crisis period, as well as the degree of the macro effects and dual macro attributes. Firstly, the dynamic factor analysis and time sequence models are utilized to analyze the risks sources of the two types of transmission mechanisms. The research illustrates that in the transmission mechanism of the inflation risks, both the central fiscal risks and local ones have significant positive effects on inflation, and the effect of the local fiscal risks stands greater. In the transmission mechanism of the banking institutions systemic risks, the central fiscal risks show a significant negative effect, while the local ones demonstrate an immensely positive effect, which indicates that the central fiscal risks can reduce the systemic risks of the banking institutions, and the local ones is the decisive factor of the formation of this transmission mechanism. Secondly, the book analyzes the acting path of the conduction mechanism through comparison and classified demonstration. The research holds that in the inflation risks mechanism, the local fiscal risks caused rapid rise of property prices, leading to the generalized inflation risks; in the transmission mechanism of the banking institutions systemic risks, the local fiscal risks have no significant impact on the state – owned commercial banks' credit risks, with the joint – stock commercial banks, city firms and rural financial institutions being their major funding sources and transmission channels. The central fiscal risks mainly have a significant impact on the credit risks of the state – owned commercial banks and rural financial institutions, which mainly stems from the development orientation and the operation scale of the state – owned commercial banks, the business scope of the rural financial institutions and other factors. Thirdly, the moderated mediating effect model is used to analyze the overall effect of the fiscal risks financialization on the macroeconomy. The study shows that the impact of the fiscal risks exists alongside with their financialization on the macroeconomy, and the essence of the fiscal risks financialization is a mediation effect of the impact of the fiscal risks on the macro economy, which holds about a quarter of the whole macro effect. Under the effect of the regulation of the financial system structure factor, the macro effect gets a marked increase in the proportion. Finally, the book employs the threshold effect regression model to analyze the dual macro effects of the fiscal risks financialization. The analysis shows that the relationship among the fiscal risks financialization and macro – economic growth illustrates an "inverted U shape", as well as fiscal risks and macro – economic growth. Fiscal risks financialization can slow down the negative macroeconomic impact of fiscal risks, and also delay the negative externalities appearance. Within the range of low risks and early warning, fiscal risks financialization has significantly positive promoter action to the macroeconomy, however, fiscal risks financialization phenomenon should be to implement strict external regulation and policy intervention in control range.

As the economy has entered the new normal and preventing major risks has entered the protracted war, the book proposes the basic principles, institutional framework and relevant policy suggestions for the prevention and control of the fiscal risks financialization, based on the causes and particularities of the financial risks and the current situation of preventing and defusing major risks in China. The prevention and control of the fiscal risks financialization should be founded on its dual nature, and make rational use of its positive effects to promote economic growth, with strict control over the negative effects of the excessive of financialization on financial security and stability. The different functions of the fiscal and financial issues should be reasonably divided, and the government debt financing should strictly adhere to the principle of marketization and separate the functions of policy – based finance and commercial finance. The systematic risks prevention and control framework should be established from fiscal and financial aspects: on the fiscal side, the legalization of budgets and implicit debt management should be strengthed, the budget management systems that commensurate administrative powers with spending responsibilities and financial resources should be put in place, the financing mechanism of local governments and government expenditures management should be reformed and improved; on the finance side, the direct financing market, multi – level differential financial institutions system, and comprehensive supervision and coordination of supervision should be developed and improved. In addition, it is suggested to establish the macro – prudential management system with both fiscal and financial work as pillars and realize "localization" of the system, enhance the position of fiscal work in the macro – prudential management framework in order to effectively make up for the limitations of the current macro – prudential management policy and promote the maximization of macro benefits.

目录

第1章　绪论

1.1　研究背景、意义及目标

1.1.1　研究背景

改革开放40多年来，在我国从传统计划经济体制向社会主义市场经济体制的转轨过程中，财政和金融的关系发生了重大的变化。有学者将改革开放初期财政与金融的关系形象地比喻为“两个相通的钱口袋”或“连裆裤”。在渐进转轨过程中，以财政计划为枢纽的“大一统”经济体制开始向财政金融体制结构性协调配合转变，财政与金融成为现代社会和经济发展不可或缺的两大经济系统，并在中国特色社会主义市场经济中通过资本市场形成愈加紧密的有机联系，且边界日益模糊。国内学者黄达指出，在财政收支与信贷收支之间有个犬牙交错的接合部，接合部交错的情况日趋复杂①，利用接合部的各种通道可以获取补充资金来源，实现资金互通，但也为财政金融风险的扩散开辟了复杂多样的传导渠道。

2008年国际金融危机过后，全球经济进入深度调整期，增长长期低迷，需求总体收缩，各国都在进行经济结构和发展模式的改革，培育新的经济增长点。发达国家将再工业化作为重塑竞争优势的重要战略，发出向实体经济回归的信号。与此同时，逆全球化和民粹主义思想回潮，世界经济复苏的不稳定不确定因素增多，中美贸易摩擦持续升级，世界经济格局发生重大转变，国际环境的新常态和外部风险为我国发展带来诸多挑战。2013年底的中央经济工作会议上习近平总书记首次提出我国经济进入新常态，并做出中国经济处于“三期叠加②”阶段

---

① 黄达．财政信贷综合平衡导论[M]．北京：中国人民大学出版社，2009：202.

② 三期叠加指我国经济处于增长速度换挡期、结构调整阵痛期和前期刺激政策消化期．

的重大判断，新常态下我国金融体系总体稳定，银行业资产负债规模和盈利水平持续保持增长态势，但金融领域处于风险易发高发期，呈现点多面广、隐蔽复杂等特性，突发性和传染性较强。2016 年末，银行业金融机构存贷款增速趋缓，非金融企业杠杆率高企，债务风险上升，商业银行不良贷款余额增至 1.51 万亿元，连续 21 个季度反弹，不良贷款率升至 1.74%①，虽然信用风险总体可控，但大额授信企业②违约事件频发，造成债务风险累积和新增融资的低效率运转。此外房地产市场出现局部泡沫风险，同业业务和表外业务规模增长较快，其中 2016 年末表外业务资产规模达到表内总资产规模的 109.16%③，中小银行存在较大的流动性压力和风险隐患。面对复杂严峻的金融风险形势，党的十九大报告提出"健全金融监管体系，守住不发生系统性金融风险的底线"要求；2017 年底中央经济工作会议首次将防范化解重大风险，尤其是防控金融风险作为三大攻坚战的首要任务，强调坚决守住不发生系统性金融风险的底线，促进金融体系内部、金融与实体经济形成良性循环。按照国务院金融稳定发展委员会审议通过的《2018—2020 年防范化解重大风险攻坚战三年行动方案》有关要求，自 2018 年起防范化解重大风险成为金融稳定工作的首要任务。2018 年底的中央经济工作会议进一步提出加强政策协同性，要求坚持结构性去杠杆的基本思路，防范金融市场异常波动和共振，稳妥处置地方政府债务风险，做到坚定、可控、有序、适度。

金融体系结构决定了金融风险的实质与表现。与欧美发达经济体相比，我国金融体系以间接融资为主，资本市场发展缓慢，创新发展的金融衍生品具有"类信贷"的本质特征，在市场体系结构、创新能力和发展水平等方面仍存在突出矛盾和问题，金融资金流向实体经济的渠道受阻，这些现实制约因素决定了我国金融风险具有鲜明的"中国特色"。后金融危机时期我国国内生产总值(Gross Domestic Product, GDP)增速开始放缓，宏观经济整体进入下行区间，在供给侧结构性改革、"三去一降一补"政策以及强监管、严监管的金融环境下，影子银行业务大幅收缩，非银行业金融机构利润下跌，存款类金融机构的盈利水平和资产负债规模增速放缓，信用风险加剧并逐渐蔓延，金融与实体经济陷入循环困境，财政收支矛盾更加凸显，地方政府债务和隐性债务风险增加，财政风险向金融领域的"转移行

① 中国人民银行金融稳定分析小组.2017 年中国金融稳定报告[M]. 北京：中国金融出版社，2017：36.
② 大额授信企业指银行授信总额在 10 亿元以上的企业。
③ 中国人民银行金融稳定分析小组.2017 年中国金融稳定报告[M]. 北京：中国金融出版社，2017：39.

为"较为突出，表现为财政风险金融化。由此可见，后金融危机时期我国的金融风险是在国际金融危机影响扩散的背景下，经济结构性、体制性和周期性矛盾叠加影响的结果，结构性和体制性矛盾使我国金融风险具有中国式的特殊性，金融风险的产生与蔓延和财政金融制度的不完善有直接关系，很大程度上是财政风险在金融领域的反映。财政风险金融化的存在与演变对金融稳定与经济高质量发展造成较为严重的影响，如何正确认识和科学处理财政风险金融化问题是当前国家发展战略和财政金融政策中的重要问题。金融和经济共生共荣，风险互通，金融是国家重要的核心竞争力，金融安全是国家安全的重要组成部分，防范化解金融风险是金融工作的根本性任务，也是作为国家治理基础和重要支柱的现代化财政的主要任务，财政与金融应当在平衡稳增长和防风险中增强协同配合能力，精准有效处置重点领域风险。

近年来，学术界对财政金融关系存在明显的争论和分歧，一些学者关注并开始研究财政风险或金融风险转移的问题，但是从财政与金融关系的综合视角研究我国财政风险金融化问题的理论性与系统性不足。在实践领域，当前维护金融稳定的宏观审慎管理政策更多地聚焦于金融领域，财政在金融监管中的参与度较低导致宏观审慎管理政策实施的有效性不足，金融风险仍在蔓延并呈多点暴发态势，防控金融风险的攻坚战逐渐转入持久战，以时间换空间的防控处置措施未能真正化解风险，只是在短期内缓释风险，并增加了后续风险处置的难度。因此，对财政风险金融化问题进行更加全面深入的理论研究，探索和正确认识后危机时期我国财政风险金融化的产生因素、传导机制和宏观效应，是我国化解金融风险、维护金融稳定、发挥财政在宏观审慎管理和现代化国家治理体系中的支柱作用的需要。

1.1.2 研究意义

本书研究兼具理论意义与现实意义，具体论述如下。

1.1.2.1 理论意义

理论意义主要有以下两点：

一是深化了中国特色社会主义市场经济体制下财政与金融关系的认识，系统提出财政风险金融化的产生基础，财政与金融、财政风险与金融风险的相互关系以及不同类型经济体制和我国不同历史阶段中财政风险金融化特征与传导机制的演变等。传统的财政与金融关系理论研究更多集中在财政政策与货币政策的协调配合共同促进经济发展方面，在金融危机理论中对财政的研究主要集中在政府救助方面，对造成金融风险的财政因素讨论较为单一，学术界对金融风险的研究更多集中于金融领域，忽视了财政与金融的关系在我国当前体制下的特殊反映。本书认为影响金融风险的财政因素是多维度的，既有中央与地方财政风险变动影响，也有宏观财政金融政策和财政金融体制特征影响，更有地方政府通过对金融资源的行政干预和调控造成的隐性债务风险，应当从防范风险角度研究财政与金融的关系变化，在平衡稳增长与防风险目标中建立财政政策与金融政策的协同配合机制。

二是对财政风险金融化进行宏观评价，提出宏观评价标准。财政是国家治理的重要基础，是各种利益的交汇点，现代财政的新使命是解决新时代面临的公共风险，是解决经济社会发展不平衡、不充分的问题。财政或金融风险的研究不能单一局限于财政或金融领域，金融风险与财政风险构成了风险循环机制，应当着眼于风险的产生根源与本质特征，精准施策，以财政金融综合视角管理风险。本书在研究财政风险金融化产生的制度与经济因素和财政风险向金融风险传导机制的基础上，从宏观视角对财政风险金融化做出客观、科学的评价，分析论证了财政风险金融化的双重宏观效应，并提出财政风险金融化的宏观经济效应评价标准与预警防控机制，丰富扩充了财政与金融关系理论的研究范围。

1.1.2.2 现实意义

通过从理论和现实两个方面对我国财政风险金融化发生机制和条件进行分析，为我国推进财税与金融体制改革、防范财政风险、制定财政政策以及合理控制财政风险金融化等提供政策参考。具体来说包括以下三点：

一是从防范风险的角度推进财税与金融体制改革。本书深入分析了财政风险金融化传导机制与影响因素，指出现阶段货币政策与宏观审慎管理政策在防范金融风险方面存在局限性。单一地从供给端化解金融风险的理论与实践无法从根本上抑制风险的产生，因为对于资金供给方的银行机构来讲，信贷投向、信贷规模、资产质量状况，甚至于不良资产处置核销等都可能受到“国有背景”企业和政府多种形式的干预与影响。因此应当双管齐下，统筹管理资金的需求端与供给端，推进财税与金融体制改革，加强资金运用主体的风险管控与制度约束，完善防范系统性金融风险的制度框架，为维护金融稳定和打好金融风险持久战提供政策支持。

二是从财政风险与金融风险相关性的角度提出防控财政风险的意义与措施。

除金融机构本身的逐利性和金融监管滞后外，不合理地运用金融方式解决财政风险也是当前金融风险蔓延的重要原因。此外，由于金融风险处置制度的不完善和金融稳定的准公共物品性，金融风险的化解往往需要财政资金作为最后兜底，这进一步加剧了财政压力或财政赤字，从而形成了恶性循环：财政风险—金融风险—财政风险。因此财政风险是风险转移机制与循环机制的关键点，防范财政风险是控制财政风险与金融风险相互转化的重要措施，也是实现财政与金融良性互动的前提条件。

三是通过对财政风险金融化的分析与评价为财政政策的制定提供参考。财政与金融是政府与市场关系的直接反映，财政风险金融化是政府干预市场的结果，政府干预金融资源的配置是解决发展中国家或转轨经济体后发劣势的有效途径，但超过一定程度的金融化会对经济增长形成负面效应。本书在分析财政风险金融化产生因素与传导机制的基础上，运用财政金融相关数据，从多个维度论证分析财政风险金融化的影响效应，从宏观视角对财政风险金融化做出合理评价，论述其双重宏观效应，为政府合理运用金融资源缓解财政压力、实现经济增长和金融稳定双重政策目标，以及构建适合我国国情的宏观审慎管理框架提供政策参考。

1.1.3 研究目标

从理论上深入分析财政与金融在功能和资金方面的差异和联系，揭示财政风险和金融风险的双向转移机制和风险循环机制，以宏观视角论述财政风险金融化的双重宏观效应，提出宏观经济效应评价标准，合理运用其正向作用的同时控制负外部性风险，构建财政风险金融化的预警与防控机制。

系统论述财政风险金融化产生的现实基础和历史演变，分析影响财政风险金融化传导机制的核心要素和变革路径。以美国、日本、韩国和部分拉美国家为例，比较论述经济金融体制等因素对财政风险金融化传导机制和特征演变的影响。从经济发展战略变化与财政金融体制改革、财政与金融在国民经济中的关系与作用变化、财政风险金融化产生原因与表现三个维度分析不同历史阶段我国财政风险金融化的传导机制与特征演变，重点研究后危机时期财政风险金融化产生的经济与制度因素及传导机制变化。

研究论证财政风险金融化程度与传导机制的异质性。分析后危机时期中央财政风险与地方财政风险在通货膨胀风险传导机制和银行机构系统性风险传导机制中的作用程度。研究论证财政风险金融化的来源以地方财政风险为主，通货膨胀风险主要体现为房地产价格上涨，银行机构系统性风险成为这一时期主要的财政风险金融化表现。此外按通常标准将商业银行进行分类，论证财政风险金融化在银行体系内的作用路径，以及对不同类型商业银行信用风险的影响程度。

实证研究财政风险金融化的双重宏观效应，提出防控财政风险金融化的制度改进建议。分层次论证财政风险金融化与宏观经济增长之间的线性与非线性关系，首先通过建立有调节的中介效应模型分析财政风险金融化对宏观经济的影响效应，以及金融体系结构对财政风险金融化宏观经济效应的调节作用。其次建立非线性的门限效应回归模型，论证财政风险金融化存在双重宏观效应，在一定区间内或阈值以下，财政风险金融化对宏观经济增长有正向促进作用，可以延缓财政风险对宏观经济的负面冲击，应当建立分区间的预警与防控机制，充分合理地运用财政风险金融化的正向效应。最后提出防控我国财政风险金融化的基本原则与制度改进等政策建议，为促进财政政策与金融政策在宏观审慎管理方面的协调配合提供政策参考。

1.2 研究相关概念

1.2.1 财政风险

"风险"一词在《新帕尔格雷夫经济学大辞典》中被定义为确定性的损失，财政风险是财政领域内面临的概率性损失，是政府未来面临财政压力的来源①。国内学者将财政风险界定为由于财政制度和财政手段本身的缺陷或者宏观经济等多种因素不确定性影响，导致财政收支总量或收支结构失衡，使政府未来拥有的公共资源无法满足其未来履行支出责任和义务的需求②，进而使社会、经济和政治等各方面面临严重损失的可能性，是全社会风险的最终承担者③。

本书研究的财政风险限定为财政赤字风险，是财政风险最集中、最直接的表现。主要指政府在经济活动过程中，由于多种经济因素的不确定性以及财政政策和制度等方面的原因，导致财政收支总量失衡，使得财政支出大于财政收入而产

---

① Hana Polakova Brixi，Allen Schick. Government at Risk：Contingent Liabilities and Fiscal Risk[M]. The World Bank and Oxford universality Press，2002.

② 刘尚希．论政府的公共主体身份与财政风险的两个层次[J]．天津财经大学，2005(6)：3 –7.

③ 刘尚希，隆武华，赵全厚．论财政风险[J]．财经问题研究，1997(12)：3 –8.

生的风险。财政赤字风险的存在与扩大使政府的财政收入无法满足其履职和实现战略政策目标等支出需求。根据赤字产生的预算层级不同，财政赤字风险可划分为中央财政赤字风险和地方财政赤字风险。如无特殊说明，本书研究中的财政风险主要指赤字风险。

1.2.2 金融风险

金融风险通常是指在资金融通活动过程中，经济主体所持有的金融资产在未来时期内预期收入遭受损失的可能性风险。本书研究的金融风险包含通货膨胀风险和银行机构系统性风险两种主要类型。

1. 通货膨胀风险

主要指因货币供给量的增加，使得商品、服务以及资产价格普遍持续上涨的风险。由于消费者物价指数(Consumer Price Index，CPI)衡量通货膨胀水平具有局限性①和长期失真问题②，本书将住房价格纳入通货膨胀风险指标，以反映包含资产价格在内的广义通胀水平变化趋势。需要重点说明的是，由于我国商品房制度改革较晚，因此在研究2008年金融危机以前我国财政风险金融化的通货膨胀风险传导机制时，通货膨胀指标不包含住房价格，仅指主要商品与服务等消费品价格变动。此外本书研究的通货膨胀风险产生原因只限定在金融体系内，其他影响通货膨胀的因素(如成本推动型通货膨胀)不在本书研究范围内。

2. 银行机构系统性风险

主要指因商业银行机构经营不善、交易对手违约或经济周期波动等金融体系内外部因素影响，导致银行机构盈利能力下降，出现较大范围的信用违约风险或流动性危机。

1.2.3 财政风险金融化

政府化解财政赤字风险时，根据化解方式不同，有可能会引起以下三类风险。

---

① 周小川．拓展通货膨胀的概念与度量[J]．中国金融，2020(24)：9－11.

② 彭刚，刘曼赟，胡志九．广义价格指数与中国货币之谜：指数编制和成因解释[J]．统计与信息论坛，2021，36(5)：3－13.

1. 政府履职风险

当财政收入较大幅度小于财政支出需求时，政府采取压缩财政支出来保持财政收支平衡，可能会因为财政支出不足而出现政府无法履行公共服务职能的风险。

2. 政府信用风险

政府为满足公共服务的需要，通过向资本市场融资(发债)来弥补赤字，但是当债务负担过重时，可能产生对债权人的违约风险(不能如期偿还债务)；当债权人为金融机构时，会形成金融风险。

3. 金融风险

当政府通过财政手段无法满足弥补赤字的需求时，为保障正常履职和提供公共服务，可能采取增加货币供给量、获取信贷资金或转移财政功能等方式以补充财政收入或减少财政支出。运用金融资金化解财政赤字可以在一定程度上解决政府的资金需求，缓解财政风险，但过度地运用非市场化方式配置金融资金可能导致金融体系风险，进而影响宏观经济稳定与发展。

本书研究重点为运用金融手段化解财政赤字风险的问题，也称财政风险金融化。具体而言，财政风险金融化是指政府在运用财政工具或财政资金无法化解财政风险时，通过控制金融资金的分配或使用金融资金来缓解财政风险，在此过程中会造成财政风险向金融体系转移，通过一定渠道转化为金融风险。如表 1－1 所示。

表 1－1　化解财政赤字风险的方式及结果

风险起源	解决路径	可能的风险结果	风险性质
财政赤字	减少支出以求平衡	无法保障政府提供公共服务或公共物品的履职需求	政府履职风险
	发行债券	债务负担过重时，可能产生信用违约风险	政府信用风险和金融风险
	增加货币供给量	物价或资产价格上涨引起通货膨胀风险	金融风险
	运用金融信贷资金(如政府融资平台贷款等)	信贷过度集中或偿债能力差等因素导致金融机构资产质量恶化	
	转移财政功能至金融体系(如政策性贷款等)	挤出效应，加大金融机构负担和信用风险，影响金融机构正常运行	

此外，与财政风险金融化相对应的一个概念是金融风险财政化，它是金融体系风险过度累积引起系统性风险和金融危机时，为维持金融稳定，降低对宏观经济的负面冲击，政府运用财政资金进行公共救助，进而加剧财政风险的现象。财政风险金融化和金融风险财政化均是客观存在的经济现象，两者都具有双重宏观效应，在一定条件下对宏观经济增长具有正向促进作用或负向抑制作用。本书研究主题限定为财政风险金融化问题，对金融风险财政化问题不做深入分析。

1.3 研究理论基础

1.3.1 公共财政理论

美国财政学家马斯格雷夫在经典著作《公共财政理论》中论述了公共财政的起源与本质。由于市场失灵的存在，仅依靠市场机制无法满足公共需求，需要政府在公共服务领域提供公共产品以弥补市场失灵。为保证政府不在公共服务领域以外提供公共产品，从而对私人经济形成挤出效应，必须由立法部门进行立法规范，明确政府提供公共产品的范围。在公共财政理论中，政府的财政职能或经济功能主要有三大类。

1. 稳定经济

稳定经济的功能包含充分就业和物价稳定等多重政策目标，调节经济的财政机制主要有四种：一是通过交替实行扩张型或紧缩型财政政策来调节财政支出和税收水平，保持社会总供给和社会总需求的大体平衡。二是自动稳定器机制，通过累进税制度、失业救济金等制度性安排，发挥自发稳定经济的作用。三是通过税收、财政补贴和政府等政策安排，加快发展公共基础设施，以此来刺激经济，加大总产出。四是满足社会非生产性公共需要，为经济发展创造良好稳定的社会环境。

2. 调节收入分配

财政可以通过调节收入分配实现经济公平和社会公平，在厘清市场分配与财政分配界限的基础上，运用工资制度、税收、转移性支出等方式，满足社会个体维持基本生活和基本福利保障的需求。

3. 配置资源

财政配置资源的功能是指对社会总产品或生产要素的配置。财政调节资源配置作用主要体现为根据政府职能确定社会公共需要的基本范围，确定财政收支的合理规模；优化财政支出结构，调节非生产性与生产性、购买性和转移性等支出间的比例关系；调节政府投资的规模与结构，提高社会投资整体效率。

公共财政理论认为财政可以在公共服务领域提供公共产品和在市场机制下调节资源配置，这一理论为财政和金融共同在货币流通领域发挥资金配置职能，从而形成多样化的资金和风险等传导渠道提供了理论支持。

1.3.2 政府干预理论

政府干预理论为政府运用财政政策调控市场经济提供了理论支持，也为本书分析财政风险金融化的产生原因和正向宏观效应提供了理论基础。政府干预理论经历了凯恩斯主义、新古典综合和新凯恩斯主义三个重要阶段的演变与发展。

1. 凯恩斯主义理论的政府与市场关系

20世纪20年代至30年代的大萧条时期，凯恩斯从方法、理论和政策三个方面，对传统的新古典经济学进行了变革，被称为凯恩斯革命。主要贡献在于从非充分就业的前提条件出发，提出了有效需求理论，认为就业水平和国民收入水平的高低由需求决定。在非充分就业的情况下，投资增加会通过乘数效应成倍增加国民收入，收入增加会导致储蓄增加，投资支配储蓄。经济体系的自发运行通常由于有效需求不足而处于小于充分就业的均衡状态，因此要消除总需求不足带来的非自愿失业，最有效的方法就是通过财政政策扩大总需求。政府可以通过借债来为扩大开支筹集资金，实行赤字财政政策。

2. 新古典综合理论的政府与市场关系

20世纪50年代中期开始，萨缪尔森等经济学家为使凯恩斯经济学成为既适用于非充分就业又适用于充分就业情形的一般理论，发展了新古典综合，把凯恩斯主张的政府干预和古典学派主张的市场机制调节综合起来，提出混合经济理论。一是用相机抉择的财政政策取代凯恩斯的扩张性财政政策，用补偿性的财政政策取代凯恩斯的赤字财政政策，进而提出“充分就业预算”政策。二是用财政政策和货币政策并重取代凯恩斯对财政政策的偏重。根据IS－LM模型分析得出财政政策和货币政策同样重要的结论，要依据经济形势的特点、经济问题的性质和严重程度选择政策措施组合和政策措施的力度。三是主张政府干预与市场机制自动调节相结合。经济中存在非自愿失业或实际的 GDP 小于潜在的 GDP 时，需要通过政府干预来扩张总需求；当经济接近或达到充分就业时，主要依靠市场机制来配置资源。

3. 新凯恩斯主义理论的政府与市场关系

20 世纪 80 年代在继承凯恩斯主义传统理论的基础上，以曼昆、泰勒、克鲁格曼为代表的经济学家把失业和经济波动作为研究主题，借鉴吸收新古典宏观经济学中有价值的内容建立了新凯恩斯主义宏观经济学。主张在不完全竞争以及价格黏性的前提下财政政策有效，扩张性的财政政策能促进经济增长。一是劳动市场理论。运用工资黏性和价格黏性假设在微观经济学基础上解释了劳动市场失灵、高通货膨胀和高失业率并存等问题。政府干预可以纠正市场失灵，通过抑制价格黏性，保持价格弹性，以修复失灵的市场机制，稳定总产量。二是信贷配给理论。银行通常从自身利益最大化角度出发运用配给的方式使信贷市场达到均衡，但资本市场处在非出清状态。政府推行信贷补贴或提供贷款担保等政策，可以降低市场利率，改善信贷资源配置，使那些有社会效益的项目能够得到贷款。三是协调失灵理论。市场机制无法成功地协调整体的经济行动，宏观经济将会出现多重均衡，并可能陷入就业不足均衡。财政政策可以减缓经济衰退，即便政府干预不能够完全避免衰退，也能够把经济提升到较高产出水平的均衡位置。

二战结束后，凯恩斯思想渗透到发达国家的有关法律和政策中，发达国家纷纷制定充分就业计划，如罗斯福新政。英美等主要发达资本主义国家经历了长达 25 年高就业率、高增长率和低通货膨胀率的繁荣时期。但凯恩斯主义政策也带来了不少副作用，主要是政府预算规模不断膨胀，财政赤字和政府债务不断增加。

1.3.3 金融发展理论

20 世纪 60 年代以前，金融作为工业化和资本积累的工具一直处于附属和被支配的地位，随着 60 年代中期新古典主义理论对市场作用的重视，金融发展才开始受到学术关注。金融发展理论主要研究金融发展与经济增长的关系，以及一国金融体系在经济发展中应当发挥的作用等。以罗纳德 · I. 麦金农和肖等为代表的经济学家先后提出了金融抑制理论、金融深化理论和金融约束理论，以发展中国家为研究对象，深入分析了抑制经济增长的金融因素，为发展中国家和地区的货币金融政策制定及金融改革实践提供了理论基础。

1.3.3.1 金融抑制理论

美国经济学家罗纳德·I. 麦金农和肖在批判传统货币理论和凯恩斯理论的基础上，研究证明了金融发展与经济发展存在相互制约与促进的辩证关系，提出金融抑制理论。金融抑制和经济落后会形成恶性循环，即政府过度干预会抑制金融体系发展，金融体系的发展滞后会阻碍经济技术进步。金融抑制政策工具通常包括名义利率管制、高存款准备金率、外汇管制、外源融资限制和成立政策性信贷机构等。主要观点如下：

实际货币余额和物质资本间存在互补性，私人部门对实际存贷款利率敏感，实际货币余额的增加将导致投资与总产出的增加。低水平的实际存贷款利率使实际货币余额很低，从而抑制了总产出的增长。

由于存在名义利率上限和较高的通货膨胀率，使得实际利率较低或负利率，较低的存款实际收益率导致低储蓄率。商业银行因利率管制无法进行风险差别定价，只能以“配给”方式授信，并进行资金投机，通常会以较低的实际贷款利率投资低收益和低风险项目，尤其是与政府相关的信贷业务。或者说能够获得贷款的大多是中央和地方政府所属的国有企业或者与官方金融机构有密切关系的民营企业。对于非政府类项目或高风险项目来说，通过银行间接融资很难，只能依靠政策补贴或通过非正式渠道融资，从而在某种程度上促进了非传统信贷市场的快速发展。

金融抑制在初期可以使国家获得一定的资本积累，但总体来讲会阻碍经济的持续增长，最显著的副作用是资本市场的效率低下，使得价值规律发生扭曲，偏离理论上的最优货币化点，货币实际收益与服务的边际成本往往大于新投资的边际收益，无法引导金融资源实现最优化配置。此外，当外源融资成为稀缺资源后，就会将大部分中小民营企业排除在正规融资体系之外，这类企业获得投资资金存在各种障碍，进而削弱了经济的发展活力和创新力。

1.3.3.2 金融深化理论

罗纳德·I. 麦金农和肖提出了金融深化理论以解决发展中国家的金融抑制问题，理论认为大多数发展中国家处于“分割经济”状态，即居民、企业和政府部门等经济主体间相互独立，各经济主体无法获得统一的生产要素和同等水平的生产技术，资本市场一般较为落后，间接融资机制较少，中小企业只能依靠内源融资即自身积累货币来解决现金流问题。为解决金融抑制所带来的各种负面效应，发展中国家应积极实行金融自由化或金融深化。政府应避免过度干预金融市场，实现利率和汇率的市场化，将控制通货膨胀作为主要的政策目标之一，从而提高储蓄率和储蓄向投资转化的效率。

1.3.3.3 金融约束理论

以赫尔曼、穆尔多克和斯蒂格利茨为代表的经济学家在1997年提出了金融约束理论①，金融约束是指政府通过一系列的金融政策在企业部门创造金融租金，这些政策通常包括利率管制、限制市场准入或限制直接竞争等，使得金融租金能在生产部门和金融部门之间合理分配，充分调动金融企业、生产企业和居民等各个部门生产、投资和储蓄的积极性。

为避免金融约束政策在具体执行过程中异化为金融抑制，政府需要建立相应的政策实施环境，如稳定的宏观经济环境、低通货膨胀率、正实际利率以及政府对企业和银行经营尽量减少行政干预，使银行和企业经营行为遵循市场规律。金融约束有助于金融深化和发展。在发展中国家管理存款利率比控制资本对提升银行的经营绩效更为有效，在金融约束条件下，新增存款意味着金融租金的增加，市场准入的限制使得现有银行可以吸收更多的存款，从而增加投资供给，促进总产出的增长。

金融发展理论为解释财政风险金融化本质和财政风险向金融体系转移行为等问题提供了理论依据，同时为本书论证财政风险金融化对宏观经济增长的影响效应和合理控制财政风险金融化提供了理论指导。

1.3.4 财政与金融关系理论

我国财政与金融关系理论的发展可以划分为两个阶段：一是计划经济体制时期的财政与金融关系理论，以国内学者黄达为代表；二是改革开放后形成的中国特色社会主义市场经济体制下的财政与金融关系理论，主要包括邓小平理论和习近平新时代中国特色社会主义理论中有关财政与金融关系的论述。财政与金融关

---

① 托马斯·赫尔曼，凯文·穆尔多克，约瑟夫·斯蒂格利茨．金融约束：一个新的分析框架[J]．经济导刊，1997(5)：43-48.

系理论的形成与发展为界定财政与金融关系，论述财政与金融在资源配置中的相互融通与相互作用，以及计划经济体制与转轨经济体制中财政风险金融化的传导机制与表现提供了理论支持。

1.3.4.1 黄达的社会主义财政与金融关系理论

20世纪60年代至70年代，以黄达、陈共为代表的国内经济学者开始从理论上总结研究社会主义体制下的财政与金融问题，包括社会主义经济中的货币职能、资金实质与特征、财政和信用在社会主义再生产中的地位与作用，以及国民经济与财政信贷综合平衡理论①，其中涉及财政与金融关系的主要理论如下。

社会主义财政是社会产品价值通过国家的集中分配。财政分配的实质是再生产过程中社会产品价值量的分配，表现为货币的收支，基本特征是以国家为主体在全社会范围内的集中性分配。通常情况下，财政分配具有国家强制性和无偿性，但在一定范围内也可以采取有偿形式，如发行债券等。社会主义财政是再生产过程中的内在环节，其作用主要体现在两个方面：一是影响社会产品实现的速度和产品构成；二是影响社会积累和消费，从而促进生产有计划、按比例、高速度地发展。

信用的基本职能是以有偿性为前提，将社会再生产中的闲置货币资金进行再分配。在实现再分配资金职能的同时，发挥提供和创造流通手段和支付手段的职能。信用调节国民经济的作用体现在调节贷款数量和方向、调节积累和消费或积累内部的比例、通过授信条件与利率调节企业经营管理以及调节流通中的货币量上。

社会主义财政与信贷的关系表现在共同为社会再生产过程提供货币资金。财政与银行信贷在再生产供应资金方面存在共同领域，各种显性与隐性的联系形成犬牙交错的接合部，因此需要对国民经济范围内的财政银行信贷资金的总需求和总供给进行统一核算，正确处理国民经济发展与财政信贷综合平衡的关系。

1.3.4.2 中国特色社会主义市场经济体制下的财政与金融关系理论

1. 邓小平财政与金融关系理论

邓小平理论从根本上打破了将计划经济和市场经济看作社会基本制度范畴的

① 黄达，陈共，侯梦蟾，周升业，韩英杰．黄达书集(第三卷)——社会主义财政金融问题[M]．北京：中国金融出版社，2005.

传统观点，提出社会主义市场经济理论。理论认为计划和市场都是经济手段，两者应当有机结合，通过经济体制改革建立社会主义市场经济体制，使市场在社会主义国家宏观调控下对资源配置起基础性作用，加强和改善国家对经济的宏观调控；实行政企分开，政府的主要职能是统筹规划、掌握政策、信息引导、组织协调、提供服务和检查监督；金融是现代经济的核心，银行的职能不能只是金库，在促进经济发展、技术革新、资源配置及宏观调控等方面应发挥重要作用。在邓小平理论指导下，我国的财政金融体制在改革开放后发生了根本性变化，随着财政与金融在国民经济中职能与作用的调整，财政风险金融化的传导机制也发生实质性改变。

2. 习近平新时代中国特色社会主义财政与金融关系理论

习近平新时代中国特色社会主义理论是对社会主义市场经济理论认识的深化与发展，党的十八届三中全会对财政与金融、政府与市场的关系重新进行科学定位，对中国特色社会主义建设规律认识取得新突破。

关于财政与金融的定位。财政是国家治理的基础和重要支柱，科学的财税体制是优化资源配置、维护市场统一、促进社会公平和实现国家长治久安的制度保障。金融是国家重要的核心竞争力，维护金融安全是治国理政的大事，金融工作应遵从回归本源、优化结构、强化监管和市场导向四项重要原则，服务实体经济是金融的天职和宗旨。

关于政府与市场的关系。中国特色社会主义理论提出社会主义市场经济改革的核心是正确处理政府与市场的关系，充分发挥市场在资源配置中的决定性作用，更好发挥政府作用，推动有效市场和有为政府更好结合，构建高水平社会主义市场经济体制。理论认为政府的职责和作用主要是保持宏观经济稳定，加强和优化公共服务，保障公平竞争，加强市场监管，维护市场秩序，推动可持续发展，促进共同富裕，弥补市场失灵。一方面完善发展社会主义市场经济体制必须遵循市场决定资源配置这一基本规律，充分发挥市场调节作用，激发各类市场主体活力，最大限度减少政府对资源的直接配置，逐步解决政府过度干预、市场体系不完善和监管不到位的问题，实现资源配置效益最大化和效率最优化。另一方面要坚持发挥社会主义制度的优越性，更好发挥政府在资源配置中的作用。在保证市场发挥决定性作用的前提下，管好市场管不了或管不好的事情。

1.4 研究思路、主要内容及方法

1.4.1 研究思路与框架

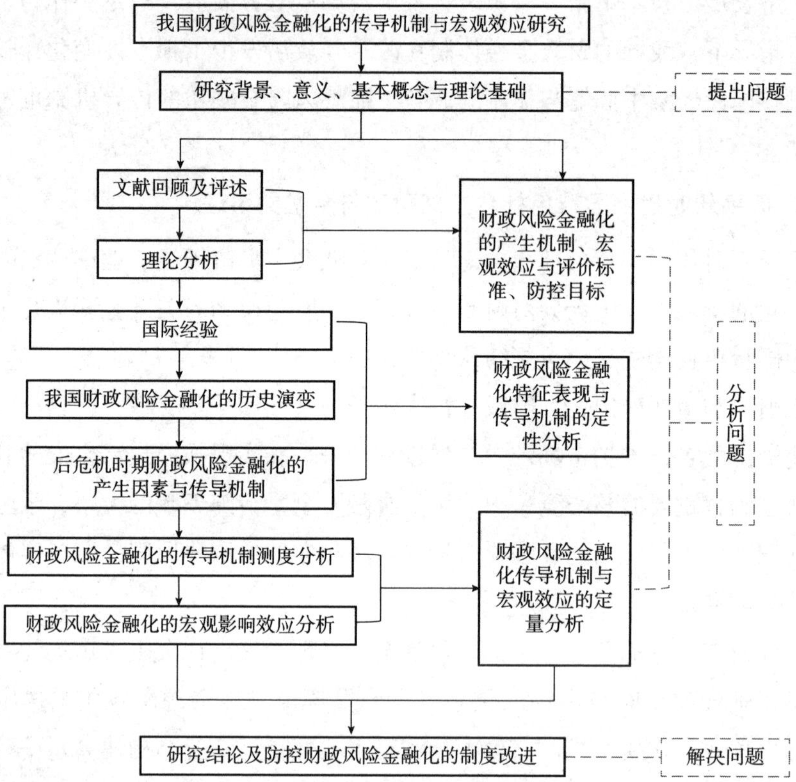

图1－1　研究思路与框架

1.4.2 研究主要内容

第一部分首先介绍了文章的研究背景、意义和目标，其次界定了本书研究中的财政风险、金融风险和财政风险金融化三个相关概念的定义，之后对与研究相关的理论基础进行论述，主要包括公共财政理论、政府干预理论、金融发展理论、财政与金融关系理论，为研究分析政府利用金融资源的合理性和过度干预金融体系造成金融风险的不合理性提供理论依据。最后论述了文章的研究思路、研究内容与研究方法，并分析了文章可能的创新点及研究的难点与不足。

第二部分为国内外相关理论研究的文献综述。主要包括五方面内容：一是关于财政风险形成机理、测度和预警机制等；二是财政风险与金融风险双向转移研究；三是财政在防范系统性金融风险中的意义与作用，现有文献集中于研究财政对系统性金融风险的救助职能；四是政府干预对企业投融资和金融体系发展的影响，文献集中于研究政府干预金融体系的原因，政府干预对企业投融资效益的负面影响和对金融体系发展的双向影响；五是金融抑制对经济增长具有双重影响效应，研究主要论述了政府主导型经济模式改革的必要性，金融抑制对经济增长的双向影响效应，最后是对文献研究的综合评述，分析现有文献的启示与不足之处。

第三部分为财政风险金融化的理论分析。首先论述财政与金融功能、财政与金融资金的差异与联系，指出财政与金融在宏观调控功能和资金运动中的联系成为财政风险金融化产生的基础。其次分析研究财政风险与金融风险的双向转移机制，财政风险金融化与金融风险财政化的产生原因不同，各自具有特定的本质特征、传导路径与环境条件，财政风险与金融风险的双向转移可以形成风险循环机制，具有放大与缩小风险的功能效应，财政风险是循环机制的关键核心。最后论述财政风险金融化的双重宏观效应，应当将资金的市场性效益损失与公共性效益增加进行“加总”，以资金使用的总体效益分析财政风险金融化的宏观效应，从全社会财政和金融资源配置的有效性和财政风险金融化的宏观成本收益两个角度确定宏观评价标准，并在此基础上建立防控目标与防控机制。

第四部分为国际经验介绍，涉及国家有美国、日本、韩国以及部分拉美国家等，对不同经济体制下财政风险金融化的特征和不同国家财政风险金融化的演变进行分析，为研究我国财政风险金融化的演进与防控制度改革提供经验借鉴。

第五部分为我国财政风险金融化的历史演变。从不同历史时期经济发展战略变化和财政金融体制改革、财政与金融在资金融通与国民经济中的关系与作用变化、财政风险金融化产生的原因与特征表现三个维度进行论述。财政风险金融化的演变大致可分为四个阶段，由于经济制度和政策影响，各阶段的产生根源、特征表现和传导机制均有所不同，呈现出阶段性的共性与特性。

第六部分为后危机时期财政风险金融化的产生因素与传导机制。从经济因素和制度因素两个层面分析了 2008 年金融危机以后财政风险金融化产生与变化的原因，其中经济因素包括经济发展战略、宏观经济形势和宏观调控政策等方面的变化以及影子银行与表外业务发展，制度因素包括财政预算与政府投融资制度、金融体系与金融监管制度和其他制度性因素三个方面。指出财政风险金融化现象的存在有客观的体制性和制度性因素，在制度变迁过程中塑造了不合理的规则约束。同时针对后危机时期存在的两类财政风险金融化传导机制进行详细论述，一类是通过影响货币供应量导致的通货膨胀风险，另一类是影响银行机构的盈利能力与资产质量导致的银行机构系统性风险。

第七部分是财政风险金融化的传导机制测度分析。运用动态因子分析法构建了中央财政风险因子、地方财政风险因子、金融体系结构因子、通货膨胀风险因子和银行机构系统性风险因子，在此基础上分三个层次对后危机时期的财政风险金融化传导机制进行测度分析。一是论证分析通货膨胀风险传导机制的风险来源与作用路径，通过对比论证分析房地产行业在形成广义通货膨胀风险中的决定性作用；二是论证分析银行机构系统性风险传导机制的风险来源与作用路径，指出地方财政风险是这一传导机制的决定因素；三是论证财政风险金融化在商业银行体系内传导的异质性，地方财政风险金融化主要影响股份制商业银行、城市商业银行和农村金融机构，中央财政风险金融化对国有商业银行和农村金融机构的影响更为显著。

第八部分是财政风险金融化的宏观影响效应分析。重点研究银行机构系统性风险传导机制对宏观经济的影响，分为两个部分进行论证。第一部分研究财政风险金融化与宏观经济的线性关系，将财政风险金融化看作一个中介效应，论证在后危机时期财政风险金融化对宏观经济总体影响效应。将地方财政风险因子作为自变量，银行机构系统性风险因子作为中介变量，金融体系结构因子作为调节变量，建立有调节的中介效应模型，论证了财政风险和财政风险金融化对宏观经济的影响同时存在，财政风险金融化的宏观影响效应占到整个财政风险的四分之一左右，且在金融体系结构因子的调节作用下，宏观效应占比显著上升。第二部分研究财政风险金融化与宏观经济的非线性关系，运用门限效应回归模型论证其存在正向和负向宏观效应，结果表明财政风险和财政风险金融化同宏观经济的关系均呈“倒U形”，存在一个临界值使得财政风险金融化存在双重宏观效应，财政风险金融化可以延缓财政风险对宏观经济的负面冲击。在此基础上构建财政风险金融化的预警防控机制，财政风险金融化处于低风险区间与预警区间时能促进宏观经济增长，对处于控制区间的财政风险金融化要进行政策干预与外部监管，防止负外部性的溢出。

第九部分对全文的研究观点进行总结提炼，提出防控财政风险金融化的制度改进。明确防控财政风险金融化的基本原则与制度改革措施，建立财政金融双支柱的中国式宏观审慎管理体系，提升财政在宏观审慎管理中的定位与作用，推动实现宏观审慎管理的“本土化”，有效弥补现行宏观审慎管理政策的局限性，促进宏观效益最大化，为促进经济高质量发展提供政策建议。

1.4.3 研究方法

本书主要采用文献研究法、比较研究法、实证研究法、规范研究法、调查研究法等研究方法。

文献研究法。收集整理公共财政理论、政府干预理论、金融发展理论和财政与金融关系理论，以及与研究主题相关的文献资料，对现有的研究成果加以梳理，在前人研究的基础上，从不同维度分析财政风险金融化的产生机制与表现，完善我国财政风险金融化的防控机制与政策研究。

比较研究法。通过横向比较国际上其他国家的财政风险金融化特征与表现，纵向比较我国自新中国成立以来不同阶段财政风险金融化的传导机制变化，结合我国经济发展战略和财政金融体制改革，财政与金融在国民经济中的关系与作用，为财政与金融在配置资源和防范风险等方面的协同配合提供方向性研究。

实证研究法。在分析财政风险金融化不同传导机制的作用程度和财政风险金融化的宏观经济效应时，通过建立经济计量模型，应用经验数据进行检验，得出相关经济结论。

规范研究法。在文献研究、比较研究、实证研究结果的基础上，通过归纳和演绎、分析与综合等方法，将研究结果进行加工，在分析财政风险金融化的传导机制和宏观影响效应的基础上，推导出我国防控财政风险金融化的基本原则与制度改革措施。

调查研究法。对不同类型的商业银行特别是地方性商业银行开展实地调研和问卷调研，深入了解政府隐性债务的特征、类型、规模等方面的变化情况，政府类资产业务和与政府融资有关的业务模式及风险状况，以及国有企业债务和政策性业务对商业银行的影响路径与影响程度。

1.5 可能的创新与不足

1.5.1 可能的创新点

一是提出财政风险金融化的形成机理、传导机制与宏观评价标准，丰富扩充了财政与金融的关系理论。目前有关财政风险与金融风险关系的文献中虽有提到财政风险金融化的概念，但尚未有文献系统地论述财政风险金融化理论。本书在现有研究的基础上，结合财政与金融的差异与联系、财政与金融在不同经济体制和不同经济发展阶段中的作用演变，论述了财政风险金融化产生的前提条件、理论与现实基础、经济制度因素与传导机制等内容，创新性地提出从宏观视角对财政风险金融化进行评价，以全社会财政和金融资源配置的有效性和财政风险金融化的宏观成本收益作为评价标准。

二是提出并论证了财政风险金融化的双重宏观经济效应。财政风险金融化在不同的经济体制中都有其存在的客观必然性，在当前中国特色社会主义市场经济体制改革与发展的关键时期，合理运用财政风险金融化将有助于解决发展中的难题，促进整体经济效益向最大化的均衡状态发展，但要严格控制过度财政风险金融化产生的负面效应。政府运用金融资源在减缓财政压力和实现风险最小化之间存在均衡解，合理设定财政风险金融化的防控目标，使财政与金融在平衡稳增长和防风险中取得政策协同。

三是从财政风险金融化的形成与演变视角提出构建中国式宏观审慎管理体系的政策建议。本书从理论与实证两个层面论证了财政风险与金融风险的相关性，以及财政风险通过金融领域对宏观经济的影响方式与作用程度，指出当前作用于资金供给端的宏观审慎管理政策工具有其局限性，以防控风险为目标的财政政策是化解当前重大风险的关键措施，财政应当在宏观审慎管理中科学定位，建立财政金融双支柱的中国式宏观审慎管理体系，充分发挥财政在防范化解金融风险特别是防控财政风险金融化中的作用。

1.5.2 研究的难点与不足

一是财政风险对金融体系的影响是多维度和复杂的，由于作者自身知识储备和研究方法的局限，本书只能选择较为典型的财政金融风险类型研究其传导机制和影响效应，无法面面俱到。随着监管政策的变化，新的创新模式会不断出现，风险的影响程度也会随着内外部条件的变化而发生变化，因此研究分析的结论只能反映一定时期的情况。

二是如果在实证研究部分做更细化的研究，需采用不同企业类型和不同业务类型的信贷业务数据。在风险分类、指标选择、数据收集与整理、实证方法选择等方面存在一定难度。另外，有些政府融资业务游离于金融监管和金融统计之外，而这类风险的短期冲击影响往往较大，数据难以掌握，无法进行定量实证研究，只能采用定性分析方法。

三是鉴于我国的融资体系以间接融资为主，且以存款类金融机构（商业银行）为主，金融市场的资金供给主要来源于商业银行，商业银行也是金融风险的主要承担者，同时由于受到资管新规影响影子银行的业务规模收缩较大，因此本书对金融风险的研究主要限定于商业银行范围，以商业银行的系统性风险为主要研究对象，对非银行金融机构和金融市场的金融风险研究从略。

第2章　国内外相关理论研究综述

2.1　财政风险的形成与测度预警机制

本节对财政风险的相关研究综述从两个维度展开：一是财政风险的形成机理；二是财政风险的测度分析与预警机制。

2.1.1　国外文献综述

2.1.1.1　财政风险的形成机理

最早论述财政风险的文献可以追溯至古典经济学家亚当·斯密的公债理论，认为公债的用途是非生产性的，政府举债则是将产业资本转用于非生产用途，减少了存量资本，因此对国民经济的发展是不利的，公债增大到一定程度会促进政府提高货币的名义价值，从而使国民遭受损失①。虽然公债理论对于公债的资金来源与使用范围的认识研究有局限性，但也明确提出了债务问题和以公债弥补财政赤字对经济的负面影响。

之后的西方经济学对风险的研究多集中于微观经济层面，对宏观经济风险的研究较为薄弱，直到20世纪90年代东南亚金融危机的爆发，才引起学者和政府对宏观风险的关注与研究，"或有负债"概念的提出对财政风险理论有突破性贡献，使财政风险的研究逐渐形成体系。或有负债理论主要以Hana Polackova和Allen Schick两位经济学家为代表，研究了政府或有负债的构成与防范，Hana Polackova(1998)认为政府要保持财政稳定和实现长期政策目标，就必须关注所有财政风险的来源，尤其是政府在预算体系外承担的义务，按照财政风险的来源与表

① 亚当·斯密．国富论[M]．北京：商务印书馆，2018.

现可以划分为一个二维的“财政风险矩阵”，即财政风险分为直接的显性风险和直接的隐性风险，或有的显性风险和或有的隐性风险，政府可以用三种方式来化解财政风险：一是将或有的和隐性的财政风险全部纳入财政分析，同时明确政府责任范围；二是在政策选择、预算、财务计划、报告和审计时合理计算或有债务的成本；三是建立专业机构对公共和私人部门的金融风险进行评估、监管、控制和预防，以减少或有债务的发生①。Allen Schick(2009)认为在工业化国家，政府已经成为社会风险的最终承担者，可以为企业和公民遭受的一些损失提供补偿，家庭和企业部门的风险转移至政府部门，使得财政支出占 GDP 的比重大幅上升②。Shiyu Li 和 Shuanglin Lin(2011)对中国政府债务的规模与结构进行分析，认为政府的主要或有负债包括地方政府债务、大学债务和国有银行不良贷款且规模要远高于其他发展中国家，因此应当压缩或有负债为扩张性财政政策留出空间③。Nicolas Jannone Bellot 等(2017)分析了欧洲六国地方政府债务的决定因素，并基于 1996 年至 2010 年的面板数据对各个国家的债务水平进行估计，研究表明各国政府预算是逆周期的，在规模经济存在的前提下公共财政的黄金法则是人口增长和人均低融资水平会导致更高的债务规模，但一个地区债务与 GDP 的比例越高未来的财政赤字会越小④。Han Hong(2020)认为我国地方政府债务风险的形成主要源于政绩考核驱动、权力与责任不对等、财政预算体制的缺陷、地方政府融资渠道单一、不合理的监管体系和不科学的地方政府官员考核评估体系等因素⑤。Dai Siyuan(2020)认为我国地方政府债务风险产生的原因在于政府融资对银行信贷资金的过度依赖、债务资金的非效率使用和政府会计制度的改革滞后⑥。

2.1.1.2 财政风险的测度与预警机制

对财政风险的测度与预警机制研究主要集中于两个方面。第一，以历史数据

① Hana Polackova. Government Contingent Liabilities: A Hidden Risk to Fiscal Stability[R]. World Bank Policy Research Working Paper, 1998.

② Allen Schick. Budgeting for fiscal space[J]. OECD Journal on Budgeting, 2009, vol. 9/2: 1 – 18.

③ Shiyu Li, Shuanglin Lin. The size and structure of China's government debt[J]. The Social Science Journal, 2011(9), Volume 48(3): 527 – 542.

④ Nicolas Jannone Bellot, Ma Luisa MartíSelva, Leandro García Menéndez. Determinants of sub – central European government debt[J]. The Spanish Review of Financial Economics, 2017(12), Volume 15(2): 52 – 62.

⑤ Han Hong. The Causes and Risk Prevention of Local Government Debt in China[J]. International Journal of Social Science and Education Research, 2020, Volume 3, Issue 9.

⑥ Dai Siyuan. Risks and Countermeasures of Local Government Debt in China[J]. Modern Economy, 2020, Volume 11, Issue 10: 1611 – 1620.

评估预测财政的可持续性。Duo Qin 和 Marie Anne Cagas(2006)以菲律宾的历史数据和季度宏观模型预测数据为例，运用无庞氏博弈(No Ponzi Game，NPG)准则下评估公共债务可持续性和可行性的实证方法，通过随机模拟实验表明，2010 年末菲律宾政府的债务水平将不可持续，采用简单的预算赤字控制政策的可行性较弱，应当采用增加税收的财政措施以确保债务可持续①。Takero Doi 等(2011)构建了 1980 年至 2011 年日本财政收入、财政支出和未偿付债务的季度数据系列，用三种方法验证日本财政的可持续性：一是计算在给定政府未来支出的情况下，保持债务/国内生产总值比值不变时的最低税率，以 2010 年为基期，政府收入/国内生产总值的比值需要从当前的 33% 升至 40% ~47% 才能维持债务/国内生产总值的比值不变；二是估算当债务/国内生产总值比值上升时，基本预算盈余的变化情况，在马尔科夫转换模型的两个区制内基本盈余/国内生产总值的比值与债务水平的相关关系不显著；三是估算了一个财政政策函数和一个带有马尔科夫转换的货币政策函数，研究发现，在所有区制内财政政策是积极的(当债务增加时税收收入不会增加)而货币政策是消极的(利率对通胀率的反应不足)。三种检验方法均表明日本政府的财政状况是不可持续的②。Baldacci 等(2011)认为应当将更广泛的一系列变量指标纳入财政风险监测框架中，以便可以更准确地获取基准情景下的滚动风险，这些变量指标根据经济意义可以分为当前和预期未来财政政策的偿付能力、长期财政趋势、政府资产负债特征三类。在此基础上构建两个评估滚动风险的工具，即财政脆弱性指数和财政压力指数。研究表明，发达经济体由于中期债务和老龄化相关支出压力使得滚动风险均有上升趋势，新兴经济体相对来说指数值较低，反映出较强的财政平衡、较低的公共负债率、更有利的人口状况和积极的经济增长预期，但是 2010 年之后的财政平衡状况相较于危机前有所恶化③。Kunyu Tao(2015)构建了一个独特的企业级数据集来评估我国地方政府债务，基于传统金融变量和地方政府财政状况，采用主成分分析法和多元判别分析法对地方政府融资平台的信用风险进行了识别，结果显示，2010 年至 2012 年地方政府融资平台主要集中在沿海地区，且偿债能力下降，

---

① Duo Qin，Marie Anne Cagas，Geoffrey Ducanes，Nedelyn Magtibay - Ramos，Pilipinas Quising. Empirical assessment of sustainability and feasibility of government debt：The Philippines case[J]. Journal of Asian Economics，2006(2)，Volume 17(1)：63 - 84.

② Takero Doi，Takeo Hoshi，Tatsuyoshi Okimoto. Japanese government debt and sustainability of fiscal policy[J]. Journal of the Japanese and International Economies，2011(12)，Volume 25(4)：414 -433.

③ Emanuele Baldacci，James McHugh，Iva Petrova. Measuring Fiscal Vulnerability and Fiscal Stress：A Proposed Set of Indicators[R]. IMF Working Paper，2011(4)，WP/11/94.

中西部省份的地方政府债务风险相对更为严重，市级和县级地方政府融资平台的风险更高，应当严格控制地方政府融资平台的潜在风险，改革财政体制，提高地方政府的财政透明度①。Gordon L. Brady 和 Cosimo Magazzino(2018)研究了 1970 年至 2016 年 19 个欧盟国家的财政可持续性，面板数据单位根检验结果表明各国在这一期间债务状况平稳，均具备偿债能力，紧缩型的财政政策有效，此外马尔科夫转换模型估计结果表明近年来政府债务水平与 1970 年相比大幅上升②。Rongzhou Zhang 等(2021)对中国 30 个城市的地方政府结构性债务风险运用熵权法进行分类预警，研究表明 7 个省市地方政府债务风险处于无预警状态，10 个省市处于轻度预警状态，其余均处于中度预警状态，表明存在较严重的地方政府债务风险③。

第二，论证财政风险对经济增长存在“倒 U 形”的非线性影响，Cristina Checherita - Westphal 和 Philipp Rother(2012)运用欧元区 12 个国家的政府债务数据论证了债务风险对经济增长的非线性影响，表明如果债务水平与 GDP 的比值超过 90% 时对经济长期增长显现负面影响，债务风险拐点的置信区间进一步表明，债务风险的负增长效应可能从比值为 70% ~80% 时已经开始显现，政府债务对经济增长率的非线性影响渠道包括居民储蓄、公共投资和全要素生产率④。Chuanglian Chen 等(2017)基于 65 个发达国家和发展中国家在 1991 年至 2014 年的数据，运用面板平滑过渡回归方法研究表明经济增长模型中存在最优的政府投资或公共债务风险水平，不同经济体的最优水平可能不同，2014 年我国政府投资/国内生产总值和公共债务/国内生产总值分别为 15.66% 和 41.14%，尚未达到阈值，虽然后危机时期我国政府投资和公共债务的规模都存在扩大趋势，但对经济增长的影响仍是正向的⑤。

---

① Kunyu Tao. Assessing Local Government Debt Risks in China：A Case Study of Local Government Financial Vehicles[J]. China & World Economy，2015，Volume 23(5)：1 -25.

② Gordon L. Brady，Cosimo Magazzino. Government debt in EMU countries[J]. The Journal of Economic A-symmetries，2018(11)，Volume 18，e00096.

③ Rongzhou Zhang，Ruoyu Shi，Cheng Li. Local government debt risk measurement and early warning structural system building — Research Based on KMV and TOPSIS Models[J]. E3S Web of Conferences，2021，Volume 235：PP 02039.

④ Cristina Checherita - Westphal，Philipp Rother. The impact of high government debt on economic growth and its channels：An empirical investigation for the euro area[J]. European Economic Review，2012(10)，Volume 56(7)：1392 -1405.

⑤ Chuanglian Chen，Shujie Yao，Peiwei Hu，Yuting Lin. Optimal government investment and public debt in an economic growth mode[J]. China Economic Review，2017(9)，Volume 45：257 -278.

2.1.2 国内文献综述

2.1.2.1 财政风险的构成与形成机理

国内学者对财政风险的关注始于20世纪末，从相关文献研究来看，财政风险构成和形成机理的主要关注点随着财政体制的改革与发展呈现出阶段性变化。

第一阶段是转轨经济初期，主要关注点集中于两个比重问题、债务问题和财政对国有企业与国有银行的风险救助。这一阶段的债务问题主要是对国债、准国债和外债的管理。

刘尚希(1997)等指出财政风险涵盖了整个国家和政府的风险，且由于隐蔽性导致风险不断累积，财政风险加剧的原因在于财权和财力分散、准国债规模失控、国有企业低效率经营、外资的大量流入和外企严重亏损以及国有银行的金融风险①等方面。王玲等(1999)认为与影响广泛的金融风险相比，客观存在的财政风险往往容易被忽略，财政风险主要源于国有独资银行风险、国有企业财务问题、财政政策效应偏差、财政错位和财政赤字与国家债务问题②。陈景耀(2000)通过对财政可持续性指标的分析得出我国债务规模适度，财政负担加重的原因在于国民收入分配秩序混乱导致的两个比重较低和财政承担其他领域的支付责任③。唐龙生(2001)认为财政风险影响因素应按照发生概率和财政负担程度划分为三个层次：政府债务和准国债、地方政府债务风险和社保基金缺口、银行和国企经营风险④。

第二阶段主要关注或有债务问题，特别是地方政府的或有债务。

李桂平(2001)定义我国的或有债务为预算外的债务，构成了隐性的财政风险，主要包括金融机构不良资产和资金缺口、公共社会基金缺口、政府债务负担和财政担保。或有债务风险的根源在于体制制度缺陷，政府承担改革成本、政府失灵、政府行为利益最大化以及市场机制的缺陷构成风险传导的主要原因⑤。陈工和谢贞发(2002)认为我国财政或有负债有显性和隐性两种表现形式，或有显性负债主要是政府担保债务，是以法律条文或合同方式明确承诺的，而或有隐性负债主要是计划外债务和各种形式的财政救助⑥。地方财政或有负债研究课题组

---

① 刘尚希，隆武华，赵全厚. 论财政风险[J]. 财经问题研究，1997(12)：3-9.
② 王玲，李葆萍，丁峙. 财政风险探索[J]. 中央财经大学学报，1999(8)：33-37.
③ 陈景耀. 对当前中国财政可持续性的探讨[J]. 经济科学，2000(4)：5-13.
④ 唐龙生. 财政风险层次论[J]. 财经问题研究，2001(2)：38-41.
⑤ 李桂平. 或有债务与财政风险[J]. 财政研究，2001(7)：56-60.
⑥ 陈工，谢贞发. 浅析我国财政或有负债[J]. 中央财经大学学报，2002(4)：14-17.

(2003)指出我国地方财政的或有显性负债主要是由政策性融资手段和政府行政不当引起的，或有隐性负债主要是由国有资产所有者地位、社会稳定责任承担者、政府推进体制改革和政府不当行政引起的，形成原因包括地方资本生成能力低下和债务管理体制落后等①。

第三阶段主要关注于地方政府财政风险，尤其是地方政府层面的债务风险，其中制度性因素是地方财政风险形成的主要原因。

饶友玲(2004)认为地方政府的财政风险主要表现为收支矛盾突出和债务风险，根源主要在于体制性因素，包括财政管理体制缺陷、收入增长不稳定、政府盲目融资和预算管理软约束②。祝志勇和吴垠(2005)认为财政风险主要源于制度性因素，通过构建包括国有化率、市场化指数、财政分权指数和交易费用率的财政风险影响模型，表明国有化率和财政分权指数对财政风险的影响最大，其中随着国有化率的降低政府的隐性风险积累增大③。郭玉清(2006)认为违约债务总量是影响财政风险最首要的因素，对财政风险矩阵中的四类债务分别测算了违约债务规模，在此基础上测算出每年政府应当设置的偿债准备金总额④。黄国桥和徐永胜(2011)研究了地方政府债务风险的财政、金融和信用传导机制，认为政府性债务产生的根源在于财税体制、政府投融资体制、行政管理体制和预算管理体制的不完善⑤。金荣学和徐文芸(2020)分析了地方政府隐性债务的风险特征，指出基础设施建设需求与财政资金供给不足的矛盾、地方政府职能过多与兜底责任的矛盾、投融资方式多样化与监管不完善的矛盾是隐性债务形成发展的主要原因⑥。黄春元和刘瑞(2020)运用省级数据与空间计量模型实证分析了地方债务增长的影响机制，研究表明经济发展水平、财政赤字和基础设施水平与地方债务水平之间存在正的空间相关性；地方债务增长的影响因素存在区域差异，对于东部地区来说，人口增长率与财政分权对债务增长有明显促进作用，经济发展水平与财政分权的空间溢出效应更显著⑦。

---

① 地方财政或有负债研究课题组．地方财政或有负债研究[J]．财政研究，2003(2)：9－13.

② 饶友玲．地方政府财政风险：表现形式、成因与防范[J]．中央财经大学学报，2004(4)：1－5.

③ 祝志勇，吴垠．内生型制度因子的财政风险分析框架——模型及实证分析[J]．财经研究，2005(2)：5－13.

④ 郭玉清．地方政府违约债务规模及偿债准备金研究——控制和化解地方财政风险的数理经济学视角[J]．山西财经大学学报，2006(3)：44－48.

⑤ 黄国桥，徐永胜．地方政府性债务风险的传导机制与生成机理分析[J]．财政研究，2011(9)：2－5.

⑥ 金荣学，徐文芸．地方政府隐性债务特征、成因及治理[J]．中国财政，2020(11)：64－66.

⑦ 黄春元，刘瑞．地方政府债务、区域差异与空间溢出效应——基于空间计量模型的研究[J]．中央财经大学学报，2020(4)：3－14.

2.1.2.2 财政风险的测度与预警

财政风险测度分析与预警从简单的指标法逐渐发展到信号灯法和较为复杂的神经网络模型等方法，虽然具体指标体系有所差异，但均反映出我国的财政风险呈扩大趋势，整体风险可控但隐性风险不容忽视，影响经济稳定与安全的主要是财政赤字与债务风险。姚绍学等(2001)认为地方财政风险主要是流动性和清偿能力不足导致的地方财政债务风险，从静态和动态两个层次构建了监测地方财政直接负债与间接负债的风险预警指标体系，其中动态指标主要以财政风险增量指标反映变动趋势①。黄运(2002)认为地方财政风险具有区域性、多元性和层次性的特点，提出建立经济环境、财政收入、财政支出和综合评价四大类风险预警指标，并划分为五个风险信号类别，以此对地方财政风险做出合理判断②。裴育(2003)构建了直接显性财政风险的预警模型，指标体系包括宏观经济总体趋势、财政收支和债务状况、财政分配体制和财政支出绩效四大类，分析得出我国财政风险处于中度偏高状态，应当逐步退出积极财政政策，防范财政风险③。从树海和李生祥(2004)选择了宏观税负等 8 个财政内部风险指标和 GDP 增长率等 12 个外部风险指标，通过指数预警方法、设定预警区间来分析我国财政风险变动趋势，结果表明 1990 年至 2001 年财政风险基本处于安全状态，但内外部综合财政风险接近警戒线④。刘谊等(2004)用债务静态、债务动态和债务结构指标构建了地方财政债务风险值 L，用财政调控、财政收支、财政赤字、金融风险和经济风险指标构建了地方财政风险综合值 F，通过分析 L 与 F 的关系得出当 L 与 F 大于等于中等水平时，政府需高度重视财政风险的防范，其中财政调控风险对地方政府债务风险的影响最大，财政赤字风险次之⑤。王亚芬和梁云芳(2004)运用 GARCH 模型(Generalized Auto Regressive Conditional Heteroskedasticity)确定六大类财政风险指标的预警中间界限值，划分了绿色、黄色、橘黄色和红色四个信号灯，结果表明 1985 年至 2003 年我国财政风险多数处于黄灯区，总体风险表现为波动上升，且渐趋平稳⑥。许涤龙和何达之(2007)参照财政风险矩阵将我国财政风险划分为 4 个子系统，分别确定

---

① 姚绍学，宋立根，黄朝文．地方财政风险问题研究[J]．财政研究，2001(12)：71－74，30.
② 黄运．浅谈我国地方财政风险的特点及其防范[J]．中央财经大学学报，2002(2)：38－41.
③ 裴育．构建我国财政风险预警系统的基本思路[J]．经济学动态，2003(9)：26－19.
④ 丛树海，李生祥．我国财政风险指数预警方法的研究[J]．财贸经济，2004(6)：29－35，96－97.
⑤ 刘谊，刘星等．地方财政风险监控体系的建立及实证分析[J]．中央财经大学学报，2004(7)：1－5.
⑥ 王亚芬，梁云芳．我国财政风险预警系统的建立与应用研究[J]．财政研究，2004(11)：25－27.

每个子系统的预警指标、系统权重和风险状态，结果表明若采取积极的风险防范措施，直接显性风险或有显性风险和直接隐性风险都会得到有效控制，但或有隐性风险呈扩大趋势，甚至达到重度警示状态①。张明喜和丛树海(2009)在31个财政风险监测指标的基础上构建了BP神经网络财政风险预警系统，研究表明影响财政风险的因素按程度依次为债务风险、财政收支风险、金融风险和宏观经济风险②。王俊(2015)认为地方政府债务的形成源于财政、金融、政治和宏观政策因素，并综合运用KMV模型和VAR模型构建了地方政府债务风险预警模型，研究表明债务风险影响着财政与金融体系安全，应当合理管控债务规模，健全债务监督管理机制③。孟庆斌和杨俊华(2016)以门限自回归模型构建了财政赤字风险预警模型，用于衡量1994年以后我国财政风险程度，研究表明自1999年至2003年，以及2008年以后我国财政风险均处于高度风险状态④。邹秀清等(2017)运用AHP、熵值法和RBF神经网络模型评估了江西省土地财政的整体风险状态，结果表明财政风险总体处于中警状态，RBF神经网络模型能有效预警地方政府的土地财政风险，为防范化解重大风险提供理论依据⑤。张金清和聂雨晴(2020)以基础盈余主动调整的有效性条件为基础，构建了地方政府债务违约风险评估模型，研究指出顺周期的财政政策容易导致基础盈余主动调整无效的问题，债务不可持续概率与条件期望债务空间指标的测算表明2019年天津、贵州和青海等省份已跨入财政疲劳引起的债务不可持续状态，内蒙古、辽宁、吉林等省份需要重点防范债务不可持续风险⑥。李丽珍(2021)综合运用AHP、熵值法与BP神经网络法，构建了显性债务风险或有隐性债务风险和财政经济运行风险三类地方政府或有隐性债务风险预警指标体系，研究表明我国过半的省、市政府或有隐性债务风险在2017年处于中警状态，且主要集中于中西部地区，应通过设计标准化债务风险防控流程、制定差异化而有针对性的风险防控策略、完善政府性债务信息披露制度等措施加强高

---

① 许涤龙，何达之. 财政风险指数预警系统和构建与分析[J]. 财政研究，2007(11)：9-12.

② 张明喜，丛树海. 我国财政风险非线性预警系统——基于BP神经网络的研究[J]. 经济管理，2009，31(5)：147-153.

③ 王俊. 地方政府债务的风险成因、结构与预警实证[J]. 中国经济问题，2015(2)：13-25.

④ 孟庆斌，杨俊华. 基于门限自回归模型的中国财政风险预警系统[J]. 中国人民大学学报，2016，30(6)：86-94.

⑤ 邹秀清，莫国辉，刘杨倩宇等. 地方政府土地财政风险评估及预警研究[J]. 中国土地科学，2017，31(9)：70-79.

⑥ 张金清，聂雨晴. 中国地方政府债务违约风险评估——基于债务可持续性分析框架[J]. 南方经济，2020(11)：13-27.

风险地区政府或有隐性债务的风险分类防控①。

2.2 财政风险与金融风险的双向转移研究

财政风险与金融风险之间存在双向的转移现象，运用金融手段化解财政风险，可能会引起金融风险的产生与积累，表现为财政风险金融化；运用财政手段化解金融风险，也会加重财政负担，表现为金融风险财政化。关于财政风险与金融风险关系的文献研究主要有三种观点：财政风险与金融风险存在相互影响或双向转移、财政风险金融化和金融风险财政化。

2.2.1 国外文献综述

2.2.1.1 财政风险金融化

财政赤字可以引起通货膨胀风险。Robert J. Barro(1976)认为当政府债务存量的增长率超过社会产出增长率时，持续的财政赤字是可以通过货币化的形式导致通货膨胀风险的②。Paul Krugman(1979)提出在固定汇率制下，财政赤字会导致货币危机，具体原理为财政赤字引起信贷过度扩张，利率下降引起资本外流，货币贬值使得外汇储备减少，固定汇率制度难以维持，最终引起货币体系的崩溃③。Sargent 和 Wallce(1981)论证表明由于发行国债伴随利息支出，相比赤字货币化，以国债弥补财政赤字会引起更多的货币供给，长期如此会造成更严重的通货膨胀④。之后，Scarth⑤(1987)和 Farrokh Langdana⑥(1989)分别在开放经济条件下和多样化融资条件下证实了这一结论。Kivilcim Metin(1998)运用多元协整分析法论证了土耳其国家扩张的预算赤字与通货膨胀之间存在显著

① 李丽珍．地方政府或有隐性债务风险预警系统构建与应用研究——基于 BP 神经网络分析法[J]．财经论丛，2021(3)：14-25.

② Robert J. Barro. On the Determination of the Public Debt[J]. Journal of Political Economy，1979(10)，Vol. 87，No. 5：940-971.

③ Paul Krugman. A Model of Balance-of-Payments Crises[J]. Journal of Money，Credit and Banking，1979(8)，Vol. 11，No. 3：311-325.

④ Sargent，Wallce. Some unpleasant monetarist arithmetic[J]. Federal Reserve Bank of Minneapolis Quarterly Review，1981(5)：1-17.

⑤ Scarth William M. Can Economic Growth Make Monetarist Arithmetic Pleasant？[J]. Southern Economic Journal，1987，Vol. 53：1028-1036.

⑥ Farrokh Langdana. Sustaining Domestic Budget Deficits in Open Economies[M]. London；New York：Routledge，1989(12).

的正相关①。Bernd Jan Sikken 和 Jakob de Haan(1998)构建了中央银行独立性指标，验证了中央银行独立性、政府财政预算赤字和赤字货币化之间的关系，结果表明在不考虑中国人民银行行长的更替率和政治脆弱性的前提下，中国人民银行独立性与预算赤字水平和赤字货币化之间没有显著关系，也就是说，无论是发展中国家还是发达国家，赤字货币化影响都是普遍存在的②。Luis Catao 和 Marco Terrones(2001)运用 1970 年至 2000 年 23 个新兴市场国家面板数据，在控制通胀税基差异的基础上研究了财政赤字与通货膨胀的长期动态关系，研究发现财政赤字与 GDP 的比例每下降 1 个百分点长期通货膨胀率会显著下降 1.5 个百分点到 6 个百分点③。J. K. Khundrakpam 和 Sitikantha Pattanaik(2010)认为财政赤字可以通过增加基础货币或提高总需求等方式加大通货膨胀风险，运用 1953 年至 2009 年的样本数据论证表明印度国家的财政赤字水平每增加一个百分点，批发价格指数相应增加四分之一个百分点，因此在财政政策的选择方面应当考虑较大的临时性供给冲击对通货膨胀的影响④。

财政赤字和政府债务可以引起金融体系风险。Craig Burnside 等(2001)认为向破产银行体系提供巨额隐性担保产生的财政赤字是引起 1997 年亚洲货币危机的重要原因，公众预期巨额赤字将在未来由铸币税收入和通货膨胀税来弥补，会加速资金的跨境流动，直接造成亚洲固定汇率制度的崩溃⑤。罗纳德·I. 麦金农(2006)认为发展中国家政府通过银行体系的非通胀融资可以弥补财政赤字，但是当居民流动资产与收入比例超过某一区间，如果政府部门继续以这种方式借入资金就会发生金融危机。用金融抑制工具来增加财政收入或促进发展规划中近期目标的实现也会引发金融风险，以尼加拉瓜为例，贷款机构可以发放低息贷款以分散行政管理负担，财政部门可以向中央银行贷款以弥补财政赤字，这种直接的贷款补贴会持续扩大贷款需求，倒逼中央银行超额发行基础货币，结果除了会产生

① Kivilcim Metin. The Relationship Between Inflation and the Budget Deficit in Turkey[J]. Journal of Business & Economic Statistics, 1998, Volume 16(4): 412－422.

② Bernd Jan Sikken, Jakob de Haan. Budget deficits, monetization, and central bank independence in developing countries[J]. Oxford Economic Papers, 1998(6), Volume 50(3): 493－511.

③ Luis Catao, Marco Terrones. Fiscal Deficits and Inflation: A New Look at the Emerging Market Evidence[R]. IMF Working Paper, 2001(05), WP/01/74.

④ J. K. Khundrakpam, Sitikantha Pattanaik. Fiscal Stimulus and Potential Inflationary Risks: An Empirical Assessment of Fiscal Deficit and Inflation Relationship in India[J]. Journal of Economic Integration, 2010, Volume 25(4): 703－721.

⑤ Craig Burnside, Martin Eichenbaum, Sergio Rebelo. Prospective Deficits and the Asian Currency Crisis[J]. Journal of Political Economy, 2001, 109(6): 1155－1197.

各种寻租空间外，还会导致资金配置的低效率和投资非资本化的无效性，破坏经济发展的可持续性①。IMF(2007)指出PPP融资模式的异化会加剧地方政府的道德风险，演化为政府过度负债的融资工具，造成金融风险的扩散②。Aliona Cebotari(2008)认为1997年亚洲金融危机爆发的原因之一是马来西亚等国家PPP项目引发的大量政府或有债务③。Huang Xiaobo和Yan Xue(2011)指出中国国有经济的基本结构是国家财政、国有银行和国有企业"三位一体"，中国政府债务不仅包括中央和地方政府债务、国有银行债务、国有企业债务和其他公共管理部门债务，还包括隐性赤字和债务，不同种类的债务彼此关联，金融风险与政府债务密切相关④。

2.2.1.2 金融风险财政化

金融风险的公共救助是政府的主要或有负债之一，金融危机救助的财政支出会增加财政负担，加剧债务风险。Honohan Patrick和Klingebiel Daniela(2000)对1977年至1998年在93个国家或地区发生的117个银行危机事件进行系统性分析，量化研究危机早期政府采取的特殊危机管理措施所发生的财政支出占化解银行困境所需总财政支出的比重，研究表明有24个银行危机事件花费的财政成本超过GDP的5%，其中东南亚金融危机中印度尼西亚、韩国和泰国花费的财政成本占GDP的比重高达25%~50%。在此基础上还证实了一些危机管理策略可以极大地增加财政成本，比如无限制的存款担保、无限制的流动性支持、重复性的资本重组、债务援助和监管宽容等，政府往往更倾向于选择这些成本较高的、更为严格的危机措施，而不是采取适度的化解风险措施以控制财政成本⑤。Athanasios O. Tagkalakis(2013)认为金融风险财政化会导致政府债务风险，从而加大公

---

① 罗纳德·I. 麦金农. 经济自由化的顺序：向市场经济过渡中的金融控制[M]. 北京：中国金融出版社，2006.

② IMF. Public investment and public and private sector partnership arrangements[EB/OL]. (2007-08-23) [2018-06-21]. http://www. imf. org/external/chinese/pubs/ft/issues/issues40/ei40c. PDF.

③ Aliona Cebotari. Contingent Liabilities: Issues and Practice[R]. IMF Working Paper, WP2008: 245.

④ Huang Xiaobo, Yan Xue. Research on the Chinese Government's Debt and its Financial Risks[A]. University of Electronic Science and Technology of China, The American Society for Public Administration, Chinese Public Administration Society, The School of Public Administration of Moscow State University, The Chinese Public Administration Journal. Proceedings of 2011 International Conference on Public Administration (7th) (Volume Ⅲ) [C]. University of Electronic Science and Technology of China, The American Society for Public Administration, Chinese Public Administration Society, The School of Public Administration of Moscow State University, The Chinese Public Administration Journal: 公共管理国际会议组委会，2011(5).

⑤ Honohan Patrick, Klingebiel Daniela. Controlling the fiscal costs of banking crises[R]. Policy, Research working paper, 2000, No. WPS 2441, Washington D. C.: World Bank Group.

共财政的负担，金融危机的财政救助会使政府债务占 GDP 的比重平均上升 2.7～4 个百分点①。金融稳定与财政风险存在内在联系，银行机构的盈利能力弱、资产质量低和资本基础薄弱会增加银行体系的脆弱性，进而提高公共财政出现风险的概率②。David Amaglobeli 等(2015)利用跨国数据分析了与系统性银行危机的财政成本相关的风险因素，将财政成本分为政府临时干预的直接财政成本(如资本重组和资产购买)和化解银行危机的总财政成本(用公共债务/GDP 的变动率表示)。研究发现，危机期间向银行部门提供外部资金、对非金融私人部门杠杆化和对银行负债提供担保等措施会显著提高直接财政成本和总财政成本，银行监管效率的提高和存款保险覆盖面的扩大有助于降低直接财政成本，临时性的干预措施可能成本高昂但并不一定会大幅增加公共债务，因此长期来看采用临时性的干预措施实际上可能更具有成本效益③。这一研究结果为财政履行金融风险的早期纠正与干预职能提供了理论支持。Elva Bova 等(2016)首次构建了发达国家和新兴市场国家在 1990 年至 2014 年政府或有负债变现的综合数据集，研究发现或有负债变现的风险将是财政压力加大的主要来源，或有负债变现的平均财政成本一般为 GDP 的 6%，但是其中对主要金融部门救助的财政成本可能高达 40%，在经济增长下降或经济危机期间，相互关联影响的或有负债将会加剧财政压力，因此政府部门应当更好地控制化解潜在风险，降低或有负债变现的可能性④。

2.2.2 国内文献综述

2.2.2.1 财政风险与金融风险存在双向转移

郑永海(2002)认为金融风险与财政风险之间存在双向影响，通过信贷资金财政化使财政风险向金融风险转移，运用财政手段防范化解金融风险可能会引发财政风险。因此需采用综合防范措施，构建经济发展的微观基础，建立现代企业制度，准确定位政府职能，切断信贷资金财政化根源，同时加强财政对国有商业银

① Athanasios O. Tagkalakis. The effects of financial crisis on fiscal positions Original Research Article[J]. European Journal of Political Economy, 2013, 29(3): 197－213.

② Athanasios O. Tagkalakis. Financial stability indicators and public debt developments[J]. The Quarterly Review of Economics and Finance, 2013, Volume 54(2).

③ David Amaglobeli, Nicolas End, Mariusz Jarmuzek, Geremia Palomba. From Systemic Banking Crises to Fiscal Costs: Risk Factors[R]. IMF Working Paper, 2015(6), No. 15/166.

④ Elva Bova, Marta Ruiz－Arranz, Frederik G Toscani, H. Elif Ture. The Fiscal Costs of Contingent Liabilities: A New Dataset[R]. IMF Working Paper, Fiscal Affairs Department, 2016(2), No. 16/14.

行的监管①。王金龙(2005)认为我国财政与金融是统筹规划、相互交织的，财政风险与金融风险表现形式的相关性有其特殊性，一方面国家要求国有商业银行实现政府经济职能，产生巨额不良贷款；另一方面金融风险的缓释通常采取财政风险形式②。周彩霞(2007)认为政治体制的不健全、官员考核激励机制扭曲使得财政风险与金融风险的相关性是客观存在的，并可能导致系统性金融危机的爆发③。秦海林(2010)认为金融风险财政化和财政风险金融化在我国经济中是同时存在的，财政风险金融化机制会形成一个恶性循环：财政风险—政府机会主义—财政风险金融化—通货膨胀—税负加重—拉弗曲线效应—财政风险，循环累积的后果必然是财政状况的持续恶化与恶性通货膨胀，通过定义金融风险财政化指数与财政风险金融化指数，进一步证明中国的财政风险金融化现象比较严重，对经济增长有显著的抑制效应④。刘尚希等(2018)认为在风险快速变形的新形势下，各类风险边界模糊，产生了如量子纠缠状态般的“风险纠缠”现象。政府运用金融手段解决财政问题会产生财政风险金融化，而国有企业是最主要诱发因素，政府为维护金融稳定也会出现金融风险财政化，主要是财政直接出资解决金融问题，或由地方财政担保向央行申请再贷款解决地方问题金融机构，产生风险的深层次原因为缺少风险约束机制，地方政府的财力、事权与支出责任不匹配⑤。

2.2.2.2 财政风险金融化

国内学者论述财政风险金融化时更多关注财政风险对金融风险的影响，指出财政体制问题和财政风险是金融风险产生扩散的重要原因。叶青(1998)认为金融风险的产生是“财政生病、金融吃药”的结果，是财政矛盾向金融领域的转嫁，主要原因在于财政对国有企业和银行税利的征收，分收体制与统支体制之间的矛盾⑥。刘锡良(1999)指出中国的金融风险有其独特性，是经济转轨时期产生的体制性和制度性风险，表现为国企资金来源渠道的改变、财政的责任转嫁、财政体制及政府的短期行为以及财政货币政策的波动⑦。财政部财政科研所课题组(1999)指出财政赤字与国债政策作为国家宏观调控的重要手段，对经济增长有显

① 郑永海. 金融风险与财政风险的综合防范[J]. 经济与管理研究，2002(3)：58-59.
② 王金龙. 宏观调控要关注财政风险与金融风险的相关性[J]. 财政研究，2005(10)：43-45.
③ 周彩霞. 招商引资热背景下的财政风险与金融风险[J]. 浙江金融，2007(11)：20-21.
④ 秦海林. 金融风险财政化、财政风险金融化与经济增长[J]. 上海金融，2010(3)：17-22.
⑤ 刘尚希，白景明，傅志华，程瑜，李成威，梁季，梁强. 高度警惕风险变形、提升驾驭风险能力——“2017 年地方财政经济运行”调研总报告[J]. 财政研究，2018(3)：2-13，30.
⑥ 叶青. 防范金融风险的财政对策[J]. 财经论丛(浙江财经学院学报)，1998(6)：32-35.
⑦ 刘锡良. 财政货币政策与金融风险的防范[J]. 经济体制改革，1999(4)：3-7+133.

著调节作用，但超出合理范围会引起通货膨胀和财政金融风险①。尹音频(2001)认为财政运行机制通过财政状况从国民经济运行和金融运行机制两个方面引发金融风险，我国在经济转轨期财政风险与金融风险具有联动特征，体制性因素是主要风险根源，应当建立公共财政与国有资产财政相互独立统一的双元财政体制，实行积极稳健的财政政策②。阎坤(2002)认为减税和增加公共支出作为积极财政政策最重要的两项政策工具，会造成财政赤字的持续积累，成为通货膨胀的根源，危及国民经济的持续稳定发展③。汤小青(2002)认为财政和金融存在不明晰的软约束资金关系，具有财政风险向银行业转嫁的机制和微观基础，中国转轨时期形成的金融风险与财政制度缺陷和财政金融政策协调不合理有直接关系，应当明确财政支出和金融活动边界，提高中央银行独立性，建立多层次的政策协调机制④。盛宏清(2003)以阿根廷为例，论述了政府赤字会引起经常项目恶化，外汇储备下降，银行业流动性不足，进而导致货币体系崩溃，爆发金融危机⑤。彭成(2005)认为地方政府财政风险金融化是地方金融风险的重要来源，主要有赤字风险和信贷资金财政化，赤字风险指地方政府向上级政府借款造成货币供给量增加和向企业借款造成企业流动性困难，还款能力下降⑥。刘守英和蒋省三(2005)认为我国城市扩张主要靠银行资金支持，住房贷款过快增长和信贷规模超出政府财政能力会给金融带来潜在的巨大威胁⑦。崔光庆(2007)认为我国的隐性财政赤字体现在社会保障资金不足、地方政府债务、金融风险的救助和战略性项目投资失败四个方面，通过银行机构不良贷款和货币政策扩张效应两个传导途径引发金融风险⑧。田素华和虞亚庆(2010)运用一般性理论模型研究表明政府会通过增加基础货币和银行信贷来弥补财政赤字，通过实施巨额财政刺激计划，使通货膨胀风险和银行信用风险增加，政府应当选择适度的法定存款准备金率、降低对银行信贷资金的依赖、加强信贷投向政策引导和公共支持等措施来促进实际产出的增

---

① 财政部财政科研所课题组．我国财政赤字和债务政策取向[J]．财政研究，1999(7)：36－46.

② 尹音频．财政运行机制与金融风险探析[J]．财经论丛(浙江财经学院学报)，2001(2)：21－27.

③ 阎坤．积极财政政策的通货膨胀风险分析[J]．税务研究，2002(6)：9－14.

④ 汤小青．我国金融风险形成的财政政策环境和制度因素[J]．金融研究，2002(11)：1－10.

⑤ 盛宏清．政府赤字与金融危机之间的关系——试析阿根廷金融危机[J]．拉丁美洲研究，2003(2)：12－15.

⑥ 彭成．地方金融风险分析研究——兼与地方财政风险比较[J]．西南民族大学学报(人文社科版)，2005(7)：248－252.

⑦ 刘守英，蒋省三．土地融资与财政和金融风险[J]．中国土地科学，2005(5)：3－9.

⑧ 崔光庆．我国隐性财政赤字与金融风险的对策研究[J]．宏观经济研究，2007(6)：30－35.

长，进而缓释风险①。徐海波(2013)认为财政风险金融化的直接原因是政府对金融机构经营的行政干预，稳健的货币政策与积极财政政策的搭配扩大了信贷资金财政化的风险，风险转化渠道主要是政府融资平台贷款和土地财政②。郭贯成和汪勋杰(2013)认为分税制改革和标尺竞争体制是地方政府运用编外资源进行土地融资的驱动机制，金融体制支持和预算制度缺陷提供了重要的实现机制，土地融资很大程度上受到未来土地出让收益不确定性的影响，会加大政府的偿债压力，积累较大的金融风险③。陈松威(2017)认为地方债务规模总体可控，但债务结构不合理会引起系统性金融风险，债务结构的不合理体现为债务期限结构不匹配、银行信贷主导和区域结构不平衡三个方面，这种不合理是由财政分权和金融分权化倾向导致的④。陈靖等(2017)将财政风险向金融体系的传导划分为财政赤字融资风险、税收政策风险的财政收入风险和准财政行为的金融活动造成的财政支出风险⑤。李安安(2018)提出地方政府债务置换虽然是解决地方政府债务风险的制度创新，但存在合法性与合理性不足的问题，其本质是地方财政风险向金融领域转移的政府债务重组行为，在风险分配中，地方政府是最大的受益者，商业银行是直接承压者，中央银行的货币发行量也会受影响，存在财政赤字货币化的风险⑥。韩健和向森渝(2018)认为地方政府债务风险会通过PPP项目、政府担保和政府债务置换三种路径引发系统性金融风险，且三种路径相互联系，在传导过程中存在杠杆效应⑦。唐云锋和刘清杰(2018)认为政府债务导致金融风险的逻辑是委托代理关系中，地方政府的债务扩张存在道德风险和逆向选择的内在动力，任命制与任期决定了上级政府的无限兜底责任，财政与金融职能和利益的交织为债务风险向系统性金融风险扩散创造了现实基础⑧。李玉龙(2019)以一般均衡理论分析了地方政府债务、土地财政和金融机构的相互影响，研究表明在土地财政

---

① 田素华，虞亚庆．巨额财政刺激计划引发的物价上涨压力与银行信贷违约风险控制[J]．财贸经济，2010(10)：29-36.

② 徐海波．地方政府财政风险转化为金融风险的途径及对策研究[J]．武汉金融，2013(9)：26-28.

③ 郭贯成，汪勋杰．地方政府土地财政的动机、能力、约束与效应：一个分析框架[J]．当代财经，2013(11)：25-35.

④ 陈松威．分权、地方政府债务与金融风险[J]．现代管理科学，2017(2)：73-75.

⑤ 陈靖，余素芳．财政、金融风险的传导机制和影响研究[J]．改革与战略，2017，33(3)：91-92，96.

⑥ 李安安．地方债务置换风险分配的理论检讨与法治化改造[J]．法学，2018(5)：118-128.

⑦ 韩健，向森渝．地方政府隐性债务诱发系统性金融风险的路径与防范[J]．财会月刊，2018(24)：9-13.

⑧ 唐云锋，刘清杰．地方政府债务诱发金融风险的逻辑与路径[J]．社会科学战线，2018(3)：65-72.

模式下，总产出下降会使地方债务风险上升，导致系统性金融风险积累，金融机构为规避风险会选择持有地方政府债券，信贷挤出效应会进一步降低总产出，因此一方面要使债券投资者多元化，另一方面要加强预算管理并对信贷政策进行合理干预①。

对财政风险金融化的定量研究主要针对通货膨胀风险传导机制和债务风险对金融体系的影响。秦海林和门明（2010）认为财政风险金融化的表现是通货膨胀，其重要成因是制度变迁，具体表现为经济货币化、财政体制改革和对外开放。将政府为解决财政风险而增加的货币供给作为基础构建财政风险金融化指数，运用VEC模型研究表明长期内经济货币化将加剧财政风险金融化，而对外开放会产生抑制作用，财政体制改革的影响不具有显著性，因此治理财政风险金融化应当更注重外部的制约因素②。伏润民等（2017）分析了地方政府债务风险向金融体系的传导路径和依赖条件，实证研究了债务风险的空间外溢机制，研究表明防范化解系统性金融风险应当高度重视地方政府债务风险的空间外溢效应，对传导路径严格管理，强化外溢行为的制度约束，实现地方政府市场化融资③。李军林和朱沛华等（2017）以区域性商业银行为样本，论证了扩张性的财政政策在促进经济增长和产业发展的同时，其政策导向性和市场干预性会加剧区域性商业银行在贷款投向等方面的垄断程度，导致系统性金融风险的发生，应当加强政府职能、财政体制和金融监管体系改革，转变依靠政府投资拉动经济增长的发展模式④。

2.2.2.3 金融风险财政化

阎坤和陈新平（2004）将金融风险财政化的途径分为直接途径和间接途径，即政府直接注资和提供信用担保，其成因既有财政对金融业欠账的历史因素，也有金融稳定涉及经济安全的现实原因⑤。陈凤娣（2005）指出金融风险财政化的历史根源是财政缺位使银行成为第二财政，体制根源在于政治体制和企业制度改革滞后，金融稳定作为公共品，政府有必要进行救助⑥。郭平和李恒（2005）研究了货

---

① 李玉龙．地方政府债券、土地财政与系统性金融风险[J]．财经研究，2019，45(9)：100－113.

② 秦海林，门明．制度变迁影响财政风险金融化的VEC模型分析[J]．中央财经大学学报，2010(10)：1－6，64.

③ 伏润民，缪小林，高跃光．地方政府债务风险对金融系统的空间外溢效应[J]．财贸经济，2017，38(9)：31－47.

④ 李军林，朱沛华．防范和化解地方银行风险的两重维度：财政扩张冲击与贷款市场竞争[J]．改革，2017(11)：114－125.

⑤ 阎坤，陈新平．我国当前金融风险财政化问题及对策[J]．管理世界，2004(10)：21－28，46.

⑥ 陈凤娣．金融风险"财政化"的制度缺陷及其防范对策[J]．福建师范大学学报，2005(4)：21－24.

币供应量与财政赤字、税收和政府支出之间的相关性，表明金融风险成为财政风险的重要内生变量，财政赤字货币化倾向日益严重①。李伟(2009)提出财政风险与金融风险存在间接联动，主要表现为资金相互传导、政府通过行政手段干预信贷资金配置和政府对金融风险的公共救助三个方面，我国因不良贷款导致的金融风险向财政风险转化的现实路径为政府直接注资、成立资产管理公司剥离不良资产以及金融危机造成的税收损失②。秦海林(2014)认为政府运用财政措施化解金融风险是政治经济市场中制度博弈的均衡结果，运用logit模型证明政府选择金融风险财政化行为显著受到财政体制改革、金融深化和对外开放程度的影响，指出金融风险财政化将长期存在较强负外部性，政府应审慎采用这一政策，尊重资源配置的帕累托改进原则，深化经济体制改革和加快对外开放③。

2.3 财政在防范系统性金融风险中的意义与作用

现有文献主要研究了财政在防范化解金融风险中的职能作用、具体措施和政策有效性，以及财政在宏观审慎管理中的作用。

2.3.1 国外文献综述

Levon Barseghyan(2010)认为在东南亚金融危机期间，日本政府推迟实施金融部门紧急救助计划是日本经济陷入十年衰退的主要原因之一，在政府为金融部门提供存款保险的一般均衡模型中，不良贷款的上升和救助计划的延迟导致经济效益持续下降④。Cherng G. Ding等(2013)分析了2007年第四季度至2010年第二季度亚洲五个主要经济体的银行机构经营与风险状况，选取能反映偿债能力、信用风险和盈利能力的六个指标，实证检验政府干预措施对危机中银行绩效影响的动态变化，结果表明政府采取的干预措施使银行在偿付能力、信用风险和盈利能力等方面均有所改善，同时影响程度还取决于财务指标、经济状况和银行国际化

① 郭平，李恒．当前金融风险与财政赤字货币化的共生性分析[J]．当代财经，2005(9)：48-52，57.

② 李伟．警惕因控制不良贷款不当而导致金融风险财政化[J]．现代财经(天津财经大学学报)，2009，29(6)：23-29.

③ 秦海林．金融风险财政化的理论框架与实证分析[J]．财贸经济，2014(7)：50-61.

④ Levon Barseghyan. Non-performing loans, prospective bailouts, and Japan's slowdown[J]. Journal of Monetary Economics, 2010(10), Volume 57(7): 873-890.

程度，因此相对来说韩国和香港的政府救助措施比较成功①。Chuen - Ping Chang和Shi Chen(2016)分析了政府注资与信用风险转移(CRT)之间的相互作用以及对危机银行放贷行为和违约风险的影响，研究表明政府注资能以更敏感的方式增加银行的息差并降低违约风险，增强银行在经营困境中的盈利能力和安全性②。Katsutoshi Shimizu和Kim Cuong Ly(2017)实证检验了日本在金融危机期间应对系统性金融风险采取的各项监管干预措施的有效性，研究表明提供流动性救助的政府干预措施是有效的，公共资金注入计划、及时纠正措施和"一揽子"担保等可以降低系统性风险的扩散程度，但是对受困的"大而不能倒"银行采取外部援助的简单干预会通过直接溢出效应和外部渠道增加系统性风险，因此救助计划应限制在一定数量范围内，这样政府干预才是有效的③。Allen N. Berger(2020)分析了政府实施问题资产救助计划(Troubled Asset Relief Program，TARP)的政策效果，TARP通过资本缓冲渠道，即增加普通股价值来降低市场杠杆，能显著降低规模较大、安全性好的银行或处于好的经济环境中的银行发生系统性风险的概率④。Yi - Ling Chen等(2021)认为后危机时期国家对银行的所有权在维护市场信心和稳定方面具有潜在优势，可能超过政治干预产生的低效与腐败带来的负面效应，国家政府对金融体系的担保在危机中发挥了有效作用，转移支付或资本注入等救助措施能有效改善银行的财务状况⑤。

2.3.2 国内文献综述

徐仲民(1998)认为国家重要综合经济管理的财政部门参与防范金融风险既有内在利益，也有职能需求，相比中央银行更具有客观性、全面性等独特优势，应在调整经济战略、推动国有银行和企业改革以及管理外债等方面发挥更大作

① Cherng G. Ding, Chiu - Hui Wu, Pao - Long Chang. The influence of government intervention on the trajectory of bank performance during the global financial crisis: A comparative study among Asian economies[J]. Journal of Financial Stability, 2013, Volume 9(4): 556 - 564.

② Chuen - Ping Chang, Shi Chen. Government capital injection, credit risk transfer, and bank performance during a financial crisis[J]. Economic Modelling, 2016, Volume 53: 477 - 486.

③ Katsutoshi Shimizu, Kim Cuong Ly. Were regulatory interventions effective in lowering systemic risk during the financial crisis in Japan? [J]. Journal of Multinational Financial Management, 2017(9), Volume 41: 80 - 91.

④ Allen N. Berger, Raluca A. Roman, John Sedunov. Did TARP reduce or increase systemic risk? The effects of government aid on financial system stability[J]. Journal of Financial Intermediation, 2020(6), Volume 43.

⑤ Yi - Ling Chen, Hsiu - I Ting, Ming - Chun Wang. Government support and bank performance during the 2007 - 2008 financial crisis[J]. The North American Journal of Economics and Finance, 2021(1), Volume 55.

用①。谢平(1999)总结了政府在防范金融风险和金融机构重组方面的财政措施，分析了通过成立资产管理公司来处置国有商业银行不良贷款模式存在的财政问题，强调加强财政对国有商业银行的监管可以提升内部机制管理，在理论与实践方面都应重视财政防范金融风险的作用②。张弘力(2002)认为我国财政政策和货币政策对金融体系的负面冲击具有一定的体制性因素，主要传导渠道有三种：一是对中央银行和商业银行加强准财政职能；二是扩张性政策造成资产泡沫和通货膨胀；三是对国外资本依赖导致经常项目逆差，本币贬值使得货币体系受到严重冲击。财政政策应当从稳定经济和化解存量金融风险两个方面维护金融稳定③。石建华和孙洪波(2006)认为拉美国家在20世纪90年代发生金融危机的原因是顺周期的财政政策和财政改革成本向金融领域的转嫁，比如外债管理问题、公共部门的隐性债务、政府偿债能力下降等原因造成财政预算外支出的扩大，通过一定渠道又将财政压力传导至金融体系，强调财政在维护金融稳定和化解金融危机中应发挥重要作用④。耿欣(2013)比较了财政部门与中央银行在处置系统性金融风险和微观金融风险时的作用与方式，认为财政政策与货币政策对资金运动的影响具有联动效应，应当寻找配合着力点，审慎交替使用财政与金融手段对经济周期进行补偿与调节，减少与货币政策的冲突⑤。张泉泉(2014)认为财政风险与金融风险具有共生性，引发系统性金融风险的因素兼具宏观与微观的财政金融风险，强调单纯运用金融或财政手段防范化解金融风险有局限性，指出应当构建金融财政联动防范体系，突出政府在系统性风险防范中的作用⑥。刘蓉等(2015)以信息不对称为前提，构建了政府与金融机构的委托代理模型，提出了激励相容的财政分担机制，认为现行制度下财政应当分担金融风险，最优分担比例由政府和金融机构的风险规避系数以及税率共同决定⑦。张圆圆(2019)指出我国的金融风险带有结构性和体制性特征，与财政存在不同程度的关联性，财政在新型金融安全网体系下理应“有进有退”，在防范化解我国系统性金融风险中提高财政参与度具

① 徐仲民．防范金融风险的财政思考[J]．中央财经大学学报，1998(6)：8－12.

② 谢平．论防范金融风险的财政措施[J]．财贸经济，1999(9)：19－23.

③ 张弘力．化解金融风险的财政政策安排[J]．财经问题研究，2002(4)：36－38.

④ 石建华，孙洪波．拉美国家金融动荡的财政因素分析[J]．拉丁美洲研究，2006(8)：48－51，59，80.

⑤ 耿欣．金融风险处置中财政与央行职能协调配合问题研究[J]．山东社会科学，2013(9)：133－137.

⑥ 张泉泉．系统性金融风险的诱因和防范：金融与财政联动视角[J]．改革，2014(10)：74－83.

⑦ 刘蓉，黄洪，刘楠楠．金融风险与财政分担：基于激励相容的视角[J]．财经科学，2015(5)：66－75.

备合理性，应当从风险责任主体、防范化解风险的参与主体和公共救助主体三个层级构建财政在防范系统性金融风险中的制度框架①。

近年来国内学者开始研究财政政策在宏观审慎管理中的作用和有效性，认为财政政策能有效提升宏观审慎政策的实施效果。李建强等(2018)认为树立“大宏观审慎政策”思维，建立包括财政政策在内的宏观审慎政策框架，有偿财政救助、惩罚性税收等财政措施能够提升宏观审慎政策效果②。朱军等(2018)认为纳入财政整顿特征的“大宏观审慎政策”将更有效地降低政府债务规模，减弱经济摩擦对经济的扭曲，从根本上提高社会福利水平，使经济达到有效均衡③。蒋劲等(2019)分析了当前宏观审慎政策在抑制金融资产泡沫、制止影子银行监管套利和维护金融稳定等方面的局限性，指出财政政策能更有效地解决金融稳定运行面临的问题，深刻影响宏观审慎政策实施效果，指出我国财政集合了公法与私法权利，显著的制度优势天然地有利于实施宏观审慎，实现金融稳定的目标④。金成晓和姜旭(2021)建立了包含多种财政政策工具和金融特征的新凯恩斯 DSGE 模型，论证结果表明财政政策工具均具有金融稳定能力，长期响应机制能更显著地增强调控效果，财政政策与宏观审慎政策在控制资产价格方面具有互补作用，在政策设计和使用时应当注意风险来源和协调配合，基于宏观审慎视角的财政政策应在促进金融稳定方面进一步增强灵活性、规则性和协调性⑤。

2.4 政府干预对企业投融资和金融体系发展的影响

本节主要从政府干预对企业投融资效益的负面影响和对金融体系发展的双向影响两个方面进行分析。

---

① 张圆圆．财政在防范系统性金融风险中的作用机制研究[J]．西南金融，2019(7)：68－77.

② 李建强，张淑翠，秦海林．货币政策、宏观审慎与财政政策协调配合——基于 DSGE 策略博弈分析与福利评价[J]．财政研究，2018(12)：19－34.

③ 朱军，李建强，张淑翠．财政整顿、“双支柱”政策与最优政策选择[J]．中国工业经济，2018(8)：24－41.

④ 蒋劲，宋光磊，范东．财政政策与宏观审慎政策协调地问题分析[J]．金融与经济，2019(11)：87－91.

⑤ 金成晓，姜旭．基于宏观审慎视角的财政政策与系统性金融风险防范：作用机制与政策规则[J]．财政研究，2021(2)：59－77.

2.4.1 国外文献综述

2.4.1.1 政府干预降低企业投融资效益

Dongwei Su(2005)认为中国企业融资过程中，政府扮演着重要角色，政府干预程度、管理壁垒和制度控制对企业融资选择和股利分配决策均产生影响①。Warren Bailey 等(2011)研究了转型经济体的国有银行基于不同借款人内部信息的信贷决策，指出中国的金融体系受政治因素影响，财务业绩差、管理费用高的企业更容易获得银行贷款，且企业获得银行贷款后业绩可能恶化，国家主导的金融体系面临着两难困境②。Shimin Chen 等(2011)研究了中国政府通过对企业持股和任命高管扭曲了国有企业的投资行为，国有企业投资支出对投资机会的敏感性显著较低，政企关系显著降低了企业的投资效率③。Robert Cull 等(2015)研究了政企关系、资本投资行为和金融约束三者间的关系，指出中国信贷市场受政企关系影响显著，如果企业的 CEO 由政府任命，且政企关系密切，则融资约束较小，银行与国有企业开展信贷业务时更多考虑政府因素而非内部现金流状况，政府干预成为我国国有银行信贷错配的重要原因④。

2.4.1.2 政府干预对金融体系发展具有双向影响

Patrick Honohan(1997)研究了发展中国家和转型经济体发生银行业系统性危机的原因，提出危机的发生大多与制度变革、政策波动和外部冲击有关，宏观经济周期下行、微观层面的管理或内控缺陷以及政府干预银行体系会造成地方性金融危机⑤。Rafael La Porta 等(2000)利用 92 个国家的大型国有银行数据分析得出银行的国有化在世界各国普遍存在，但在人均收入水平低、金融体系欠发达、政府干预多且效率低和产权保护不充分的国家更为普遍，政府对银行的持股往往与

---

① Dongwei Su. Corporate Finance and State Enterprise Reform in China[J]. China Economic Review, Volume 16(2005): 118 – 148.

② Warren Bailey, Wei Huang, Zhishu Yang. Bank Loans with Chinese Characteristics: Some Evidence on Inside Debt in a State – Controlled Banking System[J]. Journal of Financial and Quantitative Analysis, Vol 46, No. 6, 2011.

③ Shimin Chen, Zheng Sun, Song Tang, Donghui Wu. Government intervention and investment efficiency: Evidence from China[J]. Journal of Corporate Finance17(2011): 259 – 271.

④ Robert Cull, Wei Li, Bo Sun, Lixin Colin Xu. Government connections and financial constraints: Evidence from a large representative sample of Chinese firms[J]. Journal of Corporate Finance 32(2015): 271 – 294.

⑤ Patrick Honohan. Banking system failures in developing and transition countries: Diagnosis and prediction[R]. BIS Working Paper No. 39, 1997(1).

金融发展、人均收入增长和生产率增长缓慢相关，银行国有化使金融资源配置过程政治化，降低了配置效率，阻碍了金融发展与经济增长，一定程度上造成了国家的贫穷①。Becker 和 Shina(2018)通过研究欧元区国家银行业在危机后的表现证实政府通过直接所有权和董事会影响银行的经营管理，2013 年以后银行业持有的国内政府债券是2007 年的两倍多，对国内企业贷款的供给形成明显的挤出效应②。政府对金融体系信贷配置的干预也会产生积极作用，Vighneswara Swamy(2010)认为公平增长对包容性增长至关重要，而包容性增长又能带来可持续性增长，研究表明印度迫切需要制定保障优先部门融资的政策，政府有必要促使银行和金融机构在规定范围之外增加优先部门贷款③。

2.4.2 国内文献综述

2.4.2.1 政府干预降低企业投融资效益

高雷等(2006)认为国家控制及政府干预显著加剧了控股股东与小股东及银行债权人间的利益冲突，不利于社会经济效率的提高④。唐雪松等(2010)以上市公司为样本，研究表明在市场化进程或 GDP 增长相对较慢的地区，地方政府有强烈动机干预地方国有企业经营，且政府间接持股与直接持股的地方国企都同样会受到政府干预而进行过度投资⑤。李帅和靳涛(2014)认为体制因素和产权结构是造成资本市场扭曲的根本原因，国有银行对银行业的垄断和国有企业对上市权和配股权的垄断造成了资本市场扭曲，实现了对国有经济支持的目标，促进政府转型的改革措施能有效降低要素市场扭曲⑥。邢志平和靳来群(2016)通过对中国不同经济部门的金融资源错配程度进行测算，指出行政干预是资源错配的主要原因，政府干预越强，国有企业的融资成本越均衡，国有部门内部的金融资源错配

① Rafael La Porta, Florencio Lopez - de - Silanes, Andrei Shleifer. Government ownership of Banks[R]. NBER Working Paper, 2000(3), 7620.

② Bo Becker, Victoria Iva Shina. Financial Repression in the European Sovereign Debt Crisis[J]. Review of Finance, 2018, Volume 22(1): 83 - 115.

③ Vighneswara Swamy. Financial Development and Inclusive Growth: Impact of Government Intervention in Prioritized Credit[J]. Zagreb International Review of Economics & Business, 2010, Vol. 13, No. 2: 55 - 72.

④ 高雷，何少华，仪垂林．国家控制、政府干预、银行债务与资金侵占[J]．金融研究，2006(6)：90 - 98.

⑤ 唐雪松，周晓苏，马如静．政府干预、GDP 增长与地方国企过度投资[J]．金融研究，2010(8)：33 - 48.

⑥ 李帅，靳涛．政府干预、金融歧视与资本市场扭曲——基于中国不同所有制部门的行业分析[J]．现代财经(天津财经大学学报)，2014，34(12)：36 - 48.

程度越低，政府对金融资源配置的影响对民营部门产生了挤出效应，加大了民营企业融资成本的差异化，扩大了民营经济金融资源错配的程度①。

2.4.2.2 政府干预金融体系的原因

郭峰(2016)认为地方政府对地方金融的干预可以从三个方面解释其原因：一是以经济增长为目标的政府竞争机制；二是财政分权改革导致地方财政收入不足；三是地方政府金融干预和中央政府金融监管互动的金融央地关系机制变革②。何德旭和苗文龙(2016)在空间效应模型的基础上利用中国1978年至2012年的经济数据证明中央和地方两级政府因政策目标不同，其最优选择与财政、金融行为取向存在差异，分税制改革影响了金融分权结构，金融的显性集权隐性分权和财政分权引发地方政府对金融资源的争夺，并导致多种财政风险和金融风险③。郑力璇和王耀东(2018)构建了包括中央政府和地方政府的两阶段动态博弈模型，利用31个省份数据进行实证研究，结果表明财政分权和金融分权能促进经济增长，且财政分权对金融分权有显著促进作用，尤其是在金融危机之后促进作用更明显，中央政府应对金融进行适当管制，否则地方政府自发行为会使全国信贷总规模大于最优水平，由此引发金融风险④。

2.4.2.3 政府干预对金融体系发展具有双向影响

政府干预能够造成金融体系的效率损失。周立(2005)认为在分权化改革中，由于国家财政能力的下降，金融资源被异化为中央和地方政府的财政资金，金融业失去了资源配置的功能，却作为第二财政执行了多种财政功能，这种替代既有渐进改革的必然要求，也有财政功能和金融功能错位的不合理性，中国金融呈现出高增长、低效率特征⑤。朱超(2007)研究了印度的农村金融体系发展演变，指出由于政府长时间的直接干预，印度农村的金融借贷活动交易成本高昂，金融体系遭受巨大的效率损失，应当限制政府直接干预，注重农村金融的造血机制⑥。余明桂和潘红波(2008)认为政府干预、法治水平和金融发展水平是影响企业银行

---

① 邢志平，靳来群．政府干预的金融资源错配效应研究——以中国国有经济部门与民营经济部门为例的分析[J]．上海经济研究，2016(4)：23-31，68.

② 郭峰．政府干预视角下的地方金融：一个文献综述[J]．金融评论，2016，8(3)：67-79，125.

③ 何德旭，苗文龙．财政分权是否影响金融分权——基于省际分权数据空间效应的比较分析[J]．经济研究，2016，51(2)：42-55.

④ 郑力璇，王耀东．财政分权对金融分权的影响——基于信贷的视角[J]．经济问题，2018(8)：12-20.

⑤ 周立．渐进转轨、国家能力与金融功能财政化[J]．财经研究，2005(2)：26-37.

⑥ 朱超．农村金融体系发展中的政府干预——以印度为例[J]．经济与管理研究，2007(1)：90-94.

贷款的重要因素，其中政府干预的影响程度最大。政府干预破坏了银行与国有企业间的自由信贷契约，使企业可以获得更多的银行贷款和更长的贷款期限，优惠的贷款支持大多是低效率的，地区的法治水平与金融发展水平会硬化国有企业的预算约束，使银行贷款率下降、贷款期限缩短①。俞乔和赵昌文(2009)运用一般效用理论模型研究了政府控制和国有银行不良资产的关系，结论表明政府控制引起的道德风险加剧了银行不良资产的增长，政府对银行的财政救助会通过税收或通货膨胀的方式转嫁给社会公众，从而形成了恶性循环机制②。王永明和宋艳伟(2010)指出在政府直接干预力度减弱的情况下，政企合谋成为间接干预金融配置的有效途径，包括帮助企业逃废债、提供融资担保等，从而使银行作为债权人的利益无法得到保障③。王俊和洪正(2015)运用地方政府博弈模型解释了政府为实现经济利益最大化选择金融竞争行为的现象，包括对金融机构实施行政干预、设立融资代理平台和吸引外商投资，过度的金融竞争会产生较高的资金信用风险，影响区域金融安全④。张军(2016)运用 31 个省份的面板数据，研究地方政府行为与金融资源配置效率间的关系，表明由于金融资源的稀缺性和金融资源财政化的低成本，政府有强烈动机通过金融中介干预金融资源配置，对区域经济市场化产生不利影响，滞后了经济结构转型⑤。黄薇等(2016)研究发现地方政府会利用财政专户存款资源影响金融机构贷款投向，显著降低了金融机构经营效率，大型金融机构的分支机构因政府导向贷款受到的负面影响更为明显⑥。李茫茫等(2016)研究了政府干预下的信贷刺激政策如何扭曲银行债务契约及其产生的经济后果，结果表明金融危机后银行债务具有较高的违约风险，且国有企业的违约风险显著提高，天量信贷政策虽然有助于提升企业短期业绩，却降低了企业长期绩效⑦。张前程和龚刚(2016)利用 1999 年至 2012 年的工业行业面板数据论证了政府干预、金融深化与行业投资配置效率三者的关系呈现阶段性变化，金融深化提

---

① 余明桂，潘红波．政府干预、法治、金融发展与国有企业银行贷款[J]．金融研究，2008(9)：1－22.

② 俞乔，赵昌文．政治控制、财政补贴与道德风险：国有银行不良资产的理论模型[J]．经济研究，2009，44(6)：73－82，158.

③ 王永明，宋艳伟．地方政企合谋与信贷资源配置[J]．广东金融学院学报，2010，25(5)：62－71.

④ 王俊，洪正．地方政府金融竞争与区域金融风险[J]．贵州社会科学，2015(8)：115－120.

⑤ 张军．地方政府行为与金融资源配置效率[J]．经济问题，2016(12)：37－41.

⑥ 黄薇，张海洋，李海．财政专户存款、地方金融机构贷款行为及其经营效率[J]．金融研究，2016(10)：79－94.

⑦ 李茫茫，王红建，李青原．金融危机、天量信贷与银行债务契约——来自我国上市公司的经验证据[J]．经济评论，2016(4)：129－140，160.

高行业投资配置效率的作用主要体现在2001—2007年，2008年以后金融深化对投资配置效率的提升有抑制作用，2000年以后政府干预削弱了金融深化对提高行业投资配置效率的有利影响①。王文召和顾永昆(2019)研究了金融结构演化与财政压力间的作用机制，认为财政增收型与经济增长型的金融结构有较大区别，财政增收压力下政府行为会短视化，使金融结构偏离最优演化路径，日本经济增长放缓的重要原因在于政府通过金融系统为财政融资，缓解财政压力②。

政府干预在一定程度上也可以维持经济增长与金融体系稳定。赵灵芝(2012)认为地方政府适当干预金融能弥补地方金融发展的不足，促进金融发展进而推动地区的经济增长③。王晓娆等(2018)研究了政府直接干预、金融抑制与银行业不良贷款率的相关性，结果表明金融抑制使不良贷款增加，而政府直接干预会削弱金融抑制对银行业的负面影响④。

2.5 金融抑制对经济增长具有双重效应

2.5.1 国外文献综述

金融抑制可以增加政府收入。Alberto Giovannini 和 Martha de Melo(1991)研究了金融管制与税收政策的相互作用，认为政府对国内金融市场的管制是一种税收形式，当征税存在成本或收入分配成为政策目标时，政府通过金融抑制获得的收入作为隐性税收成了最优税收计划的主要部分，金融抑制税收与通货膨胀税收之间具有互补性，具有较高通货膨胀率的国家能从金融抑制中获得更多收入。政府从金融抑制中获得的收入约占GDP的2%和政府总收入(除通过金融抑制取得的收入外)的9%，政府在实施金融自由化政策时应当考虑这部分收入损失⑤。Garrick Hileman(2016)指出利率管制、定向信贷和银行体系国有化等金融抑制政策对维持“二战”后英国的公共债务水平发挥了重要作用，以自由市场债券收益率

① 张前程，龚刚．政府干预、金融深化与行业投资配置效率[J]．经济学家，2016(2)：60－68.

② 王文召，顾永昆．财政压力与金融结构演化[J]．宏观经济研究，2019(4)：30－40.

③ 赵灵芝．分税制改革、地方政府干预和金融加速器效应——基于中部地区1995—2008年面板数据的实证分析[J]．经济问题，2012(6)：7－9.

④ 王晓娆，庞志，张曦如．政府直接干预、金融抑制与银行不良贷款——基于省际动态GMM估计方法[J]．北京工商大学学报(社会科学版)，2018，33(1)：97－104.

⑤ Alberto Giovannini，Martha de Melo. Government revenue from financial repression[R]. NBER Working Paper，1991(1)，No. 3604.

计算的政府通过金融抑制获得的收入在 1948 年占到 GDP 的 8%以上，是金融抑制政策实施前收入的 2 倍多，也远超过发展中国家在 20 世纪 70 年代的政府收入①。

金融抑制政策影响了金融体系效率和经济增长的可持续性。Shawn Cole (2009)研究了印度银行国有化的案例，指出金融抑制期间国有银行的信贷规模快速增长，但对实体经济的发展并无影响，反而造成了较低的借贷利率水平和低质量的金融中介，并降低了贸易与服务业的就业率②。Anders C. Johansson(2012)认为发展中国家倾向于由政府分配有限的金融资源，为优先发展部门提供更多的资金，这些金融抑制政策会导致国内经济和对外经济的不平衡，使经济发展面临诸多挑战，金融自由化和金融体制改革将会促进金融发展，降低对储蓄的依赖，增加个人接受高等教育的机会，改善经济的不平衡状况③。Justin Y. Lin 等(2015)研究了中国银行业的所有权结构与规模结构同企业发展间的关系，指出企业发展与两种因素均相关，在非国有银行分布较多的区域，非国有企业发展较好，在中小银行机构较多的区域，劳动密集型企业发展得更快，为促进地方经济发展，政府应致力于银行业改革，降低国有股份的占比，扶持中小金融机构发展④。Sinmin Gao(2015)比较了中美影子银行的差异，指出中国的影子银行客户以中小民营企业为主，是金融抑制政策的产物，影子银行以非法高息揽储获得资金，以较高的收益率和优惠的贷款条件向中小民营企业发放资金，解决了中小民营企业无法通过正规金融体系融资的问题，削弱了金融抑制程度，与主流金融体系形成竞争态势，但同时游离于监管体制之外，形成了潜在的系统性金融风险。政府应当通过适当的政策引导影子银行健康发展，而不应将其看作违法行为进行惩处⑤。Guangdong Xu(2018)认为中国金融体系基本符合金融抑制理论特征，银行部门以国家控股为主，利率由政府调控，信贷投向受政府干预严重。政府为应对 2008 年金融危机实施的大规模经济刺激政策加剧了金融抑制程度，经济改革陷入困境，严重损害了中国经济的可持续性，降低了经济效率，但由于政府可以通过控

① Garrick Hileman. Origins and Measurement of Financial Repression: The British Case in the mid - 20th Century[J]. Financial History Workshop, Brussels, 2016(5).

② Shawn Cole. Financial Development, Bank Ownership, and Growth. Or, Does Quantity Imply Quality? [R]. SSRN Working Paper, 2009(11).

③ Anders C. Johansson. Financial Repression and China's Economic Imbalances[R]. CERC Working Paper 22, 2012(4).

④ Justin Y. Lin, Xifang Sun, Harry X. Wu. Banking structure and industrial growth: Evidence from China[J]. Journal of Banking&Finance, 2015(58): 131 - 143.

⑤ Sinmin Gao. Seeing Gray in a Black - and - White Legal World: Financial Repression, Adaptive Efficiency, and Shadow Banking in China[J]. Texas International Law Journal, 2015, Vol. 50: 1.

制金融资源来解决经济、政治和社会问题，因此中国的金融抑制在未来仍会继续存在①。Christopher Whalen(2019)将净利息收入与总利息收入之比作为金融抑制指数，测量了美国银行体系自1984年以来的金融抑制程度，结果表明自1990年以来金融抑制政策导致了银行存款人和投资人的损失，尤其是2008年金融危机后的损失更大，尽管银行获得了一定的专项补贴，但由于低利率政策和公开市场操作，银行的资产回报率依然下降②。

2.5.2 国内文献综述

2.5.2.1 政府主导型经济模式改革的必要性

何晓星(2003)认为中国采取了地方政府主导型市场经济发展模式，其实质是地方政府内公外私产权主导，这种模式具有双重性，会逐步失效③。沈能和何婷英(2006)应用ARCH类模型对我国金融运行机制进行了实证研究，指出在经济转轨期间，政府干预有利于克服金融系统的不稳定性，消除市场不发育或残缺问题，政府替代市场发挥作用本质上是制度创新，因此政府干预金融的行为应该从攫取金融资源转移到弥补市场基础不足④。张磊(2010)认为政府主导型金融体制是金融欠发达和干中学的经济增长共同决定的阶段性最优金融制度安排，能突破金融发展的需求约束“瓶颈”，但也是应对后起经济体存在的格申克龙难题以及后发劣势而付出的制度扭曲代价，其效果必将随着经济增长和金融发展不断降低，政府需在突破金融发展的需求约束“瓶颈”后适时实现市场化转型⑤。李文溥和李昊(2014)认为中国经济近年来出现发展问题的内因是以要素比价扭曲为主的微观基础和以追求经济增长为主的宏观调控管理方式均难以持续，由政府主导型市场经济向现代市场经济过渡是历史必然，核心在于重塑政府与个人的关系⑥。

2.5.2.2 金融抑制对经济增长具有双重效应

金融抑制措施在一定条件下可以促进经济增长。张富祥和张颖(2014)建立了

① Guangdong Xu. China's Financial Repression: Symptoms, Consequences and Causes[J]. The Copenhagen Journal of Asian Studies, 2018, 36(1).

② Christopher Whalen. The Financial Repression Index: U. S Banking System Since 1984[R]. Working Paper, 2019(6).

③ 何晓星．论中国地方政府主导型市场经济[J]．社会科学研究，2003(5)：27－31.

④ 沈能，何婷英．政府主导还是市场主导——我国转轨金融运行机制的评价研究[J]．中央财经大学学报，2006(1)：39－44.

⑤ 张磊．后起经济体为什么选择政府主导型金融体制[J]．世界经济，2010，33(9)：134－158.

⑥ 李文溥，李昊．论政府主导型市场经济转型[J]．东南学术，2014(1)：13－26，245.

金融抑制的内生经济增长模型，研究表明政府支出具有正外部性时，金融抑制是有利于经济增长的，且货币供应量增长在一定范围内可以提高经济增长率、降低通胀水平①。

金融抑制对经济增长的负面效应更为显著。卢文鹏(2002)指出中国金融领域中的金融抑制使资源配置产生了新的扭曲，国家财政、国有企业、国有银行、资本市场和居民五大部门形成了三维的“三位一体”结构的低效率均衡，且带有明显的路径依赖性质，由此产生的制度性公共风险会转嫁成为财政风险②。潘英丽(2014)认为中国60多年来的金融政策实质是通过金融抑制政策补贴企业、干预资源分配，并对危机成本实行社会化转移或分摊，金融体制改革的延误使中国经济金融陷入严重的结构扭曲，防范系统性金融风险需要处理好防风险与去杠杆的关系及反危机与去泡沫的关系③。张杰和杨连星(2015)认为突破中国经济增长困境的关键在于全面改革当前存在的金融抑制体制，这一体制的特征表现为政府过度干预和对实体经济形成掠夺效应，由此形成二元化融资格局，导致实体经济融资难、经济增长率下滑、经济运行风险上升④。张微微(2017)研究了财政压力在金融抑制的情况下对经济增长方式的影响，结果表明财政压力越大，金融抑制程度越高，二者的结合显著抑制了全要素生产率的提高，并阻碍了向集约型经济增长方式的转变⑤。吴智华和杨秀云(2018)认为中国的影子银行并非宽松货币政策下金融过度创新的产物，而是对传统信贷业务的补充，资金大多流向无法通过正规信贷渠道融资的企业，中国的影子银行是金融抑制下的创新产物。稳定金融系统的宏观审慎管理政策与当前中国金融结构特征不匹配，在短期虽然能抑制系统性金融风险的累积，但在长期会降低金融资源的配置效率，消除金融歧视和金融抑制具有最好的社会福利效果⑥。

2.6 综合评述

本章从财政风险形成机理、财政风险测度与预警机制、财政风险与金融风险

---

① 张富祥，张颖．金融压抑、政府支出与经济增长[J]．云南财经大学学报，2014，30(3)：83－88.

② 卢文鹏．渐进转型中的制度性公共风险[J]．战略与管理，2002(3)：39－46.

③ 潘英丽．对中国金融系统性风险的追问——制度成因、历史差异与化解之策[J]．探索与争鸣，2014(7)：47－52，2.

④ 张杰，杨连星．中国金融压制体制的形成、困境与改革逻辑[J]．人文杂志，2015(12)：43－50.

⑤ 张微微．财政压力、金融抑制与经济增长方式转型[J]．财经问题研究，2017(4)：69－74.

⑥ 吴智华，杨秀云．影子银行、金融稳定与货币政策[J]．当代财经，2018(9)：48－61.

的双向转移、财政在防范化解金融风险中的意义与作用、政府干预企业投融资与金融体系发展、金融抑制的产生和对经济增长的影响六个方面对国内外文献进行了总结归纳，现有文献研究存在以下启示与不足。

2.6.1 文献研究的现状与启示

现有文献对财政风险构成与测度预警方面的研究较为系统全面，财政风险与金融风险相关性方面的研究重点较为集中，政府干预降低企业投融资效率、政府干预对金融体系发展和金融抑制对经济增长存在双重影响效应等内容的研究分析较为全面深入，为本书提供了研究方向与丰富的文献参考。

较为系统地论述了财政风险形成的原因、风险类型与测度预警方法。不同时期对财政风险的研究重点随着风险特征表现而变化，由国债到或有负债，再到地方政府债务，可以看出财政风险的内涵及范围在不断丰富扩展。同时财政风险的测度与预警机制等相关内容的研究也是不断发展完善的过程，由简单指标法发展为复杂的非线性模型，财政风险预警机制的建立与完善也反映出财政风险对于经济发展影响的重要性在20世纪90年代以后持续提升，成为风险理论研究的重要课题。

论证了财政风险与金融风险存在双向影响关系，财政政策能提升宏观审慎管理政策的有效性。研究内容主要集中于两个方面：一是财政风险金融化问题主要涉及财政赤字的通货膨胀效应和信贷财政化的信用违约效应；二是金融风险财政化问题研究角度多是财政救助的必要性和对财政风险的影响，财政救助措施会加大财政负担，扩大政府赤字和债务规模，使财政成为最终的风险承担者。同时文献研究也表明基于金融风险或金融稳定的准公共性，政府应当实施必要的风险救助，财政在防范系统性金融风险中应发挥公共救助的职能作用，财政制度和财政工具的优势能够有效弥补宏观审慎管理政策在实践中的不足。

论证了政府干预与金融抑制的双重经济效应。国内外的文献研究均表明政府干预和金融抑制对金融体系和经济增长都有双重效应，发展中国家选择政府主导型经济金融模式具有客观必然性，但在长期这一模式将逐渐失效并弱化金融体系的资源配置功能。金融抑制可以在一定时期内实现资金有效积累和经济高速增长，在长期同样成为阻碍金融体系有效运行和经济增长的制度性因素，政府干预会显著降低经济资源配置效率和企业投融资效益，造成国有部门与民营部门融资成本的差异化，成为民营经济发展的障碍。政府干预与金融抑制理论与财政风险金融化具有内在联系，现有文献对政府干预与金融抑制的双重宏观经济效应研究结论能够为研究财政风险金融化的宏观经济效应提供参考。

2.6.2 现有文献研究的不足

现有文献资料对财政在防范化解金融风险中的作用和财政风险与金融风险相关性两个方面的研究存在局限性，对财政风险金融化的研究缺少理论性与系统性，鲜有文献研究财政风险金融化的宏观经济效应。

财政在防范化解金融风险中的作用机制研究存在片面性，宏观审慎管理政策与措施缺少本土化研究。现有关于金融风险财政化的文献仅研究论述了财政的公共救助职能，由财政承担金融风险损失只是化解金融风险的最后手段，对于财政在金融监管协调与维护金融稳定职能方面的研究较少。对于防范化解金融风险的措施大多从金融视角出发，宏观审慎管理政策与措施基本只涉及金融监管部门，对财政与宏观审慎管理关系的研究较少，也未能从我国金融风险的根源出发，深入研究财政在防范化解金融风险和宏观审慎管理中的作用机制。

财政风险与金融风险的双向转移研究存在时限性。两类风险相互转化问题的理论研究主要来自国内学者，研究时期多数集中于21世纪初，这一阶段的风险程度相对严重，且风险的相互传染性源于市场化机制改革不充分造成的体制缺陷，文献对传导路径的分析较为单一，对计划经济时期和后危机时期两类风险相互转移和传导机制论述不够全面系统。

财政风险金融化问题研究缺少理论性与系统性。文献集中讨论了赤字货币化和我国经济转轨初期的信贷财政化风险问题，目前尚没有文献讨论新中国成立以来财政风险金融化的演变趋势，对财政风险金融化影响效应的分析过于笼统，停留在定性的现实情况分析层面。而对于宏观经济影响效应，主要是从政府干预和金融抑制的视角研究对企业投融资效率、金融体系发展以及经济增长的影响，尚没有文献对财政风险金融化不同传导机制的宏观影响效应进行研究论证，也没有文献对财政风险金融化的双重宏观效应进行理论与实证分析。

本书对当前文献研究的不足之处加以完善补充，重点对财政风险金融化的形成机理、传导机制演变与宏观效应进行深入分析与论证，在此基础上对财政风险金融化的防控机制、财政政策在宏观审慎管理中的定位与职能作用进行探讨，以补充现有文献研究的不足。

第3章 财政风险金融化的理论分析

本章主要从理论层面分析阐述财政风险金融化的形成机理与双重宏观效应，财政与金融的差异与联系是财政风险与金融风险双向转移的前提基础，两类风险的相互传导与转移具有客观必然性，财政风险金融化与金融风险财政化的产生条件和传导路径等有本质不同，但在宏观层面都具有双重宏观经济效应。本书研究重点为财政风险金融化，对金融风险财政化的内容仅作简单介绍。此外由于我国的金融体系结构以间接融资为主，银行体系既是主要的资金供给方也是金融风险的主要承担者，所以本书对于金融与金融风险的研究主要限定在银行体系范围，对于非银行体系和金融市场等其他金融主体与金融风险的研究从略。

3.1 财政与金融的差异与联系

3.1.1 财政与金融功能的差异与联系

3.1.1.1 财政与金融功能的差异

1. 本质与主体不同

在《辞海》中财政意为理财之政，指国家或公共团体为了维持生存与发展，筹集收入和支出经费的经济行为。从经济学意义来讲，财政是以政府为主体的分配活动，公共财政理论强调财政活动的目的在于弥补市场失灵，提高资源配置的有效性，提供公共产品以满足社会共同需要，调节收入以实现经济与社会公平，调控经济以实现稳定发展。党的十八届三中全会提出市场在资源配置中起决定性作用，更好发挥政府作用，并赋予财政以国家治理的基础和重要支柱的特殊定位，财政是政府履职的基础。财政涉及政治、经济、社会三大系统的有机联结，财政资金是治国理政的必要物质基础，为政治安定、经济发展和社会和谐提供了基础性的保障。

金融是指货币资金的融通，凡是涉及货币供给、银行与非银行信用、以证券交易为操作特征的投资、商业保险，以及以类似形式进行运作的所有交易行为的集合都属于金融范畴①。金融主要涉及货币、信用和银行等金融机构三者间相互联系，其中信用在社会再生产过程中具有资金再分配和创造货币的职能，银行是唯一能增加货币供应的部门，决定着经济体系中的货币供应量。金融存在的基础是商品经济的产生和发展，邓小平同志指出金融是现代经济的核心，对国民经济健康发展起着决定性作用。金融是国家重要的核心竞争力，金融安全是国家安全的重要组成部分，现代经济与金融的关系休戚与共，金融活，经济活；金融稳，经济稳。

2. 基本功能不同

公共财政理论提出财政具有在市场失灵领域提供公共产品、满足公共需求的功能，经济功能主要有稳定经济、调节收入分配与配置资源三类，其中调节收入分配是财政特有的功能。财政功能主要通过政府的分配活动来实现。

金融最重要的功能是重新分配社会的闲置资源和运用资源加速资本形成②，具有充当媒介交易、配置资源、发现价格、管理风险等主要功能③。除中央银行发行货币外，金融功能的实现主要通过市场机制来进行，期限性、收益性和风险性是金融功能实现过程中独有的特点。

3. 政策工具不同

财政政策工具主要有税收、国债、财政投资和公共支出等，通过收入分配、货币供应和价格等媒介中间变量的传导影响经济，实现财政政策目标。

金融政策工具主要包括货币政策工具、宏观审慎政策工具和微观审慎政策工具。货币政策工具分为总量性工具和结构性工具，总量性工具旨在调节货币供应总量，一般包括法定存款准备金率、公开市场业务和央行再贴现或再贷款，也包括窗口指导、行政干预和金融检查等政策手段。结构性工具旨在针对不同对象调节货币供应量，包括常备借贷便利（Standing Lending Facility，SLF）、中期借贷便利（Medium－term Lending Facility，MLF）、抵押补充贷款（Pledged Supplementary

① 黄达，张杰．金融学（第五版）［M］．北京：中国人民大学出版社，2019.

② 胡庆康．现代货币银行学教程［M］．上海：复旦大学出版社，2011：58.

③《做好金融工作的指导思想与原则》，2019（3），http：//www. qstheory. cn/dukan/qs/2019－03/16/c_ 11242 4140 3. htm.

Lending, PSL)和定向中期借贷便利(Targeted Medium - term Lending Facility, TMLF)等。货币政策主要通过影响货币供应量来调节货币供求关系，进而影响社会的总需求和总供给。宏观审慎政策工具可分为时间维度下的工具和截面维度下的工具，时间维度下的工具包括经济繁荣时的工具和经济衰退时的工具，主要政策工具包括贷款价值比、债务收入比、控制信贷增速、控制外币贷款、准备金制度、动态准备金制度、逆周期资本要求、限制盈余分配等①。微观审慎政策工具主要包括新巴塞尔协议规定的银行机构监管指标与监测指标等，以及日常风险监测、现场与非现场检查等政策手段，常用指标包括资本充足率、不良贷款率、拨备覆盖率、流动性比例、资产利润率等，多维度地监测银行机构的盈利能力与风险状况。

3.1.1.2 财政与金融功能的联系

财政与金融功能的联系是财政与金融相互作用与配合的基础，但在配合过程中既存在协同效应，也存在冲突。国家对经济进行宏观调控的目标在于促进全社会产出的总供给与总需求恢复到均衡状态，财政与金融在实现国家宏观目标方面履行的功能有重合之处。一是资源配置功能，财政与金融共同促进资源在地区、产业部门和市场主体之间进行流动，通过对现有的社会经济资源进行合理调配，实现资源结构的合理化，以资源最有效的使用获得最大化的经济效益和社会效益。二是经济稳定职能，财政与金融可以共同作用于总供给或总需求，在总量平衡和结构性平衡方面实现政策有机结合，通过调节货币供应量对经济波动进行逆周期调节，实现充分就业、物价稳定和国际收支平衡等稳定经济的政策目标。财政与金融在履行相同的功能时，既有协调配合的基础，也有协调配合的必要性，只有在功能重合领域实现政策效应协同，才能“殊途同归”。但同时也存在矛盾与冲突，在资源配置中可能出现相互争夺挤占有限经济资源的现象，在稳定经济方面，当财政过度扩张产生财政风险时，可能会影响金融与经济稳定。

3.1.2 财政与金融资金的差异与联系

3.1.2.1 财政与金融资金的性质差异

财政资金的来源与运用通常具有国家强制性和无偿性，主要来源于政府凭借

① 刘志洋，宋玉颖．宏观审慎监管政策工具实施及有效性国际实践[J]．中国社会科学院研究生院学报，2016(1)：50-55.

国家权力强制征收的税收，即使通过举借债务融资，也是以未来的税收收入作为主要还款来源。随着政府参与资本市场的程度加深，少部分资金会采取有偿形式获得，比如发行债券和服务性收费等，但都不是以营利为目的。资金分配与使用具有所有权转移的性质，这种转移是单方面的，存在此得彼失的问题①，比如具有无偿性质的税收或财政补贴等，资金使用范围主要是市场不能充分提供的公共服务领域，并且资金的使用受到法定预算的约束。

金融资金的来源与运用以有偿性为前提，主要来源于社会闲置资金。资金分配具有使用权转移的性质，不具有国家强制性，也不存在此得彼失的问题。资金主要满足市场主体投资需求，同时还可以创造新的流通手段和支付手段，扩大金融资金的总规模。资金的使用不受法定预算的约束，更多受到市场机制的调节，使用方式更为灵活机动，可根据经济发展状态和结构调整的需要及时地调整金融资金的流向与规模。

3.1.2.2 财政与金融在资金运动中的联系

货币资金与货币经济的存在是财政资金与金融资金产生联系的首要前提。流通中的货币分为非资金形态存在的货币和货币资金两大部分，这两部分形态的货币是处于不断相互转化的动态变化之中的，货币资金是流通中货币的重要组成部分。货币资金和货币经济存在的条件下，社会再生产过程才表现为资金的循环与周转，财政资金和金融资金都参与社会资金运动过程，并且均表现为货币资金的收支，正因两者在表现形式上的一致性，财政与金融在社会再生产的价值分配中才存在交集，财政分配与金融分配才能在资金融通中出现接合部，资金以各种方式在不同分配领域相互转化。

财政资金与金融资金在资金运动中的联系体现在两个方面：一是互为收入来源。商业银行可以通过购买政府债券获得稳定的利息收入来源，同时商业银行的盈利所得会以税收形式上缴国库，成为财政收入的一部分。二是互为资金来源。对于银行体系来说，中央银行行使经理国库职能，商业银行有吸收存款和履行国库经收处的职能，所以财政收支会由中央与地方国库划解，财政存款会以活期或定期的形式存放在商业银行，成为商业银行核心负债资金。并且在商业银行资金不足时，财政可以向银行增拨信贷基金或注入资本金，也可以为支持某一行业发展向银行拨付专项贷款基金或以贴息方式弥补银行的盈利损失等。对于财政体系

---

① 黄达，陈共，侯梦蟾，周升业，韩英杰．黄达书集(第三卷)——社会主义财政金融问题[M]．北京：中国金融出版社，2005：188.

来说，会通过发行债券或向金融机构借款等方式在一定时期内汲取金融领域的资金用于满足政府投资等公共支出的需要。

3.2 财政风险与金融风险的双向转移机制

由于财政与金融在功能上既有差异又有联系，并且两种不同性质的资金在社会资金运动中存在相互交叉关系，金融领域的资金可能被用于补充财政资金的不足，降低财政风险；财政资金也可能用来作为金融风险的最终救助资源。因此，财政风险与金融风险的双向转移是客观存在的经济现象，财政风险向金融风险的转移称为财政风险金融化，金融风险向财政风险的转移称为金融风险财政化。财政风险金融化与金融风险财政化的形成机制与传导路径有本质区别，但都具有双向宏观效应，其正向宏观效应使风险双向转移机制具备存在的合理性与必然性，而其负向宏观效应意味着需要对风险双向转移进行一定的约束和管控。对财政风险金融化问题不能孤立、分割地进行阶段性研究，而应从财政风险与金融风险的双向转移机制研究出发，将财政风险金融化置于整个风险循环机制当中进行分析，在分析两者的本质区别和相互影响的同时，从宏观层面进行综合考察，才能更加客观地认识这一经济现象并解决实践中的问题。

3.2.1 财政风险金融化的机制与条件

3.2.1.1 财政风险金融化形成的前提条件

政府参与并干预经济活动是财政风险金融化形成的重要前提。由于财政与金融资金在社会再生产分配中存在融通的交叉关系，金融资金可以用于补充财政资金执行再分配职能。政府参与经济活动的程度加深会产生持续的融资需求，财政赤字风险随之出现并逐渐加剧，在财政资金有限的情况下，政府自然而然转向对金融资金的汲取，一方面政府运用国家强制力，将金融资金用于政策性功能的实现或干预信贷资金投向与规模；另一方面将金融资金纳入财政分配体系，用于公共物品和公共服务的提供，以弥补财政资金在使用中的不足。由于财政分配本身具有的无偿性或低有偿性，金融资金以非市场化方式使用，会产生市场性效益损失，过多挤占会产生公共效用的边际收益递减效应，影响社会资金的总效益与社会总产出水平。

3.2.1.2 产生的客观原因

财政风险金融化的产生客观上源于财政资源不能满足公共需要的矛盾。具体来看，通常有以下几种原因：

1. 财政收入的增长受到法律和经济的约束，不能满足公共支出增长的需要

财政不具备创造货币的能力，主要从税收中获取资源，但是政府的税收水平通常受到法律的约束，如税率和税基不能随意提高和扩大。而且税收水平对本国企业和产品的竞争力影响重大，特别是在经济危机或经济增长速度下降的情况下税收的增长更是受到冲击，导致财政赤字风险扩大。在这种情况下，政府需要通过发行债券或运用银行信贷资金来增加可用财力，满足公共支出需要。

2. 经济刺激政策的需要

经济刺激政策是政府在短期内实施的，运用加大财政支出和货币供应量等方式扩大社会总需求，以提高社会产出水平的刺激经济方法。企业与银行的投资本应遵循市场规律，以成本利润为目标。但在经济刺激政策干预下，国有企业会按照政策要求扩大投资，以追求短期内的投资规模扩张为目标，而商业银行也会在行政性指导下加大贷款投放，忽略信贷风险管控，以贷款增速和新增信贷规模为目标。从政策效果来看，短期内可以提高产能利用率，拉动 GDP 增长，但在长期中，经济刺激政策退出得不及时或长期持续，会造成资本投资的边际生产率下降，并可能在商业银行体系内产生大量的不良资产。同时将国有企业和政府控股的金融机构作为刺激政策执行者的做法，会对私人经济造成挤出效应，使商业银行与国有经济的相互依赖程度更高，从而加强了财政风险金融化的传导基础。

以凯恩斯为代表的经济学家认为经济危机的原因在于有效需求不足，提出应当以加大政府投资的方式刺激社会有效需求，从需求侧管理以促使社会总产出恢复均衡状态。在以凯恩斯为代表的需求管理政策下，政府投资成为拉动经济的主要手段，扩大财政支出成为提高总产出的常态化途径，赤字财政也被当作长期性的政策工具，并成为世界各国抵御危机、扩大内需的主要手段。财政支出如果超过财政资金所能承受的限额则会形成对银行信贷资金的长期挤占，将财政压力转移至金融体系。

3. 基础设施建设投资规模快速扩张

在一个国家或地区的工业化、城镇化快速发展阶段，通常伴随着对基础设施建设投资的大量需求，而很多基础设施具有公益性质，没有直接经济回报，或者因为资金需求量大、投资收益回报周期长，通过市场机制无法募集足够的私人投资，必须由政府财政承担投资任务。有限的财政资金无法满足基础设施投资规模与速度的要求，只能对信贷资金形成严重依赖。因此基础设施投资项目的战略布局、项目可行性与合规性等内容成为影响信贷资产质量的多重因素。

当上述各种原因导致财政收支矛盾尖锐时，弥补财政资金缺口，化解财政赤字风险成为维持财政可持续与经济稳定增长的关键。化解财政风险的方式按资金性质可以分为财政方式和金融方式。运用财政手段化解财政风险可以作用于收支两端，通过增收减支来解决财政赤字问题，从支出端角度，可以实施紧缩性财政政策，压缩财政支出，通过盘活存量资金，提高财政资金的使用效益来保障政府公共物品的合理供应；从收入端角度，可以通过增加税收收入和债务融资等方式，其中债务融资主要有向央行透支和发行债券两种方式。但随着经济发展和人民生活水平提高，对公共服务范围和质量的要求与日俱增，特别是在经济下行期，扩大财政支出与减税降费政策的并行实施不仅加大了运用财政方式化解财政风险的难度，并且加剧了财政风险的积累。在法律禁止财政向央行透支的规定下，财政仅能通过债券融资渠道获取资金，而债券融资的资金来源也主要是金融体系，可见运用财政资金化解财政风险面临两难困境，更多地需要运用金融资金缓解财政风险。由于财政分配的主体是政府，拥有较强的政策制定权力和较高的信用威望，这使得财政风险金融化在实施过程中障碍较少。

3.2.1.3　传导路径与表现形式

政府运用金融方式化解财政风险通常有两种方式，形成了财政风险金融化的两大类型，财政风险金融化的类型取决于政府的主体属性。

第一种类型是政府以经济主体的身份，从金融体系获取资金用于弥补财政资金的不足，或者说，将部分金融资金纳入财政分配体系，以此来增加财政可分配的资金总量，降低财政风险。主要有两种路径：第一种路径是影响货币供应量。政府直接向银行透支借款，或在公开市场上发行债券融资，中央银行或商业银行认购政府债券，造成货币供给量的增加，进而可能引起利率波动或通货膨胀风险。第二种路径是影响银行机构体系，即信贷传导路径。财政可以出资成立企业，以企业身份向银行贷款或发行企业债券来为政府进行融资，用于提供更多的准公共物品或实现经济战略目标，由于企业偿债能力问题可能引起信用违约，形成政府的显性或隐性负债，导致银行机构系统性风险。

第二种类型是政府以公共权力主体的身份，通过行政干预的方式，将财政职能部分转移给金融体系，让金融机构承担部分财政功能，从而减少财政支出。比如，要求商业银行向农户、小微企业主等需要扶持的市场主体以低于市场化的利率发放优惠贷款等，类似的政策性职能使商业银行无法自主进行风险定价，会承担一定的风险损失，影响金融机构的盈利能力与资产质量。

3.2.1.4 环境条件

财政风险向金融领域的转移会受到环境条件的影响。各种环境条件中，经济体制类型是最主要的条件因素，此外金融体系结构、银政企关系和金融市场的资金供求关系等也会产生重要影响，各种条件与影响因素之间彼此关联，相互作用。

1. 基本经济体制

财政风险金融化的传导机制和特征表现主要取决于基本的经济体制，不同的经济体制决定了财政与金融在国民经济中的地位与作用关系，进而决定在社会资金运动中各自分配职能的范围和可分配的资金规模，同时也显著影响着银政企关系。在市场经济体制下，银政企关系较为松散，政府无法通过控制银行系统汲取金融资金，只能通过金融市场来解决政府融资困境，缓解财政赤字风险，这一体制下的财政风险金融化特征主要表现为通过利率和货币供应量等市场化的金融工具实现风险传导。在计划经济体制下，财政与金融完全服从于“经济计划”，没有独立的财政与货币政策体系和政策工具，银政企不分家，实行事权与财权统一集中的“大一统”体制，在金融机构设置上仅有中央银行，同时履行管理金融政策与开展金融业务职能。统收统支的资金分配方式下，财政风险金融化特征表现为以中央财政风险为主，风险传导机制单一，财政风险金融化只能发生在中央财政与中央银行之间，金融风险主要表现为通货膨胀。在转轨经济体制下，财政金融政策相互独立且各自逐步形成界限较为清晰的运行领域，银政企构成利益联结机制，形成利益与风险“大锅饭”模式，财政风险金融化最突出的特征是“多元化”，体现为风险主体、传导机制和风险表现多元化。市场经济的发展培育了资金供给和需求主体，商业银行信贷资金成为解决财政赤字的主要资金来源，资金可以通过金融市场在政府、企业、居民三个部门间任意流通，形成资金流通和风险传导的网状式结构，以商品和服务价格上涨为主的通货膨胀风险对经济和金融体系的影响力逐渐下降，而资产价格上涨和商业银行信用风险引起的系统性金融风险越来越成为被关注的焦点。

2. 金融体系结构特征

金融体系结构与经济体制密切相关，不同的经济体制中金融发展水平和融资结构体系等方面存在较大差异，直接决定了财政风险金融化的风险表现特征。金融发展水平体现了国民经济对金融资金的依赖程度①，直接影响着政府的融资水平②，也决定了财政风险对金融体系的影响程度。融资结构体系可分为直接融资体系和间接融资体系，市场经济体制中通常直接融资体系发展较为完善，债券市场成熟，政府与企业都可以通过直接融资渠道补充资金，对银行资金的依赖程度较低，而计划经济体制和转轨经济体制中基本以间接融资体系为主，银行信贷资金在新增社会融资规模中占比较高，政府与企业的融资渠道较窄，对银行资金的高度依赖会强化财政风险金融化的信贷传导机制。

3. 金融市场的资金供求关系

资金供求状况也会影响财政风险金融化的作用程度，在资金总体供应充裕的情况下，政府获取金融资金的成本较低，加之银行信贷投向的所有制倾向明显，政府类项目与国企通过银行机构融资的门槛较低，融资方式较为便捷，且资金供给充足，这些因素也使得政府更容易挤占和使用金融资金。

3.2.2 金融风险财政化的机制与条件

3.2.2.1 产生的客观原因

金融风险财政化的产生客观上源于金融体系的脆弱性和金融稳定的公共属性。具体有以下三方面原因。

1. 金融体系具有内在不稳定性，容易引发金融风险

金融脆弱性理论认为金融部门天然地存在内生的脆弱性，金融体系具有内在不稳定性，金融风险与金融危机是普遍存在的，是不可避免的。早期经济学家凯恩斯与费雪从宏观经济层面和货币角度指出金融脆弱性的产生原因，认为银行体系的风险是由宏观经济衰退引起的，实体经济的萎缩导致了银行机构经营困难，进而爆发金融危机。之后海曼·P. 明斯基在《稳定不稳定的经济》中系统提出“金融脆弱性假说”，指出金融业的高负债经营特点决定了金融的脆弱性，在经济扩张过程中，信贷资金多用于投机性和庞氏融资，不再用于实物投资项目的融资，

① 伏润民，缪小林，高跃光. 地方政府债务风险对金融系统的空间外溢效应[J]. 财贸经济，2017，38(9)：31-47.

② 毛捷，刘潘，吕冰洋. 地方公共债务增长的制度基础——兼顾财政和金融的视角[J]. 中国社会科学，2019(9)：45-67.

在经济下行周期时，债务收缩将加剧整个金融体系的风险；当市场体系处于稳定时，发挥作用的市场力量会通过利益引导使市场向不稳定的方向发展，引起资产价格膨胀和信用过量，市场终将处于不稳定的常态①。金融体系内在的不稳定性与脆弱性使得对金融危机的公共救助存在必要性，金融最基本的功能是资金融通，金融处于社会融资链条中的关键位置，一旦金融体系出现问题，整个金融与实体经济的资金循环将会恶化，一定范围内的金融危机将会导致更大范围的经济危机，而公共救助是阻止恶性循环的有效措施，能迅速避免更大的损失。日本经济倒退的十年很大程度上就是因为财政救助的不及时，金融危机发生时仅依靠金融体系的自我修复很难较快地摆脱危机，只会造成风险的快速蔓延和更严重的风险损失后果。

2. 维护金融与经济稳定的需要

金融风险的防范属于公共物品范畴。财政收入来源于纳税人，财政是公共物品的提供主体，系统性金融风险由于其广泛性和破坏性，一旦发生会使公众财产安全形成较大损失，对国民经济造成较严重的负面冲击，防范化解系统性金融风险理应作为公共产品或公共服务的重要内容之一，纳入财政重要职责范围。另外，财政在稳定金融方面有相对优势。金融以信用为基础，维持金融体系正常运行关键的核心因素是预期与信用，当金融危机爆发时，金融体系对外部冲击具有高度敏感性，信用的降低会使金融体系丧失最基本的融资功能，而对危机的预期会加快金融危机的传播速度，扩大危机的传播范围。财政代表着国家信用与国家权威，可以通过政府担保等措施为金融体系增信，稳定市场主体预期，恢复金融市场的流动性与正常秩序。金融稳定的公共属性与财政救助的政策优势成为金融风险财政化产生的重要基础，对金融风险的救助职能也成为政府主要的或有负债之一，增加了财政支出成本，尤其是系统性风险现实发生时，或有负债的变现会加剧财政风险，加重政府债务负担。

3. 财政救助是金融危机救助机制的最后防线

金融危机的救助机制通常有三道防线，分别是同业救助、最后贷款人和财政救助，财政在履行提供公共产品和稳定经济的职能中，可以作为公共风险的最终承担者成为金融危机救助的最后一道防线。随着金融自由化和金融全球化的发

---

① 海曼·P. 明斯基. 稳定不稳定的经济——一种金融不稳定的视角[M]. 北京：清华大学出版社，2015.

展，金融在经济中的作用日益增大，金融危机的破坏性与传染性也随之增强，行业救助与央行最后贷款人的救助功能与救助效果有限，财政越来越广泛、深入地参与金融危机的公共救助，特别是当金融危机演变为经济危机时，财政政策的综合救助措施效果更为显著。一方面可以通过政府背书和提供政府信用担保有效地稳定市场信心、恢复金融秩序；另一方面可以提供财政资金增加金融体系流动性或金融机构的资本金，对问题金融机构采取注资、控股或不良资产剥离等债务化解措施，以解决长期资金不足的问题，提高金融体系的总体抗风险能力。此外，财政可以实施减税、增加政府支出等刺激经济政策，或通过就业、社会保障等民生政策和产业结构调整等经济政策对实体经济进行综合性调控，恢复金融与实体经济的良性循环。可见，财政政策对金融危机的救助作用和救助效果比金融政策更直接，救助范围也更广泛，这些宽泛的救助职能都将转化为现实的财政负担，加剧金融风险财政化的负面效应。

3.2.2.2 传导路径

总体来说，金融风险财政化是运用财政资金或财政方式缓解金融风险，在增加财政风险的同时，一定程度上可以恢复金融体系的正常运行，维持金融与经济稳定。金融风险财政化的来源主要是金融体系或金融机构风险，传导机制取决于财政的救助方式，主要有以下几类。

1. 资金救助

在运用财政手段化解系统性金融风险时，直接提供资金救助是最常用、最直接的行政救助方式。根据系统重要程度的不同，由中央财政或地方财政出资，通过补充资本金和处置不良资产来提升机构的抗风险能力，其中处置不良资产包括直接提供资金用于核销或注资从而成立资产管理公司，用于收购处置不良资产等。单一的资金救助模式一方面会加剧财政赤字风险；另一方面由于缺乏市场化的救助机制与法律约束，容易引发金融机构的道德风险。

2. 政府信用担保

金融具有自我实现功能，投资者及公众对金融市场的预期和信心在金融风险处置时极为重要，从国际经验和我国化解金融风险的实践可以看出，财政能通过国家信用背书第一时间稳定金融市场预期，从而提升金融体系的稳定性。财政的信用担保作用有助于快速恢复金融市场的经营秩序，特别是金融机构同业交易，促进金融机构恢复市场化的融资功能，以缓解流动性风险。

3. 建立保障基金

财政是公共风险的最后防线，除处置金融风险和履行公共救助职能以外，还可以设立各类保障基金，如保险保障基金、信托保障基金等。通过市场化运作与管理实现风险的早发现与早纠正，有效降低市场主体的道德风险。财政可以用作保障基金的启动资金，也可以作为保障基金的后备融资来源。比如，对于存款保险基金存在的资金缺口，可将财政借款作为主要的后备融资来源，以应对突发或系统性银行危机。资金补充形式具体包括财政拨款、政府贷款、政府担保债券等①。此外，针对某一类行业风险，财政可以出资成立风险基金或担保基金，建立与市场的风险共担机制。

4. 建立有序清算基金

针对系统重要性非银行金融机构的"大而不能倒"风险，财政可以设置专项风险处置基金，填补分业监管的真空地带，并将风险处置资金纳入预算管理，定期对风险进行全面评估，并实行滚动预算。在风险发生后，由财政部启动处置机制，事后可通过处置破产机构资产和对金融机构收费的方式逐年偿还。

2016 年以来，我国经历了新一轮金融风险周期，清理地方政府债务和处置高风险金融机构成为本轮金融风险化解工作的重点。从实践来看，财政主要从化解地方政府隐性债务与提供财政资金两个方面履行救助职责：一是厘清市场与政府的边界，划定债务责任，通过债务重组和债务置换等多种措施压降隐性债务存量；二是发行专项债券补充中小金融机构核心资本，改善金融机构的风险状况。无论哪种救助方式都不可避免地要扩大财政支出，增加财政资金投入，或增加政府负债，而在当前经济周期下行和财政收支矛盾尖锐的情况下，通过发行债券筹集财政资金的做法，增加了政府的财政负担，加剧了金融风险财政化的负外部性。

3.2.2.3 环境条件

金融风险财政化虽然总体表现为金融风险向财政领域转移，但在风险类型与转移程度方面同样受到经济体制的重要影响。在不同经济体制中，一方面财政与金融职能作用不同，政府对于金融体系的干预和对于金融风险的兜底保障程度不同；另一方面金融体系发达程度和市场化机制水平不同，金融风险的自我修复能力、金融风险的市场化处置和问题机构的退出机制等存在较大差异，这些因素直接决定了财政对于金融风险的救助范围与救助方式，进而决定了金融风险财政化

① 张圆圆．财政在防范系统性金融风险中的作用机制研究[J]．西南金融，2019(7)：68－77.

的程度与负面效应影响。

市场经济体制下，对于问题金融机构有各类保障基金管理机构的监管约束与早期纠正，可以通过市场化的处置平台进行一部分风险的处置化解，无须全部动用财政资金进行直接救助，比如美国联邦存款保险公司(Federal Deposit Insurance Corporation，FDIC)在2008年金融危机期间运用存款保险基金通过在线修复或收购与承接的方式处置了90%以上的中小问题金融机构。对于商业银行形成的不良资产可以通过证券化等多种方式进行市场化出售与转让，金融风险财政化的程度相对较低。而在计划经济体制或转轨经济体制下，由于缺少市场化机制或市场化的风险处置机制不完善，金融体系又承担了相对较多的财政职能与改革成本，只能由财政对较为严重的金融风险实行“一揽子”的兜底，以恢复金融秩序，促进金融与经济的可持续发展。因此金融风险财政化现象相对更为突出，财政救助的范围和保障作用更宽泛，且多以无偿财政化为主，金融风险转移对财政造成的负面影响更显著。

金融风险财政化在不同的环境条件下会表现出双重宏观效应。在金融风险财政化过程中，财政救助的时限、程度与救助范围很难做到精准，过度地提供财政化政策援助在稳定金融经济的同时，使得金融风险向财政领域转移，尤其是直接的资金救助会导致更为严重的财政风险和债务负担，甚至引起主权债务危机，对宏观经济造成严重负面影响。因此金融风险财政化具有双重宏观效应，在金融危机期间，有效的财政化措施可以迅速稳定金融体系，减少风险损失，熨平经济波动，但过度财政化造成的赤字风险与债务危机也会成为宏观经济恢复与可持续增长的制约因素。

3.2.3　风险循环机制的形成机理与功能效应

3.2.3.1　风险循环机制形成机理

财政风险与金融风险之间的双向转移可以构成风险循环机制。财政风险向金融风险的转移属于财政风险金融化过程，金融风险向财政风险的转移属于金融风险财政化过程，尽管财政风险金融化和金融风险财政化的产生原因与环境条件不同，但两者同时存在于经济运行中，其存在具有客观必然性，并且在经济运行中两者的双向转移可以形成一个闭环式循环，即财政风险—金融风险—财政风险。

现代经济的发展使财政赤字成为一种常态，政府投资成为拉动经济增长、实施逆周期调节的主要方式，客观上导致了财政风险的扩大与积累，运用金融方式化解财政赤字风险可能引发金融风险，一旦金融风险过度累积造成金融危机，最终需要财政资金进行救助与化解，财政救助与应对危机的财政政策会加大财政成本与债务负担，进而需要更多的金融资金弥补财政赤字，形成了风险的持续循环，进而造成金融风险与宏观经济的周期性波动。

3.2.3.2 风险循环机制两阶段存在本质不同

财政风险与金融风险双向转移的过程存在本质区别，不能视为风险的单一链条式传导。风险循环机制大致可以分为两个阶段：第一阶段是财政风险金融化；第二阶段是金融风险财政化。两个阶段的风险转移原因、产生条件、本质特征及传导路径均不相同，不能简单地看作风险在财政与金融两个领域的简单扩散与链条式传导。第一阶段中，财政风险金融化是运用多种金融方式化解财政风险，金融风险的表现有商品和服务价格上涨为主的通货膨胀风险、资产价格上涨风险、银行机构系统性风险和金融衍生品风险等，具体表现因弥补财政赤字方式的不同而变化。第二阶段中，金融风险财政化是运用财政方式化解金融风险，与此相关的金融风险更多是指金融体系产生的系统性风险或金融危机，以恢复金融体系功能和维护金融稳定为主要目标，并非第一阶段财政风险金融化过程导致的所有金融风险。

3.2.3.3 风险循环机制具有放大与缩小风险的功能效应

风险循环机制可以放大或缩小循环体系中的风险程度，从而形成风险的恶性循环机制或良性循环机制，这种放大与缩小的功能效应是由财政风险金融化与金融风险财政化的宏观效应决定的。如果两者均表现为负向宏观效应，财政风险的过度金融化会造成严重的系统性金融风险和金融危机，那么化解金融危机的财政成本相应增加，财政风险将加倍放大，财政风险的扩大又需要更多的金融资金弥补与承担，由此形成恶性循环机制，风险在循环中不断累积扩散。

相反，如果控制财政风险金融化的负外部性，合理运用金融方式化解财政风险，适度地控制金融风险在正常区间范围内，则金融风险财政化的倾向就会减弱，财政资金用于金融风险救助的概率会减小，不会产生额外的财政风险。此外财政风险金融化也会对宏观经济产生正向促进作用，宏观经济的增长也会相应地增加财政收入，缓解财政收支矛盾，降低财政风险，从而使风险循环机制产生缩小风险的功能效应，进入良性循环。由此可见，抑制风险循环机制负外部性增大与扩散的核心在于财政风险金融化的合理控制，财政风险是风险转移与循环机制的关键点。

3.3 财政风险金融化的双重宏观效应

财政风险金融化既是金融风险产生的重要来源，也是控制财政风险的有效方式，具有双重宏观效应，在一定条件下可以促进宏观经济增长，因此对财政风险金融化的宏观评价与防控机制的设定都需要以双重宏观效应为基础，合理运用其正外部性。

3.3.1 财政风险金融化的正向宏观效应

既然财政信贷分配是唯一可以提供并创造流通手段和支付手段的货币流通方式，那么在分配资金短期内限额不变的情况下，财政与信贷各自可分配的资金限额与范围必然存在此消彼长的关系。财政与金融都能在各自的领域实现资源配置效益最大化，但资源配置方式和效益最大化的含义不同，财政更注重对市场失灵的弥补，通过提供公共物品以实现整个社会的经济效益最大化，可以称为资金的公共性效益；而金融更注重市场机制调节，通过提供有偿的非公共物品实现资金使用价值的最大化，可以称为资金的市场性效益。将金融资金用于财政领域，意味着损失资金本身的一部分使用价值，市场性效益降低，但通过弥补财政资金，可以提供更多的公共物品，使资金的公共性效益增加。比如在经济危机时期，积极财政政策通过扩大投资等措施能对经济产生刺激作用，有效对冲经济下行压力，银行信贷资金在支持扩大投资中发挥了关键性作用；在城镇化过程中，金融资金能弥补基础设施建设资金的不足，推进城镇化建设进程，实现基本公共服务的均等化，满足人民对于美好生活的需求。因此，如果转移的金融资金产生的公共性效益大于损失的市场性效益，则总体上资金的使用效益是增加的，可以实现社会经济效益的提高，具有正向的宏观经济效应。从这个方面来说，财政风险金融化有其存在的客观基础和积极意义，不能就财政或金融单方面的风险来将其“完全否定”。

3.3.2 财政风险金融化的负向宏观效应

财政风险金融化的实质是风险的转移，是以金融体系的效益损失增加来降低财政体系的风险损失，风险损失是客观存在的，如果单独研究金融体系，由财政因素导致金融风险的产生，甚至于引起系统性金融风险，对整个金融体系产生较为严重的负面影响，自然会将财政风险金融化全部视为负外部性，并进行严格控制。但这种负外部性的评价存在片面性，仅考虑金融体系的风险是不合理的，财政风险金融化的负外部性仍然需要从宏观层面进行资金效益的“加总”考量，如果金融体系的损失大于财政体系的获益，即如果转移至财政分配体系的金融资金产生的公共性效益小于在金融分配体系中的市场性效益，那么整体资金使用效益为负。比如，地方政府通过各种直接或间接的方式获取金融资金形成过多的隐性债务，超出正常的偿还能力，造成大范围的违约信用风险；或政府和国有企业对金融资金的使用方式不当，改变资金用途，未产生预期的公共性效益等。这种情况下，可以说明财政风险金融化的存在从总体上降低了资金的使用效益，对社会总产出水平具有负向影响，表现出负向的宏观经济效应。

3.3.3 财政风险金融化宏观经济效应的评价标准

既然财政风险金融化具有双重宏观效应，那么如何评价财政风险金融化的结果就涉及评价标准的问题。将评价标准单独设定于财政或金融领域都是不客观的，因为单就财政或金融而论，风险的转移对于任何一方来说都是单向的获益或损失，所以对财政风险金融化的评价标准只能设定在宏观层面，也只有从整个宏观经济增长角度出发，财政风险金融化才具有双重效应与价值，对其进行正外部性或负外部性的评价才具有重要意义。

3.3.3.1 评价标准的理论分析

从全社会财政和金融资源配置的有效性来看，如果将货币供应量当作外部变量，财政分配与金融分配的资金总额是固定的，各自可支配的资金是此消彼长的关系，假定每单位财政资金与金融资金的产出分别是既定的，那么财政资金与金融资金的总产出与可支配资金总额是等比例关系，也是此消彼长的。

如图 3 – 1 所示，AB 线表示财政资金与金融资金组合产生的等效益曲线，HF 表示在财政资金和金融资金两种资源组合情况下可能达到的社会总产出最大可能性边界。AB 和 HF 的切点 P 表示合理利用财政资金和金融资金情况下能够达到的宏观经济效益最大化点，在控制财政风险的前提下实现了宏观经济效益的相对最大化。在这个点附近设定一个范围，即可以容忍一定的效益损失，但如果超出这个范围，那么宏观经济效益损失就超过可以承受的限度，即财政风险金融化如果不能实现全社会财政金融资源的有效配置，就对整个社会的经济增长产生了负面效应。

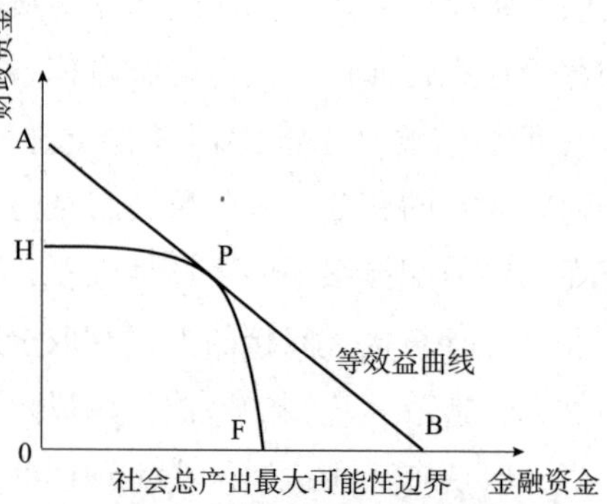

图3－1 财政风险金融化宏观经济效益的最大化

从财政风险金融化的宏观成本收益分析来看，只有在财政风险金融化的宏观收益大于宏观成本时，正向效应才会大于负向效应，财政风险金融化的总体宏观效应为正。财政风险金融化过程中的宏观成本既包括内部成本也包括外部成本，即因此而付出的金融和宏观经济代价。其中内部成本主要包括融资成本、货币发行成本和对金融机构政策性业务的补贴成本；外部成本包括因通货膨胀造成的资产损失及对经济的不利影响，银行以低于市场价格向政府和国有企业提供表内外融资产生的利息和资金等风险损失，金融机构经营风险增加，金融市场融资垄断程度加剧和竞争效率下降，资金配置效率下降，系统性风险加剧、抑制经济增长等。

同样，财政风险金融化过程中的宏观收益也包括内部收益和外部收益，即因此而获得的财政和宏观经济收益。财政风险金融化的内部收益主要是获得金融资金弥补财政赤字，使财政风险减少，确保政府正常履职，并完成既定的经济战略目标；外部收益是促进基本公共服务均等化和城镇化发展，推动普惠金融发展和宏观经济增长，在危机时期有效地刺激经济复苏，避免经济硬着陆等。

如图3－2所示，横轴代表财政风险金融化的规模程度，纵轴代表财政风险金融化的宏观成本和收益水平。曲线C为成本函数，曲线R为收益函数，随着财政风险金融化的规模和程度逐渐增加，边际成本递增，而边际收益递减，函数满足条件：

$MC>0$，$MR<0$；$d(MC)>0$，$d(MR)<0$

O点为财政风险金融化宏观效应最大化点，$E(O)=R(O)-C(O)=0$，$MC=MR$。在O点左侧区域，财政风险金融化的宏观效应处于正向区间；在O点右侧区域，财政风险金融化的宏观成本大于宏观收益，总体宏观效应为负。

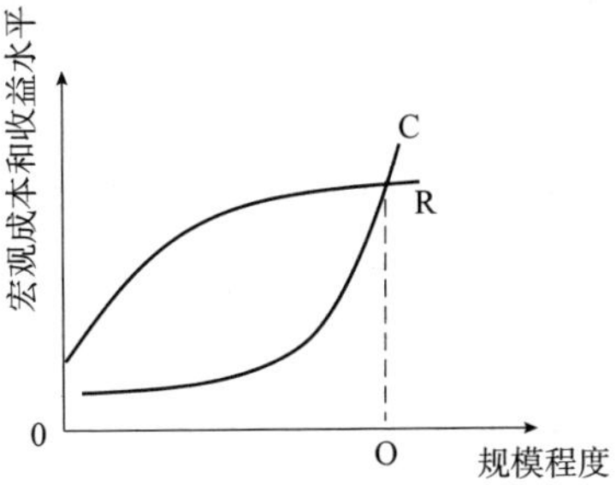

图3－2 财政风险金融化的宏观成本收益函数

3.3.3.2 评价标准的具体分析

从对财政风险金融化表现的分析可以得出，财政风险向金融领域的转移就风险表现形式而言有两个结果，即通货膨胀风险和银行机构系统性风险。因此对财政风险金融化的宏观效应评价可以按是否影响货币供应量划分为两个维度。

一是影响货币供应量，形成了通货膨胀风险。如果财政风险通过作用于货币供应量来影响金融体系，那么可以用通货膨胀率作为判断标准，如果通货膨胀率出现较大波动，对宏观经济运行产生了较为严重的负面影响，财政风险金融化的负向效应就需要严格控制。如果只是温和的通货膨胀，通过扩大货币供给可以对经济产出形成正向刺激效应，那么财政风险金融化在宏观上基本属于正向效应。

二是未影响货币供应量，形成了银行机构系统性风险。这种情况意味着货币供应量在一定范围内保持稳定，金融风险主要表现为商业银行等金融机构的系统性风险。如果金融机构的系统性风险程度较低，表明金融体系对财政风险金融化尚在可承受范围内，财政风险金融化的负向效应尚在可控范围。

3.3.4 财政风险金融化的防控目标

3.3.4.1 以防控负向宏观效应为主要目标

财政风险金融化产生的金融体系效益损失，如果能使得财政风险减少和财政体系效益提高，从而加大社会经济总产出效益，那么财政风险金融化是可以允许的。或者说，财政风险金融化的宏观收益大于宏观成本，对经济增长的影响是正向的，那么财政风险金融化可以存在，无须监管部门进行风险预警或早期纠正。因此，财政风险金融化风险预警或防控目标的设定应当基于双重宏观效应，以防控财政风险金融化的负向宏观效应为主要目标，在出现负向效应时，通过压降财政风险金融化的内部成本和外部成本，使得宏观收益大于等于宏观成本，减少对经济增长与金融稳定的负面影响，使社会总产出恢复至最大化的均衡状态。

3.3.4.2 防控机制的构建与指标选取

根据财政风险金融化宏观评价的具体标准，财政风险金融化的防控机制应当包含三部分：财政体系、金融体系和宏观经济体系，共同构成防控机制的三道防线。由于财政风险金融化主要是从财政体系传导至金融体系，进而影响宏观经济，因此对财政风险金融化负面效应的防控应作用于财政体系，控制财政风险向金融体系的转移，减弱财政风险金融化的程度，通过分类处置化解财政与金融风险，以恢复金融稳定，促进宏观经济增长。

在预警机制的构建方面，可以建立风险监测指标体系，对财政体系风险、金融体系风险和宏观经济风险进行定期和不定期的监测分析，做到风险早发现、早识别。当财政体系风险和金融体系风险的控制指标分别处于合理区间，且宏观经济各项指标处于正常或向好的程度内，表明风险可控，当指标超出一定区间则表明需要进行风险控制或外部干预。

在风险监测指标选取方面，财政风险金融化监测指标可以选用衡量财政风险、金融风险和宏观经济波动的常用指标数据，并设定合理的指标值变动区间。财政风险指标以衡量赤字风险和债务风险指标为主，可选择财政赤字率、财政自给率、债务依存度、债务负担率等风险指标。金融风险指标依据财政风险金融化的特征表现可分为两类：一类是通货膨胀风险指标，选择 CPI、PPI 代表商品和服务等消费品价格，选择住房价格指数代表资产价格，选择社会融资规模、经济货币化等指标表示货币供给情况；另一类是银行机构系统性风险指标，选择盈利类指标和风险类指标以衡量金融机构的盈利能力和风险状况。宏观经济波动指标可选用 GDP 增长率、就业率、同业拆借利率和货币供给量等指标反映产品市场、劳动力市场和货币市场状况。

3.4 本章小结

本章主要从理论层面研究财政风险金融化问题，财政风险金融化产生的基础在于财政与金融的差异与联系。从功能方面讲，差异主要表现在本质与主体、基本功能和政策工具方面，在配置资源和稳定经济等宏观调控功能方面有共同之处，但也存在矛盾与冲突；从资金方面讲，财政与金融资金存在性质差异，货币资金与货币经济的存在是财政与金融资金产生联系的前提，两者在资金运动中的联系主要体现在互为收入来源和互为资金来源两个方面。

财政风险金融化和金融风险财政化是共同存在于经济运行中的客观现象，具有本质的不同，是由财政的不同经济学功能决定的。政府参与并干预经济活动为财政风险金融化提供了重要的前提条件，财政风险金融化产生的客观原因主要包括财政收入的增长不能满足公共支出增长的需要、运用经济刺激政策提振经济和应对危机的需求以及基础设施建设投资规模快速扩张等。政府运用金融方式化解财政风险通常有两种方式，形成了财政风险金融化的两大类型，将金融资金纳入财政分配体系和将财政职能转移至金融体系，产生了通货膨胀风险和银行机构系统性风险两种金融风险表现形式与传导机制，财政风险金融化的类型取决于政府的主体属性。财政风险金融化现象的根源在于财政风险，传导机制及特征表现主要受经济体制类型、金融体系结构与资本市场的资金充裕程度等因素影响。金融风险财政化的产生客观上源于金融体系的内在不稳定性和金融稳定的公共属性，财政救助是金融危机救助机制的最后防线，在综合性救助功能与救助措施的实施效果方面有显著优势。金融风险财政化的风险类型与转移程度受经济体制影响，传导方式主要有资金救助、政府信用担保、建立保障基金和建立有序清算基金四种。金融风险财政化同样具有双重宏观效应，提供财政化政策援助在稳定金融经济的同时，对金融危机的公共救助会加剧财政负担，使得金融风险向财政领域转移，甚至引起主权债务危机。财政风险与金融风险之间的双向转移可以构成风险循环机制，但两类风险相互转移的条件与本质不同，不能视为风险的单一链条式传导，风险循环机制具有放大与缩小风险的功能效应，在一定条件下可以形成风险的良性循环与恶性循环，抑制风险循环机制负外部性增大与扩散的核心在于财政风险金融化的防控，财政风险是风险转移与循环机制的关键点。

财政风险金融化具有双重宏观效应。财政与金融都能在各自的领域实现资源配置效益最大化，但资源配置方式和效益最大化的含义不同，财政资金具有公共性效益，而金融资金具有市场性效益，财政风险金融化的宏观效应取决于在财政风险金融化过程中，资金的市场性效益损失与公共性效益增加的“加总”效益。财政风险金融化的宏观评价标准包含全社会财政和金融资源配置的有效性和宏观成本收益两个维度。具体而言，通货膨胀传导机制应以通胀率的波动对经济的影响程度为标准，银行机构系统性风险传导机制应以金融机构的系统性风险程度为标准。风险预警或防控目标的设定应当基于双重宏观效应，以防控财政风险金融化的负向宏观效应为主要目标。构建包含财政体系、金融体系和宏观经济体系三部分的防控机制与风险监测指标体系。

第 4 章　各国财政风险金融化的传导机制与特征表现

财政赤字和政府债务风险已成为全球普遍性问题，尤其在经济下行周期和应对危机时期，各国政府大多会选择积极扩张型政策进行逆周期调节，缓冲经济下行压力，针对金融危机实施“一揽子”的财政救助措施。但长期的扩张型政策会持续累积财政风险，政府在财政资金不足时，会依靠行政控制力和各种政策工具将财政风险不同程度地转由金融体系承担，严重影响金融体系与社会经济的稳定发展。本章着重探讨不同类型国家经历过的或正在面临的财政风险金融化问题，对比分析不同经济体制对财政风险金融化传导机制与特征表现的影响，借鉴他山之石为研究我国财政风险金融化随着中国特色社会主义市场经济体制改革的不断深化出现的新变化和未来变化趋势提供经验借鉴。

4.1　美国

在以亚当·斯密为代表的古典自由主义盛行的经济时期，美国政府在平衡预算、不能过度举债的指导思想下，政府债务规模基本保持平稳，1933 年以前的美国财政约有三分之二的年份实现财政盈余，每一次大规模的政府发债和财政赤字都是应对战争与战后经济萧条的不得已措施。但随之持续多年的经济大萧条使推崇自由市场与小政府的古典自由主义政策彻底失效，凯恩斯革命兴起，以政府干预和赤字财政为主要思想的凯恩斯主义登上历史舞台，凯恩斯的需求管理政策在应对大萧条和恢复经济方面发挥了重要作用，但也因此产生了严重的财政赤字与政府债务问题，成为美国经济调控首需解决的难题。

4.1.1　美国财政赤字风险的演变历史

美国政府的赤字财政政策始于罗斯福新政，1933 年罗斯福总统上任后采用了凯恩斯的经济学主张，运用财政政策对经济实施政府干预，通过扩大政府投资、修建基础设施来刺激经济增长。之后的几十年中，第二次世界大战和20世纪70年代的石油危机均使美国经济受到严重冲击，在这期间，美国政府依靠赤字财政理论，通过债务融资有力地支持了战争支出和战后复苏，并通过社会福利计划等措施促进了美国经济持续的繁荣增长，奠定了其世界超级大国的地位，赤字财政成为美国政府用于恢复经济的常用工具。现实的经济繁荣充分印证了凯恩斯理论的有效性，美国政府与民众都不再对赤字与债务充满担忧，并通过《充分就业法案》等法律法规正式赋予政府干预经济的职权，赋予赤字财政合法化地位。然而经济持续增长的背后是巨额的财政赤字和激增的债务规模，1933年罗斯福总统上任第一年的财政赤字为26.02亿美元，同比增长了6倍，而到1980年财政赤字达到731.41亿美元，是1933年的28倍。美国政府实行的长期化、常态化赤字政策在20世纪70年代末显现出负面效应，由于政府将大量的经费投入军事和福利领域而非生产领域，再加上国家财政赤字状况日益严重，经济重新陷入"滞涨"并存的局面。

凯恩斯理论的失效让自由市场理论重获新生，新自由主义学派走上政坛并用于实践指导。里根总统虽然意在消除财政赤字，实行预算平衡，但事与愿违，美国财政赤字与债务规模在里根任期内上升到新的高度，并一举将美国由最大债权国变为最大债务国。为了弥补财政赤字，里根政府大量发行中、长期国债，推行高利率和强势美元政策，美国债务总额从1981年的9948亿美元上升到1988年的2.6万亿美元，相应地债务总额占GDP比重从31.8%上升到50.6%。克林顿总统上任后一改自由主义理论主张，实施了紧缩型财政政策，将联邦政府的预算平衡作为首要政策目标，使美国在1999年实现了"二战"后的首次财政盈余（见图4-1），债务规模总额增长到5.6万亿美元，但债务率有所下降。短暂的财政平衡很快就被经济衰退的宏观形势打破，恐怖袭击、伊拉克战争和金融危机的爆发，使政府债务与财政赤字双攀升的局面再次出现，债务状况逐步恶化。受新凯恩斯主义的影响，美国政府于2008年11月启动量化宽松政策，开始实施金融救助计划，2009年末，美国的债务总额达到了80万亿美元，超过了GDP的80%，企业债务、地方债务和国家债务总额为GDP的140%，居民债务总额基本与GDP持平。奥巴马政府为削减财政赤字采取了增税等一系列计划，但财政赤字并未减少，赤字率持续上升，2001年至2011年，联邦财政赤字增加1.43万亿美元，其中68%左右的财政赤字源于新的税收法案①。2011年8月，三大评级机构对美国

① The Great Debt Shift: Drivers of Federal Debt Since 2001, http://www.pewtrusts.org/.

主权信用评级降至 AA+级，意味着美国政府将面临资金流出与本币贬值等经济风险。尽管美国经济在缓慢复苏，但美国债务总额占 GDP 的比重自 2012 年以来一直保持在 100% 以上，2017 财年美国的国债总规模首次超过了 20 万亿美元。2018 年联邦预算委员会(Committee for a Responsible Federal Budget)分析报告表示特朗普总统通过的税收和支出立法，可能将美国债务上升到二战以来的最高水平。如果临时增加支出和减税政策成为永久性措施，那么 2028 年美国国债将达到 33 万亿美元，相当于 GDP 的 113%，并可能在大约 25 年内达到美国经济规模的两倍①。

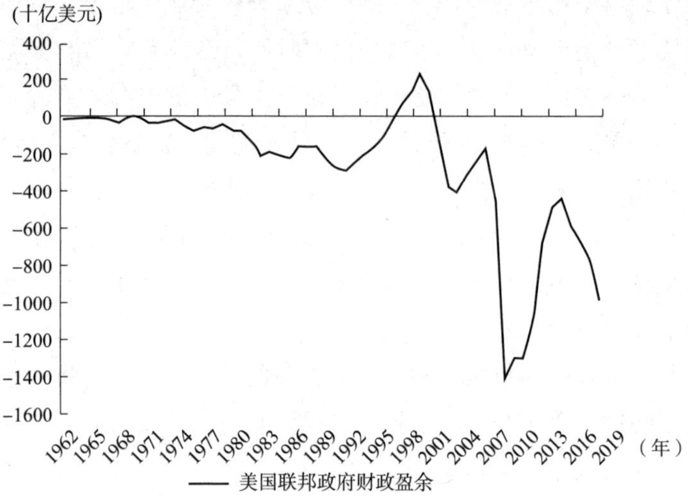

图 4-1　1962 年至 2019 年美国联邦政府财政盈余情况

数据来源：WIND 数据库，世界银行统计数据。

2020 年以来，新冠肺炎疫情深刻影响了全球国家的债务水平，各国为应对疫情，重新启动更大规模的经济刺激计划，加大财政支出，特别是非生产性支出。美国财政部报告显示，2019 年 10 月 1 日至 2020 年 9 月 30 日，美国政府财政赤字已高达 3 万亿美元，远超金融危机影响下的 2009 财年同期水平。

4.1.2　美国财政赤字的弥补方式

美国的金融体系一直以来都以资本市场为主导，金融机构类型丰富，且以非银行金融机构为主，商业银行的资产占比总体呈下降趋势，这是由金融市场发展早期美国商业银行资金供给与企业融资需求无法匹配造成的。一方面美国的金融

① 资料来源：https：//www. history. com/topics/us – government/national – debt#section_ 2.

体系在工业化发展初期并未形成有机整体，银行体系呈高度分散的割裂状态，法律也禁止建立拥有众多分支网点的全国性商业银行，银行机构无法实现跨区域金融资源配置；另一方面美国的商业银行体系以小型机构为主，经营规模与区域限制无法满足机器化大生产所需的巨额资金，无法实现实体经济所需的巨额资本跨期和跨区流动①。美国金融体系的发展特点决定了资本市场在金融资源配置中的主导作用，使得金融体系能够以投资金融工具为渠道，将金融资源通过类型丰富的金融中介机构转化为投资，实现金融资源的跨期与跨区配置，大大提升了金融资金的配置效率。

从图4－2中可以看出，美国的证券化率很高，1996年以后基本维持在100%以上，相比之下，我国的资本市场证券化率平均为40%左右，直接融资作为美国资金配置的主要途径，使得美国政府对金融体系的直接控制力和影响力很小，无法运用行政手段获取金融资金并用于财政分配。因此，政府在压缩财政赤字及削减债务规模方面只能通过市场化方式操作，具体包括三种方式，即发行国债增加财政资金、低利率的金融抑制政策和增发货币稀释债务。

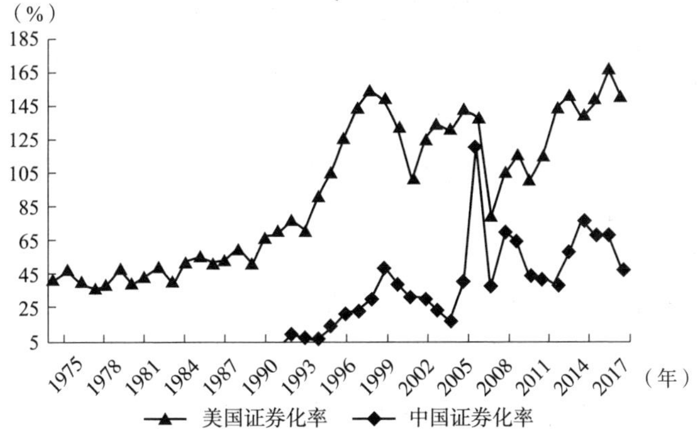

图4－2　中国与美国证券化率变动趋势比较

数据来源：WIND数据库。

注：美国证券化率数据为1975年至2018年，美国证券化率＝股票市值/GDP；中国证券化率数据为1993年至2018年，中国证券化率＝境内上市公司总市值/当年GDP。

1. 发行债券

发行国债是美国联邦政府主要的弥补财政赤字方式。二战前美国债务仅为

① 吴晓求．大国经济的可持续性与大国金融模式——美、日经验与中国模式之选择[J]．中国人民大学学报，2010，24(3)：83－88.

480 亿美元，在经历了二战和石油危机后，美国政府债务规模在 1980 年达到 9090 亿美元，增长近 20 倍。美国联邦政府在 21 世纪实施的一系列减税政策和经济刺激计划导致非生产性财政支出持续增长，财政赤字不断扩大，用于弥补赤字的债务总额也不断攀升。如图 4－3 所示，2019 年末国债发行总额达到 23.02 万亿美元，与 2000 年相比增长 3 倍多，年平均增速为 8% 左右，远超 GDP 的平均增速，导致债务规模近 20 年快速扩张。

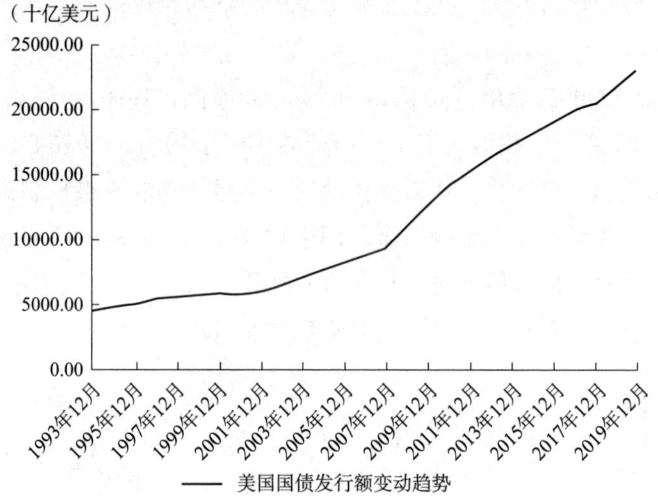

图 4－3　1993 年 12 月至 2019 年 12 月美国国债发行额变动趋势

数据来源：WIND 数据库。

2. 金融抑制

美国的金融抑制表现为通过低名义利率和较高的通货膨胀率使实际利率为负，从而使资金从储蓄者向政府转移，产生与税收相同的作用。金融抑制的存在可以降低实际利率，减轻债务利息支出负担，降低债务的真实价值，确保债务的可持续性。从 1945 年到 20 世纪 70 年代末，金融抑制帮助美国等发达国家每年降低的债务总额相当于 GDP 的 3% ~5%，占税收收入的 10% ~20%①。低利率的量化宽松政策也符合金融危机以来美国的经济形势需求，美联储自 2007 年 8 月开始连续 10 次降息，隔夜拆借利率由 5.25% 降至 －0.25% ~0% 之间；2008 年 11 月以来继续实施了三轮量化宽松政策，通过降低利率，使名义利率低于竞争市场的利率水平，这也成为美国缓释债务风险的主要手段。

① Carmen Reinhart, M. Belen Sbrancia. The Liquidation of Government Debt [R]. NBER Working Paper, 2011(3), No. 16893.

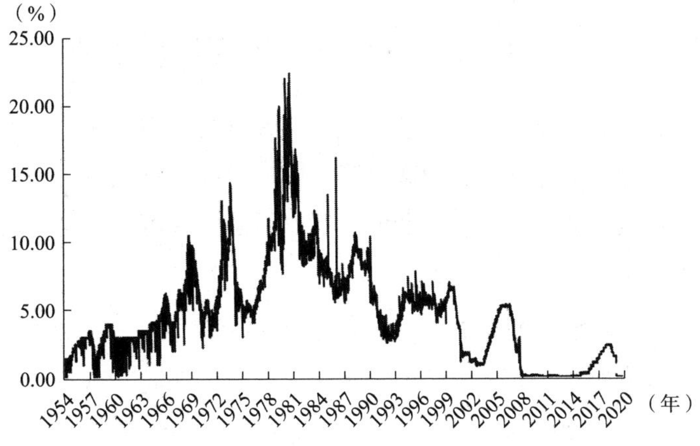

图 4 -4　1954 年至 2020 年美联储基准利率水平变化趋势

数据来源：WIND 数据库。

3. 增发货币

对于一般国家来说，增加本国货币发行将导致本币贬值，稀释国内债务的同时会加大外债偿还压力，容易引发主权债务风险。但美元作为世界货币的特殊地位，不会出现这一情况，美元的超量发行使通货膨胀效应传导至全球，使所有债权国家的债务缩水。如图 4 -5 所示，自 1997 年亚洲金融危机后，美元供应量大幅上升，在增加债券发行难以应对经济下行压力的情况下，增发货币是美国政府缩减债务规模的有效手段，但持续地运用全球货币发行权会对美元的国际货币地位造成直接威胁。

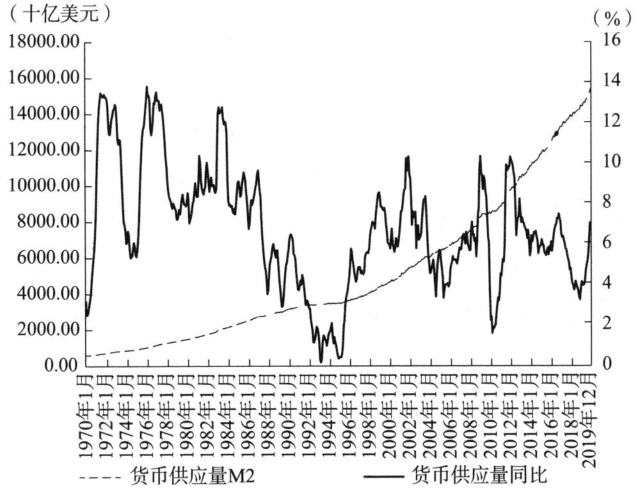

图 4 -5　1970 年 1 月至 2019 年 12 月美元供应量（M2）变动趋势

数据来源：WIND 数据库。

4.1.3 美国财政风险金融化的表现与传导路径

由于美国实行的是完全市场经济，私有化程度最彻底，政府采取了市场化的金融方式来扩大资金来源，化解财政风险。财政风险金融化主要表现为通过影响利率和货币供应量，造成利率波动和通货膨胀风险，并可能由此引发金融危机。

1. 利率传导机制

无论是金融抑制造成的低利率还是增加债券发行和货币供应对利率的影响，都会使经济产出出现波动。美国政府利用世界货币的地位，运用债务融资、货币融资和汇率融资三种赤字融资方式解决长期的财政赤字规模扩大问题，进而影响实际利率偏离泰勒规则，利率的不规则变动和货币超发导致美国房地产泡沫的积累与破裂，最终引发全球性的金融危机①。由此可见，美国的财政赤字与债务问题，以及财政风险金融化已成为金融危机发生的重要原因。

2. 货币供应量传导机制

美联储持续释放流动性的结果使商业银行的中央储备金大幅增加，潜在的信贷能力提高，当美国经济形势好转，投资市场升温必然会带动商业银行信贷投放增加，从而使货币乘数扩大，基础货币和货币乘数的叠加效应，自然导致货币供应量成倍数扩张，通货膨胀的风险将现实发生。陈建奇和张原(2010)通过研究美国超常规赤字财政政策导致的债务演化路径及相关宏观经济指标变化情况，表明美国赤字财政政策已经背离了稳态的财政路径，通过发行国债解决赤字问题会加大债务风险，为促使经济尽快恢复均衡水平，美国政府只能通过增发基础货币来筹集资金，从而导致通货膨胀并可能引发系统性金融风险②。

从美国债务规模、CPI和主要资产价格(股票和房地产)的历史数据也可以看出，债务水平越高，对主要商品服务和资产价格的影响越显著，通货膨胀的溢出效应越明显。从图4-6和图4-7中可以看出，2008年金融危机期间CPI、股票价格和房地产价格均达到最低点，在量化宽松政策和扩张性财政政策刺激下，债务规模急剧扩张，CPI和主要资产价格同向变动，相比之下CPI涨幅较小，主要资产价格显著上升，表明货币供应量的扩张对资产价格的影响更为显著。

---

① 杨奇才，韩文龙．财政赤字、利率波动与金融危机——美国金融危机再审视[J]．财经科学，2013(1)：19-27.

② 陈建奇，张原．美国赤字政策演化路径及债务货币化风险研究：基于奥巴马新政背景的分析[J]．世界经济，2010，33(5)：27-50.

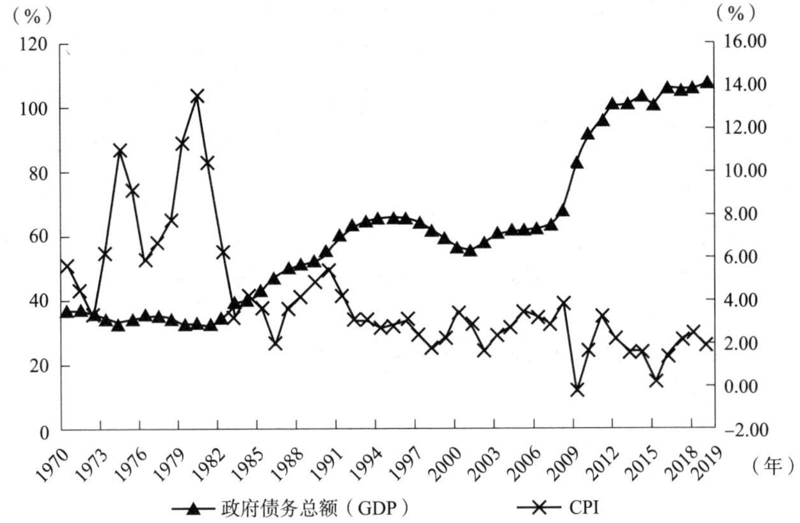

图4－6　1970年至2019年美国债务规模与CPI变化趋势

数据来源：WIND数据库。

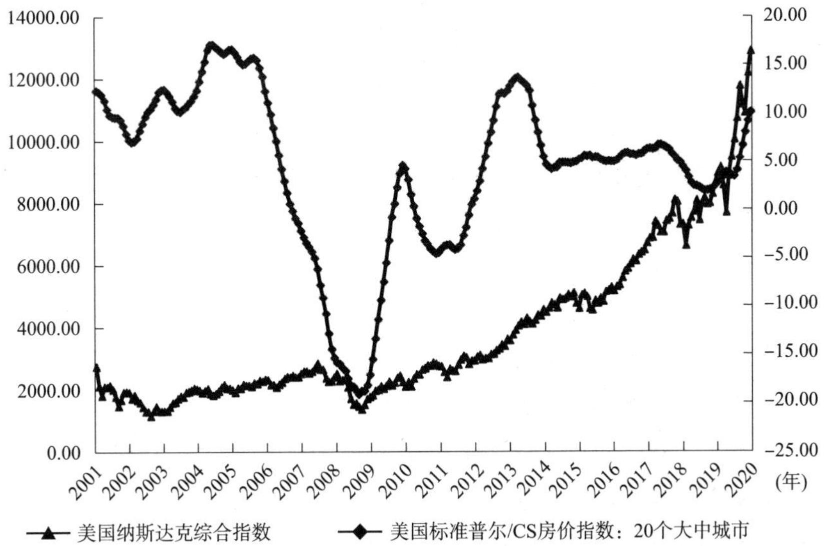

图4－7　2001年至2020年美国主要资产价格变动趋势

数据来源：WIND数据库。

4.2　日本

二战结束后，日本政府在美国的经济援助下重新恢复生产，重建经济，相应地，财政金融体制也重新调整以适应经济发展的需要，为国家整体战略服务。日本经济在“赶超战略”下充分发挥后发优势创造了“亚洲模式”奇迹，随后经历泡沫经济的破灭陷入长期萧条，在2008年金融危机过后才缓慢复苏。日本经济的起伏波动与制度变迁带给我们诸多经验与教训，尤其是日本因间接融资制度促成的经济高速增长与房地产经济泡沫现象同我国改革开放以来的经济发展路径非常类似，因此对日本财政金融体制和财政风险金融化的研究分析更具借鉴意义。

4.2.1 日本财政赤字风险的演变历史

日本的财政政策经历了综合平衡财政政策、积极财政政策、财政重建和经济萧条后的扩张性财政政策四个阶段。在二战后的几十年里，日本政府一直奉行“凯恩斯主义经济学”，无论是为了实现经济飞跃还是克服危机，都采用了积极的扩张性财政政策，综合平衡政策仅在战后的经济恢复时期使用。在第一阶段的综合平衡财政政策时期，日本政府通过实施以超紧缩和平衡收支为主要内容的“道奇路线”，把实现经济优先增长作为政策首要目标，成功遏制了战后初期的恶性通货膨胀，扭转了财政赤字，1949年至1964年，一直保持单年度平衡预算原则，完成了经济复兴，为经济的腾飞发展奠定了稳固基础。第二阶段积极财政政策时期是自1965年开始的，日本经济在经过了十几年的高速繁荣增长后开始进入稳定周期，平均经济增长率由11%以上降至4%左右，经济也出现战后首次萧条状况，在低利率的货币政策达不到刺激经济效果的情况下，日本政府开始放弃平衡预算，运用凯恩斯理论，使用赤字财政来调控宏观经济，1965年首次发行赤字国债2590亿日元①。日本经济属于出口导向型，对国际市场的依赖度很高，更容易受外部环境影响，在20世纪70年代布雷顿森林体系解体和两次石油危机的冲击下，日本经济陷入滞胀的经济危机中。田中角荣首相上任后于1973年提出长期预算平衡思想，进行了大规模的基础设施建设和新城镇建设，为改善民众福利，减税的同时大幅提升社会福利支出，一般会计支出中社会福利支出规模占比约为20%，超过了公共事业支出。减收增支的扩张性财政政策迅速使财政状况恶化，财政赤字从1970年的2715亿日元增加到1973年的19837亿日元②，四年时间增长了近6倍。在短暂地实施紧缩性政策应对滞胀危机后，财政

① 贡慧．日本财政赤字的经济分析[D]．上海：复旦大学，2012：39.
② 通商产业政策史编纂委员会．日本通商产业政策史(16卷)[M]．北京：中国青年出版社，1994：305.

政策进一步扩张，日本政府开启靠发债弥补财政赤字的历史。

日本在进入20世纪80年代后，由于持续的财政扩张导致财政收支严重失衡，财政赤字和官方利率高企，且国债规模过大导致无人认购，严重抑制了企业投资积极性，财政政策不得不重新调整，这一阶段被视为日本政府的财政重建时期。财政重建与恢复意味着日本政府将解决财政赤字作为重要政策目标，严格控制财政支出，减少国债发行。但所有的财政平衡重建只能建立在经济形势向好的宏观环境基础上，一旦宏观经济恶化或外部冲击，财政平衡的趋势很难维持。因此，在第二次石油危机和广场协议签署的背景下，日本政府为了扩大内需，克服经济危机，只能重启财政刺激政策，分别于1986年末和1987年中推出总额为9.6万亿日元的刺激计划①，成功摆脱经济困境，再次步入增长阶段。由于这一时期大量资金进入房地产市场，土地价格和房价大幅攀升，泡沫经济也伴随而生，与此同时泡沫经济的繁荣确实推动经济的增长和财政收入的增加，实现了日本政府追求的缩减财政赤字和重建财政体制的政策目标，日本政府受益于泡沫经济的发展壮大自然也未对风险加以重视。

1992年日本国内泡沫经济开始破灭，欧美国家也开始纷纷要求日本减少贸易顺差，内外双重压力下，日本政府再次实施大规模刺激政策，第四阶段积极的扩张性财政政策自1992年起一直持续至今，财政政策的使用频率之高和扩张力度之大是空前的，财政赤字限额的不断突破让日本政府面临严重的财政危机。日本政府于1994年开始重新发行赤字国债融资，多次实施扩大政府公共投资和减税政策，除通过财政政策扩大内需外，为应对亚洲金融危机，日本政府实施了公共救助，通过注资和处置不良债务稳定金融市场预期。

然而金融危机对日本经济的冲击并未立即得到控制，以大量银行破产倒闭为特征的金融危机将日本经济拖入"倒退的十年"，之后宏观经济一直处于缓慢增长阶段，与其他经济合作与发展组织（Organization for Economic Co - operation and Development，OECD）国家相比，日本政府的财政状况和债务风险更加严重。如图4-8和图4-9所示，30多年的时间，日本政府基本处于财政赤字状态，仅2002年至2014年有微小盈余，2015年以后财政赤字进一步恶化，根据国际警戒线标准，日本分别于1975年、1999年突破国债依存度20%和国债负担率60%的警戒值。

① 贡慧．日本财政赤字的经济分析[D]．上海：复旦大学，2012：44.

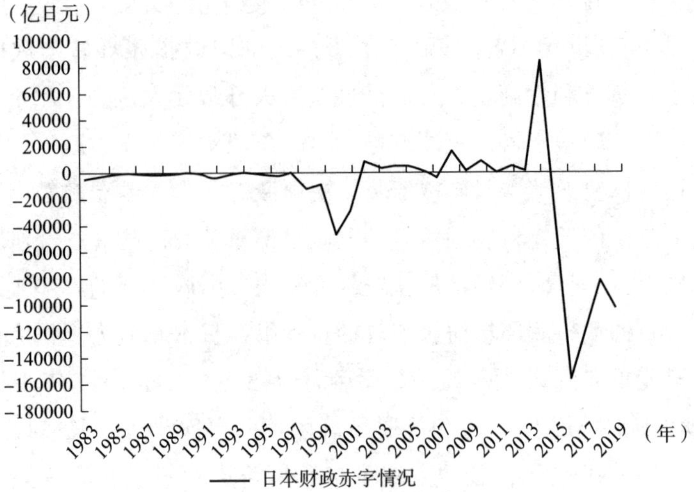

图 4－8　1983 年至 2019 年日本财政赤字情况

数据来源：WIND 数据库。

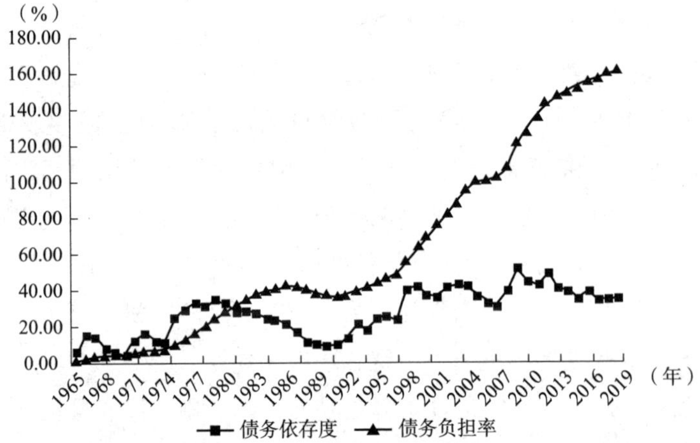

图 4－9　1965 年至 2019 年日本国债指标变化情况

数据来源：WIND 数据库。

4. 2. 2　日本金融制度发展与改革

从 4. 2. 1 节对日本财政收支的分析可以看出，除二战后经济恢复时期的 15 年时间保持财政预算平衡外，日本政府大多处于收不抵支的严重赤字状态，即使是在财政重建时期，也很难达到平衡预算的政策目标。日本政府为实现赶超战略、经济增长以及克服经济萧条与危机等都需要使用扩张性财政手段来刺激内需，在减税增支政策下，财政资金仅靠预算内收入和发行国债远远无法满足政府资金需求。因此日本所实行的金融制度首先是为国内经济建设提供资金服务的，以政府主导的方式来配置金融资源，通过建立专业性金融机构、人为的低利率政策和严格的外汇管理制度来为国内企业提供低成本资金，且日本的金融体系在经济高速增长时期，一直以间接融资体制为主，信贷率在全球处于较高水平，远高于其他发达国家和新兴市场国家，表现为经济过度“银行化”。

4.2.2.1 日本主银行制度的形成与发展

20世纪30年代以前，日本的资本市场与银行业在企业融资中占有同等重要的地位，日本政府对银行实行自由放任政策。但二战以后，日本政府对银行业实行严格管控，日本金融体系逐渐形成主银行制度，这一转变源于两个关键因素：1927年的昭和银行危机和二战时的金融管制政策①。日本政府在处置昭和银行危机时，未采取类似美国的做法，即运用存款保险等市场化机制进行救助，而是要求银行间相互并购来增加资本金，从而形成隶属财阀集团的大银行体系，其中以都市银行和地方银行为主。1931年日本发动侵华战争后，为保证军需供应，政府实施了最大限度控制资金分配的金融管制，不仅要求银行以配对制向企业提供资金，还控制了公司债券发行，严重限制了资本市场的发展，因此二战后日本经济恢复生产和实现经济复兴都只能依靠银行体系，这也成为主银行制度产生的背景基础。

所谓主银行是针对某一家企业而言，占其贷款总额比例最大的银行，而主银行制度是主银行与企业建立的特定的长期交易关系，主银行为企业持续提供贷款，并且持有该企业的股份，对企业的经营与发展有监督与决策的实际控制权，在企业出现危机时可以及时进行干预和救助。日本金融体系中的这种银企亲密关系大大降低了委托代理成本和危机救助的社会成本，对企业的生产经营形成了有效的外部制约。在日本经济恢复与高速发展时期，主银行制度与日本经济国情高度契合，符合日本历史国情的选择，充分发挥了“资金管道”的作用，对社会短缺资金进行合理配置，保证了重点行业的快速发展，银行发挥的监督与救助作用也最大限度地防止了企业的盲目经营和破产，创造了日本经济增长的奇迹。但日本这种高度的政府干预式金融制度也催生了经济泡沫与金融危机，以及高度集权下的利益输送与金融腐败，日本经济的萧条与停滞与主银行制度也分不开，可谓“成也萧何，败也萧何”。主银行制度的局限与风险主要表现在以下三个方面。

一是低效率问题。主银行制度下金融机构经营的低效率问题体现在两点：第

---

① 陈国进. 日本金融制度变迁的路径依赖和适应效率[J]. 金融研究，2001(12)：81－87.

一是贷款刚性。由于贷款刚性的存在，银行为了避免存续的逾期贷款成为坏账，不得不持续向企业提供新的贷款，以维持业务的连续性，这样的结果使大量银行信贷资源流入经营不善的企业，导致金融资金配置的低效率。第二是隐性契约。日本的金融交易活动往往建立在“拉关系、行贿受贿和寻租逐利”等人情交往基础上，这种基于密友资本主义产生的贷款决策往往存在严重的行为扭曲，更易引发银行道德风险，增加不良债权的积累①。

二是贷款结构失衡问题。日本经济体制运行模式是将对企业经营状况的监控交由主银行来完成，而主银行多年来在政府的保护下风险控制机制薄弱，逆向选择意愿较强，在制造业企业融资对银行依赖度下降的情况下，银行转而选择能提供更多抵押担保物的房地产企业，1970 年以后建筑和不动产业的贷款余额大幅增加，成为银行的主要利润来源，贷款结构的失衡是泡沫经济的根源。

三是政府与银行的关系问题。日本政府与银行的关系可以从两个方面反映：一方面日本政府为主银行制度提供制度基础。日本的大藏省和日本银行既保护着主银行的运行与发展，维持银行不倒的神话，也维护着主银行的垄断超额利润，使银行和企业的固有利益联结机制存续发展。日本政府严格银行准入，维持现有银行的垄断地位，同时对银行的经营实行严密监控和审查，通过奖优罚劣来干预银行所有经营活动。此外，日本政府建立了独特的激励机制，即日本银行与大藏省的退休官员会根据任职期间的表现在退休后到大银行担任重要岗位，这种激励机制促使政府机构努力维护着主银行制度的运行，同时滋生了金融监管腐败与私下的利益交换。另一方面银行承担了政府职能，造成银政职能不分。在资金短缺的情况下，银行机构成为社会建设资金的主要提供者，并承担了政府的公共救助职能，银行不仅需要为其控股的企业提供短期流动资金贷款，还要为社会提供长期固定投资贷款，银行在政府的支配下进行资金再分配，对大企业进行监管与救助，履行着维持经济稳定和经济增长的政策目标。正是这种唇齿相依的关系使得日本政府无意对银行进行风险控制和严格监管，日本银行普遍缺乏竞争力且经营低效，缺少公开透明科学的信息披露机制，内部风险错综复杂。

随着国内资金供过于求，企业融资不再过度依赖主银行，主银行制度的基础与优势逐渐消失，但主银行制度并未被完全取代，一方面主银行融资演变为关系型融资，即银行会在缺乏审慎风险评估等信息不对称情况下向企业放款；另一方

① 项卫星，李玉蓉. 日本金融体制的结构性缺陷与金融危机——对日本金融体制模式及其改革的重新审视[J]. 东北亚论坛，2000(2)：49-53，97.

面主银行的服务对象开始向中小企业转变，对中小企业依然有较大的吸引力。

4.2.2.2 日本金融危机与金融自由化改革

20 世纪 80 年代全球金融自由化兴起且发展迅速，客观上要求日本政府打破金融管制，更广泛地参与国际金融市场竞争，以提升日本金融的国际化水平和日元的国际货币地位。与此同时日本国内的资金供给逐渐供过于求，企业对于间接融资的需求下降，证券市场的发展和外资大量流入拓宽了企业的融资渠道，银行对企业持股比例的下降弱化了银企间的依赖性和监督功能，这大大削弱了主银行制度存在的基础，在内外部因素共同作用下日本开始了渐进式的金融自由化改革。在金融自由化的推动下，大银行失去了与大企业的紧密联系，开始进入中小企业融资市场，中小金融机构不得不转而寻求房地产等高风险领域，催生经济泡沫。在日本政府降息放水和减少国债发行等宏观政策叠加效应下，大量资金进入房地产领域形成虚假繁荣，当房价下跌、经济泡沫破灭时，金融危机也席卷而来。日本的金融危机以银行的集中破产倒闭为特征，从 1991 年 8 家住宅金融专业公司倒闭开始，金融机构破产危机愈演愈烈，从住宅金融专业公司到证券公司、保险公司再到中小银行，直到 1997 年底的大银行破产。由于日本政府始终对银行业金融机构抱有信心，放任其自由发展和自我救助，所以在金融危机中一直拖延或不作为，大藏省在金融危机中处置不良债权仅限于住宅金融专业公司和中小金融机构，要求大银行必须自行核销不良债权，同时劝说鼓励大银行对危机中的银行进行救助合并，但日本银行机构在几十年的主银行制度下已然失去自我调节能力，只能在金融自由化的冲击下加剧危机蔓延。20 世纪末的东南亚金融危机更是对日本经济造成严重的外部冲击，包括大银行在内的金融机构无力维持，存款保险机构的资金补贴也难以弥补损失，银行业出现大范围亏损，1997 年至 2004 年日本银行业的不良贷款率一直居高不下，平均不良贷款率为 6.1%，其中 2001 年末达到最高值 8.4%①，系统性金融风险的爆发在所难免。

为改革主银行体制的弊端，化解金融体系风险，1996 年底日本政府以 20 世纪 80 年代中期英国金融改革经验为蓝本，制定了日本的金融改革计划，称为“日本版金融大爆炸”。这次改革的实质是对间接融资体制的彻底改革，削弱主银行制度存在的基础，主要内容包括五个方面，具体为解除金融管制、实现资金自由流通；改革金融分业经营体制；降低金融准入门槛和审批限制；修订证券交易

① 数据来源：WIND 数据库，世界银行统计数据。

法、监管重点由证券业务转向证券市场的管理；强化中央银行的独立性，削减大藏省的行政干预权力。从实施效果来看，日本政府的金融改革是一种依靠政府命令及法律介入实现的强制性制度变革①，日本政府过高地估计了其金融体系对金融体制变革成本的承受能力，不仅未能如愿实现金融现代化和国际化目标，反而导致金融业的动荡与危机，降低了金融体系的效率与稳定性。

4.2.3 日本财政风险金融化的表现与传导路径

从上述对日本财政金融体制的分析来看，不同于欧美发达国家以资本市场为主的金融体制，日本由于特殊的国情和后发劣势，在发展初期采用了亚洲国家典型的政府主导模式，其金融风险更多地表现为银行业不良债权引起的系统性金融危机。按传导机制划分，日本国家的财政风险金融化主要可以归纳为以下四种。

1. 影响货币供应量

日本政府为解决不断扩大的财政赤字，通过发行赤字国债来弥补财政资金短缺问题，长期持续的财政赤字与债务融资造成日元供应量增加，引起通货膨胀风险。这也是各个国家普遍存在的一种财政风险金融化传导路径。如图 4－10 所示，从日本政府债务规模和 CPI 的历史数据可以看出债务规模与通货膨胀率的变化趋势趋同。

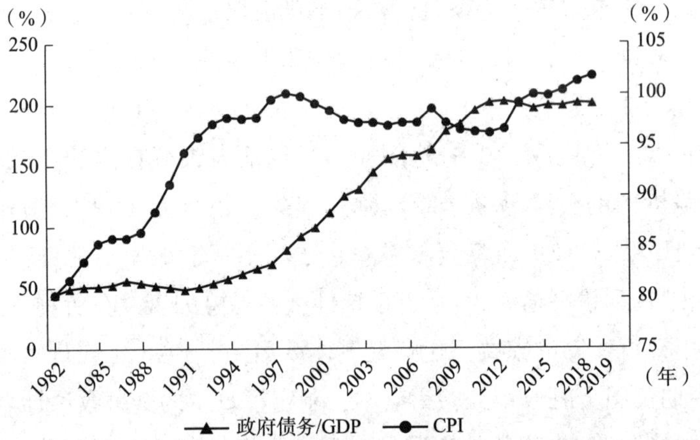

图 4－10 1982 年至 2019 年的日本政府债务规模与 CPI 变化趋势

数据来源：WIND 数据库。

① 白钦先，王兆刚．体制变革的风险与可持续发展——浅评日本的金融改革与金融危机[J]．日本学刊，1999(2)：50－63.

2. 实施利率管制

在战后日本经济高速发展时期，日本政府通过人为的低利率政策来降低企业融资成本，日本的低利率政策并不是扩大货币供应量，而是以官定利率或行政指令等各种方式人为压低利率，将金融租金最大限度地渡给实体企业，一方面可以降低产品成本，为日本商品占领国际市场提供充分条件；另一方面银行的盈利能力很低，银行机构承担了额外的社会生产成本。

3. 干预银行信贷配置

无论是战时的配对制还是战后经济发展时期的主银行制度，日本的银行业在信贷投向上有明显的政府指导性和行业集中性，银行资金在最大限度上弥补了财政资金投资的不足，金融资金通过财政分配产生的低效与不良债权的风险是日本国家财政风险金融化的主要表现之一。世界银行统计数据显示，日本银行业的不良贷款率在 20 世纪八九十年代一直维持在 5% 以上①。

4. 银政职能互替

在主银行制度下，政府与银行互利共生，日本政府为主银行提供寻租的制度基础，银行同时为政府承担了许多政策性职能，包括企业监控、企业救助等，政府与银行职能难以划分，在政府—银行—企业组成的资金循环内，看似银行主导资金流向，但实质是以政府为中心，政府通过各种激励约束制度形成委托代理关系，银行承担过多的政策性职能，不仅带来贷款刚性等低效率问题，还导致关系性融资与金融腐败，这种财政职能转移引起的金融风险也是政府主导型金融体系中存在的财政风险金融化问题的典型表现。

4.3 韩国

韩国政府在 20 世纪 50 年代后期选择了政府主导的经济发展模式，确立了优先发展重化工业的经济战略，并在 20 世纪 60 年代对商业银行进行了大规模的国有化，从此实行政府对金融的全面管制和间接融资为主的金融体制。韩国在迈入发达国家行列、完成金融市场化改革之前，也是通过政府主导型模式来实现经济赶超的，创造了“汉江奇迹”，但长期持续的财政风险金融化引致了 1997 年的金融危机。在 21 世纪以前，韩国经济同样存在高额债务与高通货膨胀率并存的现象，同

① 数据来源：WIND 数据库，世界银行统计数据。

时由于官制金融和集团垄断的存在，“大而不能倒”问题引发了系统性信用危机。

韩国政府很快就采取一系列的金融改革，成功实现金融自由化，仅用一年多就成功克服危机，稳定了金融与经济。与日本等发达国家相比，韩国政府的财政状况和债务问题相对较好，如图 4-12 所示，除两次金融危机期间出现短暂几年的财政赤字以外，其余年份基本保持财政收支平衡。在金融自由化改革完成后，财政收入显著提高，自 21 世纪开始出现持续的收入增长，保持了较高的财政盈余，通胀率也控制在合理区间(见图 4-11)，良好的财政状况和稳定的金融环境为韩国政府实施金融制度改革奠定了坚实的基础，成功摆脱了政府主导型金融体制带来的各种风险问题。

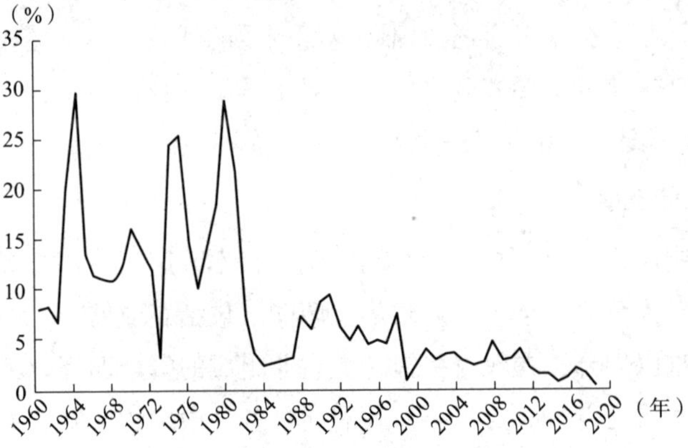

图 4-11　1960 年至 2020 年韩国 CPI 同比变化情况

数据来源：WIND 数据库。

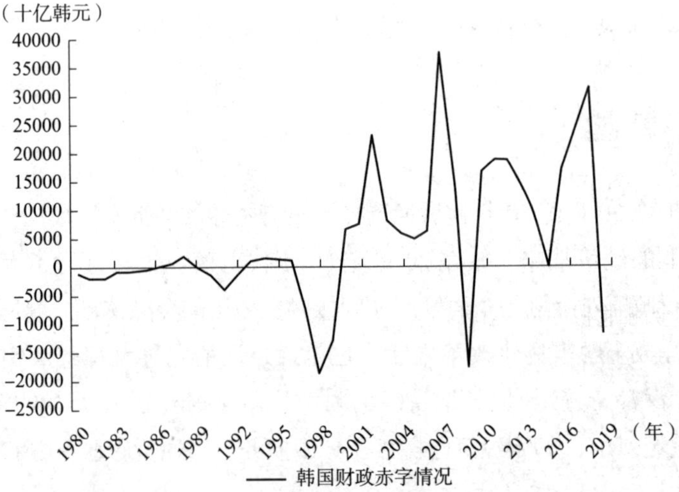

图 4-12　1980 年至 2019 年韩国政府财政赤字情况

数据来源：WIND 数据库。

4.3.1 韩国金融体制特征

韩国的经济金融呈现两大特征，即官制金融和大企业集团垄断。在官制金融模式下，韩国中央银行隶属财经部，大多数商业银行由政府全资或主要控股，中央银行和商业银行都缺少独立性。虽然韩国商业银行自 1972 年起开始私有化，但政策性职能的负担依然很重，由于信贷投向长期受政府指令性干预，所以信贷风险意识薄弱，银行的内部控制和风险管理都较为滞后。一方面韩国政府通过控制银行来为大企业提供资金；另一方面政府通过政策性贷款以极低的融资成本扶植战略行业的大企业集团，在韩国国内市场占据绝对垄断地位。这些为数不多的大企业集团不仅垄断了国家的经济命脉，也几乎垄断了金融资源，企业在国内国际市场的资金多数来自商业银行贷款，政策性贷款占比一直维持在 50% 以上。韩国的大企业集团除直接向银行融资外，还通过设立非银行金融机构融资，1997 年非银行金融机构资产占全部金融机构资产的比例达到 62%，企业通过非银行金融机构贷款占比约为 24%①。这些大企业集团在政府的扶持与保护下，盲目扩张业务，形成虚假繁荣，实际却是高负债、高成本、低收益，韩国最大的 5 家企业集团涉足了 140 个不同的行业，1996 年末规模排名前 49 家企业集团的总销售额占 GDP 的比值为 97%，但其实际经营状况全部为净亏损状态，净利润总和仅有 6500 万美元②。大企业集团造成的“大而不能倒”问题直接导致银行产生巨额不良债权，金融机构不仅在贷款发放时存在缺审查、松风控、超额度、关系贷等问题，在贷后出现资产质量问题时还要在政府的干预协调下进行企业救助。自 1993 年起，银行业贷款总额中有 60% 以上是由韩国政府安排的救助型贷款，仅 1997 年上半年，商业银行和综合金融公司在韩国政府的行政指导下向 5 家濒临倒闭的企业集团提供了约占全年货币供应量 10% 的贷款总额。

4.3.2 韩国的金融危机与市场化改革

韩国的金融危机最初表现为大企业集团的接连破产，继而引发商业银行的系统性风险。在政府的支持保护下形成的少数大企业集团导致银行信贷高度集中，风险的传染性极强。大企业集团的经营风险主要源于两方面因素：一是外部因

① 金熙纵，高贤升．韩国金融体制的重整与创新[J]．中国外资，2002(12)：102－104.
② 范振洪．韩国金融危机及对我国的启示[J]．东岳论丛，1998(5)：58－62.

素，大企业集团主要依靠外部融资实现规模扩张，先通过信用担保向银行贷款，再运用银行贷款购买的资产作为抵押，申请抵押贷款，这种“空手套白狼”的融资模式，不仅倒逼了信贷规模扩张，而且形成了高杠杆和高融资成本经营模式，企业的抗风险能力极差。二是内部因素，大企业集团内控薄弱且多元化经营，股东关系家族化倾向严重，盲目的战略定位与投资决策，再加上过度依靠政府隐性担保，导致经营效率低下。当这些政府担保下的大企业出现经营问题时，最终风险承担方往往是商业银行，政府会要求商业银行和综合金融公司增加贷款，甚至中央银行直接提供资金帮助企业渡过难关，类似我国的再贷款机制，这种政企银模式在我国现行的经济体制中也普遍存在。风险转嫁模式极易引发系统性金融风险，形成政策性职能—大企业集团—商业银行风险的传导模式，这与我国国有企业债务风险的传导路径非常类似。1996 年底，韩国银行业的呆账约为 240000 亿韩元，1997 年 7 月上升至 328000 亿韩元，呆账损失高度集中于少数大企业，以韩国第一银行为例，大企业倒闭形成的呆账约占该行总资产的 78%①。

金融危机之后，韩国政府无条件接受了 IMF 提出的金融改革方案，在此基础上制定了韩国版“金融大爆炸”计划。与日本政府的金融自由化改革相比，韩国金融改革的阻碍与成本较小，既没有泡沫经济破灭的经济下行对冲，金融体系中银企关系也不如日本密切与复杂，而且韩国的经济以大企业集团为主，资金集中度相对较高，政府改革调控的难度较小。因此韩国的金融自由化改革成效显著，在很短时间内实现 V 型复苏，无论是从金融体系结构还是从商业银行绩效来看，都呈现稳定向好的态势。2001 年企业直接融资比例显著上升，从 1997 年的 39. 5% 升至 1999 年的 69. 8%，间接融资比重则由 36. 8% 降至 4. 1%。商业银行的不良贷款率由最高点的 11. 3% 降至 5. 4%，整体经营规模大幅缩减②。此外金融监管体系进一步完善，在现有政府机构之外建立了独立的金融监管组织，成立了金融监督委员会和金融监督院，有效防止政治干预过度。

在政企银的铁三角利益联结机制中，政府是核心，金融危机的根源并不在金融体制内部，所以在金融改革进行的同时，韩国政府配套实施了其他制度改革，特别是对企业集团的改革与重组。通过强制性的降低债务比率、取消企业间复杂的互保联保关系、改善公司治理等措施大大改善了银企关系，使银行业在危机之后成功进入良性循环。

---

① 王永祥．韩国、日本金融危机与亚洲模式[J]．世界经济，1998(9)：66 – 69.

② 刘红．日韩金融改革的比较制度分析[J]．日本研究，2011(2)：32 – 39.

4.3.3 韩国财政风险金融化的表现与演变路径

从对韩国金融体制与金融危机产生根源的分析可知，在实施金融改革之前，韩国依靠财政风险金融化创造了经济增长奇迹，但过度金融化的负面效应在长期也开始凸显，形成政府主导型国家典型的财政风险金融化传导机制，即赤字货币化引起的通货膨胀风险，低利率管制政策、政策性职能转移以及由政府和国有企业导致的商业银行不良资产信用风险与经营危机。但韩国的金融改革是成功的，金融体制的市场化阻断了部分财政风险金融化的传导路径，财政风险金融化的信贷传导机制逐渐弱化。金融改革之后的韩国政府只能通过发行国债、增发货币、影响利率等市场化方式进行财政风险金融化转移。

4.4 拉美国家

拉美国家由于历史原因在经济发展中过度依赖发达国家，受国际贸易和国际金融变动影响较大，国内储蓄严重不足，在经济高速发展时期资金短缺问题只能靠大量外部资金弥补，举借外债成为外部资金使用的主要方式。1980 年拉美国家外债总额远超外国直接投资总额，占外部资金总额的 77%①，这也直接导致拉美各国在 20 世纪 80 年代初普遍陷入债务危机。债务问题的产生与拉美国家金融体系的抑制和职能萎缩有直接关系，虽然债务危机使拉美国家成为全球关注与讨论的焦点，但其金融风险也不容忽视。拉美国家显然也认识到财政金融体制存在的缺陷，在 20 世纪 90 年代纷纷启动金融自由化改革，以减少政府财政对金融体系的干预和金融资源的占用。本节将以阿根廷、墨西哥和巴西三国为例，重点分析拉美国家在金融自由化改革前财政金融体系中存在的问题及由此产生的财政风险金融化现象。

4.4.1 拉美三国财政问题

20 世纪 60 年代至 70 年代是拉美国家经济高速发展的时期，拉美国家政府同样奉行凯恩斯主义的赤字财政政策，通过国有化培育重点领域的国有企业，通过扩大政府直接投资来提升内需，刺激经济增长，同时对低效经营的国有企业进行

① 徐文渊，苏振兴．拉丁美洲国家经济发展战略研究[M]．北京：经济管理出版社，2007：20.

大量财政补贴。扩张性的财政政策与刚性的财政支出导致了严重的财政赤字状况，1982年阿根廷、墨西哥和巴西的财政赤字占GDP的比例分别达到16.4%、17.6%和16.9%。拉美三国政府为弥补财政赤字和平衡财政收支均采用举债和增发货币的方式，其中举债不仅包括发行国债，还大量举借外债，进而导致外债数量急剧膨胀，超过了经济的实际承受能力。另外，据统计，整个拉美地区的外债总额在1973年仅为269.74亿美元，到1982年已达3268亿美元，十年增加了近11倍①。但拉美三国并未将外债全部用于收益较高的生产建设领域，而是大量用于周期长且收益低的项目或消费领域，导致拉美政府只能采取新债还旧债的方式，偿债能力严重不足。在举借债务无法满足生产资金需求的情况下，拉美政府还实施了扩张性的货币政策，1965年至1985年，阿根廷、墨西哥和巴西三国年均货币增长率分别为120.9%、22.6%和63.8%。持续增发货币必然引发严重的通货膨胀，三个国家年均通货膨胀率分别达到137.3%、19.7%和62.1%②，进一步恶化了出口收汇能力和政府偿债能力。

4.4.2 金融体制运行特点与缺陷

拉美国家金融体制基本沿袭发达国家二级金融制度的典型模式，但由于经济发展水平低和国内资金严重不足呈现特殊性，所有特殊性表现的实质在于政府对金融资源的控制与汲取，通过提高国有垄断程度和金融抑制程度来获取金融资金用于经济建设，这些金融体制中的特殊性也成为拉美国家在实施金融自由化制度改革时的重点。

1. 中央银行职能庞大

拉美国家的中央银行在经济中涵盖的职能范围较广，远超通常情况下中央银行稳定物价和管理货币总量的职能限定，但缺乏独立性。20世纪80年代末，拉美国家央行资产约占GDP的60%以上，而同期美联储资产仅占GDP的5.2%，庞大的资产规模意味着拉美的中央银行承担着过多的资金供给职能，比如向优先发展部门和项目提供资金、作为赤字性融资工具向财政提供借款资金、作为最后贷款人承担金融机构的经营损失等，这些职能显然是由政府赋予的，在政府的指令控制之下执行政策性任务。

---

① 吴国平. 21世纪拉丁美洲经济发展大趋势[M]. 北京：世界知识出版社，2002.

② 数据转引自叶谦，沈文颖. 拉美债务危机和欧洲债务危机成因的比较及其对我国的启示[J]. 经济问题探索，2011(10)：167-174.

2. 商业银行国有化程度高

与东亚国家发展初期相似，商业银行在拉美国家的金融体系中也具有绝对优势，企业融资方式也以间接融资为主。但拉美国家的商业银行分为私人所有和国家所有两种类型，其中私人商业银行大多由外资持有控股，在金融体系中居主导地位的是国有银行，1987 年末阿根廷、墨西哥和巴西的国有商业银行存款总额占全部金融体系存款总额的比例均达到 50% 以上，信贷资金总额占全部金融体系信贷总额的比例分别为 37.6%、46.4% 和 38.6%。

3. 信贷资金实行配给制

由于拉美国家实行利率管制，人为的低利率政策降低了公共部门的融资成本，在一定程度上扶持了特定产业的发展，但同时也限制了储蓄增加，致使国内存在资金严重短缺的问题。在资金有限供给的情况下，拉美政府通过实行强制性的信贷配给制，保证国民经济中的关键部门可以优先获得，具体是由政府指定的银行以优惠贷款利率向指定的部门发放贷款。实行配给制的主要目的是为中小规模的借贷者和不被银行机构重视的其他借贷者提供所需资金，或在实行货币紧缩政策时为某些关键性部门提供贷款，比如工业、农业、出口部门以及城市公共基础设施建设部门等①。配给制的信贷制度确实能保证经济关键部门和重点行业的资金供给，尤其是在资金流动性紧缺的情况下，但也极易产生大量的寻租行为，使资金配置低效化，更多地流向有政府背景和关系型企业，而具有较高收益的企业或部门无法通过正规金融渠道融资，造成正规金融体系的萎缩和萧条。这种低效率的配给制度也使银行积累了大量的不良债权，直接导致拉美银行业经营风险高涨，并因资金垄断形成巨大的贫富差距。

4.4.3 拉美国家财政风险金融化的表现

在拉美国家金融私有化改革之前，政府不仅是金融资金的主要使用主体，政府控股的金融机构更是在金融体系与资金融通中占据绝对主导地位，政府直接调控财政与金融资金的分配，导致了商业银行机构职能的萎缩和中央银行职能的庞杂。与所有政府主导型国家存在的财政风险金融化问题类似，由于政府对金融资金有绝对的控制与调控权限，所以赤字货币化引起的通货膨胀风险，低利率管制政策、政策性职能转移以及由政府和国有企业导致的商业银行机构系统性风险等

① 黄红珠. 试论拉丁美洲国家的金融改革[J]. 拉丁美洲研究，1997(3)：2-9，64.

财政风险金融化传导路径均同时存在。

拉美国家的金融改革主要目的是减少政府对金融体系的过度干预，建立金融体系的市场化机制，主要措施包括取消利率管制、取消或减少强制性信贷配给、加强中央银行独立性和实行商业银行的私有化等，但拉美国家在实施金融自由化改革时进度不一，改革效果也千差万别。比如，墨西哥在商业银行私有化后未能健全金融法制，导致银行贷款规模无序扩张和流动性风险加剧，直接引发金融危机；巴西的国有商业银行依然占有主导优势，银行不良债权负担沉重，中央银行仍依附于财政部，听从政府指令进行资金调配。所以在金融自由化改革之后，拉美国家的财政风险金融化特征尽管有些变化，但由于市场化的金融体制并不完善，政府依然可以通过信贷机制和职能转移等方式影响金融体系，所以财政风险金融化的总趋势和传导路径未发生本质变化，在未来将随着金融改革的深化而发生演变。

4.5 国际经验的启示

通过回顾梳理美国、日本、韩国与拉美三国财政风险金融化的演变历史，可以对比不同经济体制下财政风险金融化的特征表现。经济战略导向与金融体系结构影响着财政风险金融化程度与传导路径，随着经济市场化与金融自由化的发展，政府行政性干预减弱，通过市场方式的财政风险金融化程度加剧，金融风险产生的原因与表现也随之变化，具体而言，呈现出以下三个规律性特征。

一是财政风险金融化程度与财政风险正相关。财政风险金融化的存在具有客观普遍性，是化解财政风险、解决政府债务与融资问题的有效方式，各国运用不同政策工具加强金融资金的调控与运用，以刺激和稳定经济增长。从纵向发展比较来看，美国和日本在追求预算平衡时期，财政风险较低，财政资金缺口与债务规模相对较小，因而控制和汲取金融资金的动机较弱，财政风险金融化的程度相对较轻；而在赤字财政政策时期，为了扩大投资支出以提振经济，财政赤字与债务规模攀升，加大了政府的资金需求，政府开始通过发行债券融资，在债券规模扩张受限或流动性受阻的情况下，继而运用货币发行权和对金融机构的控制力，通过增加货币供给和调控信贷资金的方式解决财政资金需求，财政风险金融化程度加深。从横向发展比较来看，财政风险问题相对较轻的韩国与债务问题严重的美国、日本和拉美国家相比，财政风险金融化现象相对缓和，这也为韩国快速摆脱金融危机、成功实现金融市场化改革与金融深化发展奠定了良好的基础，形成了财政与金融的良性循环。

二是通货膨胀风险传导机制在所有国家均存在，但传导路径存在变化。无论是市场化程度较高的美国，还是经历金融自由化改革的日本、韩国与拉美国家，为化解财政风险引起的通货膨胀问题普遍存在，各国通过大量发行赤字国债弥补财政资金不足，长期的债券融资引起基础货币的增加。日本、韩国与拉美国家在金融改革前的经济转轨时期，都经历了长期的高通胀问题。美国利用世界货币的地位优势，在债券发行规模约束下通过增发美元货币来筹集资金，通过降低利率、增加金融市场流动性提高商业银行的潜在信贷能力与基础货币规模，弥补财政缺口的同时稀释国内外债务，将通货膨胀风险传递至全球金融市场。但通货膨胀风险在不同时期的表现形式存在差异，货币供应量的增加最初体现为 CPI 等消费品物价上涨，当资金更多地流入金融资产与房地产领域后，资产价格开始上涨，价格变动较消费品物价变动更为显著。比如，20 世纪 90 年代日本的银行信贷资金有力地支持了房地产经济发展，催生了资产泡沫，引发金融危机；美国在 2008 年金融危机之后，多轮量化宽松政策的实施使房地产价格触底反弹，与股票价格均保持了持续上升趋势，CPI 的波动则相对稳定，表明货币供给量的增加导致了资产价格的上涨，形成广义的通货膨胀。

三是银行机构系统性风险传导机制的影响随着金融自由化程度提高而减弱。相比美国，日本、韩国和拉美国家在二战后的经济恢复与高速发展时期，无一例外地采用了政府主导型金融发展模式，政府拥有绝对的金融控制力和垄断优势，以低效的金融资金配置和信贷财政化方式满足政府的融资需求，这种非通胀的融资模式使银行机构的系统性风险较为突出，成为金融自由化改革前财政风险金融化的主要表现形式。金融自由化改革的主要目标之一是减少政府的行政干预，加快金融市场化进程。随着金融深化发展，政府与企业部门的融资渠道多元化，直接融资比重上升，对银行信贷资金的依赖度下降，政府对信贷资金的垄断控制失去意义，叠加制度性改革因素，政银企的利益联结机制被打破，银行承担的政策性职能逐渐剥离，银行定价、信贷投向与风险处置等逐步以遵循市场规律为主。银行机构的系统性风险产生的原因更多为金融衍生品创新和利率波动对金融体系的负面冲击，财政制度因素对银行机构系统性风险的影响减弱，因此随着金融自由化程度的加深，财政风险金融化的信贷传导机制作用逐渐弱化。

4.6 本章小结

本章重点选择了美国、日本、韩国和拉美三国作为研究对象，分析了不同财政金融体制中存在的财政风险金融化问题，以各国的财政债务状况和金融体制与风险为起点，研究各国财政风险金融化的传导路径与特征表现。分析得出，后发国家在促进本国经济发展时基本采用了政府主导型发展模式，在工业化赶超中为解决经济建设的巨额资金需求与政府财政资金严重短缺的突出矛盾，后发国家的政府大多选择了政府管制金融，通过控制金融体系和实施产业政策来扶持国有企业，将商业银行有限的短缺资金进行财政式分配，保障重点行业的资金供给和发展。以金融资金解决财政赤字与债务风险产生了财政风险金融化，短期内财政风险金融化的正向效应带来了经济高速增长，创造了一系列的发展奇迹，但在长期负面效应越发凸显，财政与金融独立性不足导致金融资金财政化，后发国家的金融大多承担了为财政融资的功能，使金融结构的发展偏离其最优路径，偏离的结果就是政府始终是金融市场最重要的参与人，市场竞争型金融系统很难真正建立①，并极易导致金融体系的低效率，引发金融风险和金融危机。而以市场机制为基础的发达国家或通过金融改革实现市场化的国家，其政府对金融体系和金融机构的干预能力很小，对于同样存在的财政赤字与债务风险问题，政府通过市场化融资或增发货币来稀释债务和弥补赤字，也就是说，由于弥补财政赤字的方式不同和对金融资源汲取能力不同，发达国家的财政风险对商业银行信贷体系的影响较小，传导路径以利率和货币供应量两类机制为主，财政风险金融化的信贷传导机制在市场经济体制国家表现不明显。

---

① 王文召，顾永昆．财政压力与金融结构演化[J]．宏观经济研究，2019(4)：30－40.

第 5 章　我国财政风险金融化的历史演变

财政风险金融化的内涵与特征随着财政体制和金融体制的变化而演变，财政风险与金融风险的交集产生并存在于资金流通领域，随着社会主义市场经济体制改革的深化，财政风险金融化的特征表现逐步由宏观性、单一化向微观性、多元化过渡。本章重点通过三个维度详述我国从 1949 年新中国成立以来的财政风险金融化演变历史，一是体制背景，包括经济体制和财政金融体制，重点论述不同发展阶段的经济发展战略重点和发展格局变化，财政体制与金融体制改革与发展；二是财政与金融在国民经济和资金融通中的关系与作用，重点论述国有企业或政府投融资的资金来源与融资模式、各时期金融体系发展变化情况；三是财政风险金融化的特征表现，重点分析不同时期金融风险的来源与财政风险金融化的传导机制。通过分析约 70 年经济发展战略、财政金融体制与政府投融资模式的改革历史，研究不同时期、不同经济体制下财政风险金融化产生的根源、传导机制与特征表现变化。

5.1　计划经济时期的财政风险金融化（1949—1978 年）

从中华人民共和国成立到 1978 年标志着改革开放的十一届三中全会召开是大约三十年的计划经济时期。我国在财政经济领域基本实行统收统支的计划经济体制，其间虽经历多次波折，但高度集中的体制未发生根本性的变化，金融体系完全服务于国家计划经济目标，这一阶段呈现出“大财政、小银行”的特点。

5.1.1　国民经济恢复时期

从新中国成立到 1952 年底是国民经济恢复时期。中国共产党和中央人民政府按照中共七届二中全会决议精神制定了符合国情的经济指导方针和基本政策，以建立新的经济秩序和恢复国民经济为两大中心任务，在保证抗美援朝战争胜利的同时，仅用三年时间实现统一财经、平衡财政收支、稳定物价等目标。通过建立国有经济、实施完成土地改革和加强对私营工商业管理等重大举措，工农业生产得到恢复和发展，国家财政经济状况基本好转，为进行有计划的经济建设和实施赶超战略创造了条件。

财政体制方面主要有两项重要工作：一是重建税制；二是统一财经。同时为维持新生政权庞大的军事支出，根据形势调整财政经济政策，通过集中经济管理权力于中央，对财政经济实行统一领导、统一计划和统一管理，尽可能实现财政、物资和信贷三平。其间，在统一财政基础上，根据1951年《关于划分中央与地方在财政经济工作上管理职权的决定》和《关于1951年度财政收支系统划分的决定》等文件的规定，财政体制上实行统一领导下的中央、大区和省市之间的分级管理体制，大区和省级财政称为地方财政。中央财政收入来源主要包括税收收入、中央企业收入、国家银行收入、内外债收入。地方财政收入主要来源于税收收入、烟酒专卖利润分成和地方工业企业利润。地方财政收支每年由中央核定一次，收入不足预算部分由中央补助。

金融体制方面，最主要的是在金融领域建立起新中国的金融机构体系和独立统一的人民币制度。国民经济恢复期间，完成了金融业的全行业改造，集中信用于国家银行，信贷工作实行计划指导，银行的中心任务是支持工农业生产和商品流通的恢复与发展。信贷政策内容主要是大力积聚资金，积极支持国有经济及合作社经济的发展；贯彻“公私兼顾”和利用、限制、改造私营工商业的政策，针对不同形势，调整信贷政策；配合土地改革，支持农业生产的恢复与发展①。在银行信贷政策配合下，国有经济迅速发展，1952年底，国有工业产值在工业总产值中占比为41.5%，社会主义商业在整个商品销售额中占比达51.9%，国有经济在生产资料、消费资料和商业领域都占据了主导地位，国家财政收入也逐步以国有企业的税利为主。

国民经济恢复时期的金融作为计划经济的重要组成部分，完全作为行政工具配合经济总体规划和管理，在稳定金融物价、支持国有经济发展和农村土地改革方面发挥重要作用，但也多次出现财政赤字货币化风险。1949年，财政赤字率

① 杨希天，等．中国金融通史(第六卷)[M]．北京：中国金融出版社，2002：54.

高达46.9%，为弥补赤字，政府采用大量发行钞票的过渡性措施；1949年7月至11月，四个月间钞票发行额增加近5倍；1949年4月至1950年2月，我国共发生四次大幅度的物价波动。这种通过增发货币解决财政赤字的方式造成严重的通货膨胀风险。传导路径为中央财政赤字—中央银行增发货币—通货膨胀风险，通货膨胀风险传导机制成为这一时期财政风险金融化的主要表现形式，也成为政府制定财政经济政策时首先要解决的问题。

5.1.2 计划经济时期

计划经济时期开始于1953年中共中央提出过渡时期总路线、实行集中统一有计划的经济建设，经过五个五年计划至1978年党的十一届三中全会提出经济管理体制改革为止。计划经济时期经历了三大改造、“大跃进”运动、“文化大革命”等历史事件，对我国经济发展产生很多不利影响，财政金融体制处处体现出高度计划性。这一时期以“集中统一”为主要特征，虽然中央对地方采取了不同形式的放权让利政策改革，但都是在保证工业化发展、注重基本建设投资规模的前提下实行的行政性分权，并未涉及经济利益的划分，始终保持“利益大锅饭”格局，缺少内在约束机制，责权利的失衡带来诸多体制性风险。同样地，金融领域高度集中的组织体系和管理体制的构建与改革也几经曲折，计划经济体制下的金融完全服务于国家战略，忽略了金融的市场性本质，违背了金融规律，财政风险金融化表现出计划经济特色。

5.1.2.1 经济发展战略定位与变化

随着国内外局势的好转和国民经济的基本恢复，我国开始转入大规模的经济建设时期，经济发展战略定位于以优先发展重工业为主。市场主体是公有制的国有企业和集体企业，同时也是计划经济时期的主要融资主体和财政金融资金支出对象。以社会主义改造的完成为分界点，计划经济时期的经济发展总体战略可分为过渡时期总路线和社会主义建设总路线。

1953年，中央财经会议确定了过渡时期的总路线和总任务，明确提出生产资料的社会主义公有制是我国社会唯一的经济基础，以实现社会主义改造和社会主义工业化为这一时期的两大主要任务。其中，对农业、手工业和资本主义工商业的社会主义改造是以消灭私有制为目的，建立起农业合作社、社会主义集体工业经济和全行业的公私合营经济。实现社会主义工业化的目标则是将发展重工业作为工业化的中心环节，优先发展国有经济。在总路线思想的指导下，我国开始制定和实施发展国民经济的五年计划，正式进入有计划地发展国民经济时期。我国的第一个五年计划实施于 1953 年，以工业化建设为中心，轻重工业的投资比例为 1∶7.3，大部分的任务指标到 1957 年已提前一年超额完成。1957 年末基本建设投资总额完成 550 亿元，工业总产值达到 783.9 亿元，比 1952 年增长 128.3%；农副业总产值比 1952 年增长 24.8%；全国铁路通车里程达到 29862 公里，比 1952 年增长 22%；社会商品零售总额达到 474.2 亿元，增长 71%①。在经济建设的大规模开展中也多次出现因急于求成而导致经济投资过热和财政信贷资金挪作基本建设投资等现象，但这一时期基本做到了及时纠偏，过渡时期的经济发展战略计划使各项经济建设事业取得很大发展。

1958—1978 年是计划经济体制下的社会主义建设时期，这一时期经济体制最突出的特点是完全按政府的指令性计划安排经济建设，中心任务是优先发展重工业，以逐步建立独立完整的工业体系和国民经济体系，推进社会主义工业化建设和实现“四个现代化”为主要战略目标。其间尽管受“大跃进”“文化大革命”等重大政治事件的影响，但也集中全国力量在重大科技创新成果、重大基础设施和工业项目方面取得了巨大成就，以工业交通、国防科技工业为基础的大规模“三线”建设提升了西部地区的生产力水平，缩小了东西部经济发展水平的差距。1977 年末，农业总产值达到 1339 亿元，工业总产值达到 3728.3 亿元，全国交通事业和商业贸易也有了较大发展。这一时期对经济体制改革做出了积极的探索，也多次对国民经济结构进行恢复与调整，但“左倾”思想、“多快好省建设社会主义”的赶超战略思想和急于求成的做法对经济的协调发展造成严重破坏，片面过度地强调“重工业、高积累、以钢为纲”等指导思想使国家工农业比例、积累与消费比例、工业交通内部比例严重失调。在“四五”时期，重工业投资额占比达 49.6%，工业总产值中重工业、轻工业和农业总产值占比分别为 38.9%、30.7% 和 30.4%②，之后在 1977 年前后开展的经济建设新跃进，又开始不求实效只求速度和规模地安排基础设施和农田等基本建设，进一步加剧了国民经济重大比例关系失调状况，使经济效益下降。超大规模的基本建设也直接造成对资金的巨额需求，国家财政和银行信贷资金长期处于失衡状态，由此导致财政金融风险。

① 龚关．中华人民共和国经济史[M]．北京：经济管理出版社，2010(1)：63－65.
② 龚关．中华人民共和国经济史[M]．北京：经济管理出版社，2010(1)：162.

5.1.2.2 财政体制改革

随着社会主义改造和工业化战略的实施，财政体制模式由“供给型”向“生产型”转变，财税政策相应地成了国家实现各项宏观目标的主要手段。1953年大行政区由一级政权机构改为中央派出机构，并于1954年撤销，国家预算开始实行在统一预算内划分为中央、省(市)和县(市)三级预算制度，省及省以下政府机构财政收入称为地方政府财政收入。为适应不同阶段的经济发展形势，中央与地方的财政体制经过了多次的收权与放权的调整。

此外，在政企不分和统收统支为特征的计划经济体制下，对应于大而宽的政府职能，财政的支出范围也是大而宽，并突出体现为“二元财政”。这一时期财政支出的特点可概括为“生产建设型财政＋国有制财政＋城市财政”，财政资金主要贡献于经济建设，财税体制的核心是优先保证工业化所需建设性资金。但在“综合平衡”的理论指导下，大规模的财政赤字在计划时期是不允许的，政府尽力保持财政收支预算平衡，在现有财政资金基础上调整资源配置结构，即使出现赤字，也是中央政府的财政赤字，地方政府基本保持了财政收支平衡(见图5－1)。

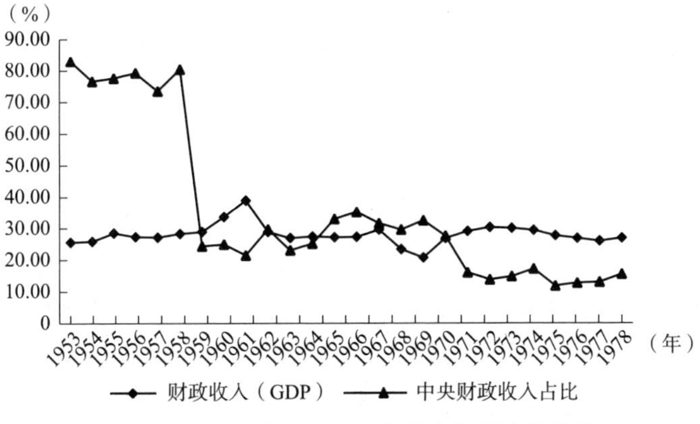

图5－1　1953年至1978年两个比重变化趋势

数据来源：WIND数据库。

注：GDP为当年年末现价值。

由于计划经济实行低工资低储蓄，且以城市国有企业和农村集体所有制经济为主，财政收入的主要来源是国有企业的利润和税收，支出首先是满足工业化建设的资金需求。预算外资金很少，财政收入占国民收入的比重远高于同时期同水平的其他发展中国家。

5.1.2.3 金融体制改革

1. 大一统的金融管理体制

服务于计划经济体制的需要，我国自1953年在完成对私营金融业社会主义改造后，实现了银行的国有化，取消商业信用，集中信用于国家银行，建立集中管理的货币投放回笼计划制度，对金融业务实行严格的计划管理。1954年中国人民银行全国分行行长会议对中国人民银行的地位与作用做出系统性阐述，认为银行应当是信贷、结算、现金出纳中心，是国家总会计，是国家领导企业实行经济核算的一个杠杆。由此形成了计划经济时期对银行地位、作用等方面的基本认知，并作为实行高度集中统一金融体制的理论基础和指导金融实践的政策原则。虽然金融管理体制在此期间受到多次冲击和干扰，信贷业务和货币发行权的集中统一多次受到破坏，但从根本上说，整个计划经济时期都实行了“统存统贷”的信贷政策，银行的信贷计划是国民经济计划和社会发展计划的组成部分，是对国民经济中短期信贷资金的再分配，信贷计划要经过国家对财政、信贷等进行综合平衡并批准后才能执行。全国各级银行吸收的存款全部上缴总行，同时由总行核定各级银行贷款计划指标，贷款发放严格按计划执行，不得突破总额指标，不得改变资金用途。根据财政信贷综合平衡政策，财政每年在预算中增拨一笔“资本金”给中国人民银行总行作为信贷基金，列入银行的资金来源，统一用于平衡信贷收支，起到协调财政与金融的作用。

2. 单一化的银行业金融机构

在大一统的金融管理体制和不发达的商品经济背景下，金融机构的设置服务于基本建设和农村土地改革两大战略。其中基本建设战略支持任务由1954年成立的隶属财政部的中国人民建设银行承担，其主要职能是监督用于基本建设的国家预算拨款和机关企业自筹资金的使用，根据信贷计划办理短期放款和基本建设资金结算业务。支持农村经济发展的任务主要由农村信用社承担，为扶持农业生产、发展农村金融业务，在农业合作化加速发展的背景下，我国大力发展了农村信用合作组织，1956年底全国97.5%的乡都建立起农村信用社，基本实现了农村信用合作化。但之后农村金融机构遇到错误的政策变革和外部冲击，组织管理多次下放与回收，至1977年金融工作整顿时，国务院正式明确信用社是集体金融组织，是国家银行在农村的基层机构，不再作为独立的金融机构存在。1954年，随着大区一级行政机构的撤销，中国人民银行建立起省（市）级分行制，通过垂直管理体制加强了对全国金融活动的统一领导和集中管理。1956 年 7 月，公私合营银行正式取消专业银行的职能，纳入中国人民银行体系，由中国人民银行总行私人业务管理局继续履行存放款职能。从金融机构的改革变化可以看出，整个计划经济时期的金融体系基本上只有中国人民银行一家金融机构，既行使管理职能，又办理信贷业务，货币流通实行高度集中统一管理。

5.1.2.4 国有企业融资中的财政与金融

这一时期的国有企业资金来源基本依靠财政无偿拨付解决，银行仅为国有企业提供非定额流动资金作为补充，国有企业的经营亏损也全部由财政负担。

1. 基本建设投资资金

在“工业化导向”的经济发展模式下，基本建设投资全部来自财政无偿拨款。基本建设拨款，是国家预算无偿拨给各部门、各单位用于固定资产扩大再生产的款项。包括固定资产的新建、改建、扩建和恢复等。

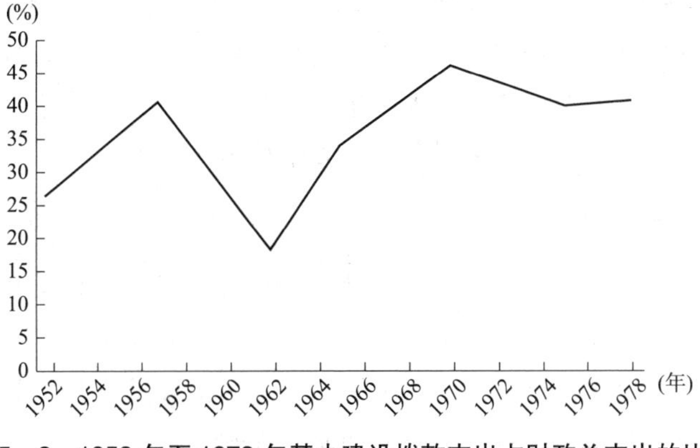

图 5－2　1952 年至 1978 年基本建设拨款支出占财政总支出的比重

数据来源：WIND 数据库。

如图 5－2 所示，自 1953 年以来的二十多年间，基本建设拨款占财政支出的比重基本维持在 30%～50%，财政拨款总额直接决定了该部门或地区的经济发展速度、规模与结构。

2. 国有企业流动资金

除固定资产外，财政也基本承担了国有企业的流动资金供应。流动资金分为定额流动资金和非定额流动资金两部分，其中定额流动资金指企业正常生产经营所需的资金，由财政部门定期核定，无偿拨付；非定额流动资金指企业季节性、临时性资金的需要，在一些年度采用银行信贷的方式提供。

表5-1 计划经济时期国有企业流动资金供应管理体制

时期	流动资金供应管理体制
1951—1954年	实行定额流动资金由财政和银行分别供应
1955—1957年	自有流动资金计划定额全部由财政供应
1958年	恢复定额流动资金由财政和银行分别供应
1959—1961年	实行全额信贷，流动资金全部由银行供应
1962—1965年	定额流动资金由财政供应
1966—1971年	核定流动资金总额内，由财政和银行供应
1972—1978年	恢复定额流动资金由财政供应

由表5-1可以看到，实行银行全额信贷仅两年多的时间，再次改为由财政拨款方式解决企业流动资金问题，其中80%的定额资金由财政直接拨付企业作为自有流动资金，20%的定额资金由财政拨付给中国人民银行，以贷款形式发放给企业。之后1962年1月再次调整为定额内流动资金完全由财政提供，银行只发放超定额贷款。这一转变的主要原因在于在资金安排上财政不能保证按时足额地将定额流动资金贷款拨付给中国人民银行，只会造成银行额外的资金负担，最后不得已通过发行货币的方式解决，形成赤字货币化风险。

3. 国有企业经营体制

国有企业作为国家经济的命脉，其管理体制同样被纳入统收统支体系。国有企业的利润分配制度在不同时期虽然有一定差异，但基本实行利润全额上缴，亏损由财政补贴，企业没有自主投资权限，完全由国家拨付资金并限定用途，福利按工资比例提取，并由财政负担大而宽的职工福利。

5.1.3 财政风险金融化表现

计划经济时期的金融领域风险主要表现为严重的通货膨胀，即赤字货币化风险。以计划经济时期广泛流行的货币流通量与农副产品收购总额、商品库存额、社会商品零售额的比例作为检查货币流通量是否正常的“458经验数据”①，如表5-2所示，可以看出多个年份存在严重的通货膨胀问题。

① “458经验数据”是指1964年金融理论界和实务工作者提出的对货币流通量是否正常的判断标志，即1元的流通中货币相应有4元的农副产品收购额、5元的商品库存额和8元的社会商品零售额，符合这个比例则表明市场货币流通状态是基本正常的。

表 5-2　货币流通量经验数据对比

年份	年末货币流通量(亿元)	全年市场货币平均流通量(亿元)	农副产品收购额与货币量比(%)	商品库存额与货币量比(%)	社会商品零售额与货币量比(%)
1953	39.39	27.06	6.16	3.93	12.8
1956	57.28	41.99	4.48	4.29	10.7
1957	52.71	49.97	4.35	5.48	9.5
1962	106.49	102.86	2.05	3.60	5.9
1965	90.82	75.13	4.06	5.05	8.9
1970	123.62	124.33	2.80	5.11	6.9
1975	182.64	173.01	2.77	5.19	7.3
1978	212.03	193.71	2.81	5.58	8.0

数据来源：杨希天等．中国金融通史(第六卷)。

为研究经济大失调引起财政、信贷资金失控的问题，国务院于 1961 年 10 月成立工作组到华东地区深入现场调研，在《国家资金的主要漏洞在哪里》报告中指出了计划经济中财政经济风险产生的原因及危害，剖析了制度问题，认为造成财政收入虚假和通货膨胀问题的原因在于财政对信贷资金的挤占，银行资金的不足只能通过发行货币来解决，造成严重的通货膨胀，这也成为计划经济时期财政风险金融化典型的传导机制。针对这一问题，1962 年国务院先后颁发“银行工作六条①”和“财政工作六条②”，对信贷资金和财政资金分口严格管理，坚决扭转通货膨胀现象。但在之后的“文化大革命”期间，由于急于求成的冒进思想，基建投资规模不断扩大，国民经济比例严重失调，信贷资金随意挤占，多次由于货币发行过量引发通货膨胀。

综上所述，计划经济时期的财政风险金融化主要表现在宏观层面，根源在于财政信贷的“不分家”，传导机制和金融风险的表现都较为单一，传导路径如图 5-3 所示。

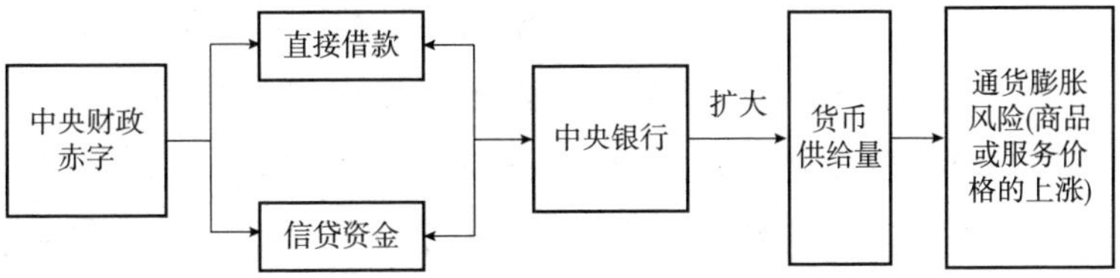

图 5-3　计划经济时期的财政风险金融化传导机制

① “银行工作六条”即 1962 年 3 月 10 日颁发的《关于切实加强银行工作集中统一，严格控制货币发行的决定》。

② “财政工作六条”即 1962 年 4 月 21 日颁发的《关于严格控制财政管理的决定》。

这一时期的财政风险金融化存在于中央财政与中央银行之间，政府可以直接向央行借款或是将信贷资金挪作财政资金使用，以弥补财政资金的短缺，信贷资金流动性不足的问题则由增发货币解决，财政赤字货币化导致了通货膨胀风险，相较于国民经济恢复时期，信贷资金在国民经济发展中的作用已经开始得以重视并为政府所运用。

5.2 市场经济体制改革初期的财政风险金融化（1979—1993年）

1978年党的十一届三中全会拉开了经济体制改革的序幕，1979年中共中央提出经济工作的新八字方针，即“调整、改革、整顿、提高”，标志着我国建设社会主义经济的指导思想发生根本性变化，开启了经济体制改革的尝试与探索，以扩大地方和企业财权为起点，从提高消费和降低积累两方面入手，放权让利，激发市场活力。“大一统”体制的破除迫使财政职能开始收缩，财政的绝对主导地位逐步降低，财政与金融在经济体系中的相对作用开始转换，随着金融体系的发展，银行成为社会资金的主要提供者。但这一时期财政与金融在资金融通中仍有“直接连通”，所以财政风险金融化的特征依旧带有“计划性”。

5.2.1 经济与财政金融体制改革

5.2.1.1 经济发展战略调整

党的十一届三中全会开启了建设有中国特色的社会主义新时期，将社会主义现代化建设和发展生产力作为战略决策和工作重心，提出压缩基本建设规模，调整国民经济比例，加快恢复和发展农业，实行改革开放，提高人民收入与生活水平。这一时期的经济发展经历了调整、增长和整顿三个阶段，发展战略与指导方针基本能够根据经济形势和认识深化做出合理的变动调整。

1979—1984年，重点调整农轻重和积累消费比例关系，增加城乡居民收入，削减基建规模，平衡财政收支，提高经济效益。国民经济在调整中得以快速发展，人民生活水平极大提高，国内生产总值年均增长率为9.3%，农村经济全面高速增长，农业总产值年均增长率为7.6%，农轻重的比例调整为34：31.7：34.3，基本符合生产力水平；农村居民人均收入年均增长17.6%，城镇职工货币工资年均增长8%，城乡居民平均消费水平增长86.9%，年均增长11%①。

1985—1988年，这一时期对社会主义经济发展战略和体制改革的指导思想有了理论性突破和准确深刻的认识，明确提出社会主义初级阶段理论，逐步形成完整的“三步走”经济发展战略。根据中共十二届三中全会《关于经济体制改革的决定》提出的指导思想，1985年开始部署实施以城市为重点的经济体制改革，主要改革措施内容包括按照有计划商品经济的思路，实施以间接管理为主的宏观管理体制；改革商业流通体制，形成多渠道经营、开放竞争型市场；改革价格体系和工资制度；扩大对外开放。随着改革加快和经济高速增长，这一时期经济出现持续过热现象，国内生产总值年均实现高达11.3%的两位数增长率，1988年末全社会固定资产投资总额为4753.8亿元，同比增长25.4%②，在建工程总规模达13000亿元，同比扩大12%，超过了国民收入的增长速度和财力负担；银行对城镇居民支付的工资和其他现金同比增长26.5%，社会集团消费同比增长20.3%③，消费基金增速超过国民收入增速和劳动生产率增幅；工业生产年均增速约为18%，远超过计划增速8%④，工业经济实力和生产能力大幅提高，但经济结构性矛盾再次凸显。高投资与高消费引致的经济过热问题显著增加了财政赤字和货币供应量。

1988年9月，中共十三届三中全会在正确分析经济形势的基础上提出治理经济环境、整顿经济秩序和全面深化改革的指导方针，通过改革流通领域、紧缩总需求、增加有效供给来抑制通货膨胀，努力平衡财政金融，使国民经济恢复到正常的发展轨道上来。这个承上启下的特殊历史阶段一定程度上缓和了十年改革开放和经济高速增长积累的结构性矛盾，为新一轮的发展改革奠定了良好的基础。1992年中共十四大明确提出建立社会主义市场经济体制，让市场在资源配置中起基础性作用，进一步地解放和发展生产力，全面深入地推进改革开放，我国开始进入社会主义市场经济发展的新时期。

总的来说，市场经济体制改革初期是新旧体制的交会期，传统的计划经济体制被打破，但新的规范的经济体制尚未建立，处于社会主义经济体制的探索调整阶段。这一阶段以调整国民经济结构和以城市为中心的经济建设为主，农业、轻工业和人民消费水平都获得极大提高，但也因为体制管理的不健全，使这一时期的经

---

① 龚关. 中华人民共和国经济史[M]. 北京：经济管理出版社，2010：202-203.
② 国家统计局. 中国统计年鉴(1998)[M]. 北京：中国统计出版社，1998：186.
③ 刘国光. 中国十个五年计划研究报告[M]. 北京：人民出版社，2006：510.
④ 国家统计局. 中国统计年鉴(1998)[M]. 北京：中国统计出版社，1998：433.

济出现增长过热、秩序混乱的现象，各类风险问题在财政金融领域同样有所反映。

5.2.1.2 财政体制变革

这一阶段属于市场化改革初期“破旧立新”的探索阶段，财政体制成为改革的突破口，为有效调动地方政府参与经济建设的积极性，国家逐步下放财权，打破统收统支的传统体制，进行了一系列的财政体制改革尝试，但1987年后执行的财政大包干体制引发了预算外资金膨胀、中央财政职能弱化等问题，为之后新财政制度的建立埋下了伏笔。

1. 分灶吃饭体制的形成

随着向个人、向企业放权让利政策的出台，财政收入规模缩减，为维持收支平衡，财政支出也必须相应减少，在政府压缩财政职能支出范围的压力下，财政体制改革由此“被迫”开始。高度集中的财政分配体制逐步向“分灶吃饭”和财政包干体制过渡，中央与地方的关系发生根本性变化。地方政府独立利益主体地位开始形成并逐渐加强，地方政府收入的渠道也逐渐多元化。财政包干体制相较于高度集中的财政分配体制有其明显的优势，可以激发地方政府主动参与经济管理、改善财政收支的积极性，增强了地方政府的财政实力，极大地促进了地方经济的发展。但存在的问题更是不容忽视，一方面，独立的地方经济利益助长了诸侯经济，两个比重的降低弱化了中央政府的宏观调控能力，并连续爆发财政危机；另一方面，市场的区域性划分不仅造成产业市场的结构性失调，资金配置的低效率也造成区域间利益的公平性缺失。如图5-4所示，这一阶段财政收支占国民经济的比重和中央政府财政能力均呈下降趋势，这使得财政金融风险仍主要集中于中央政府层面。

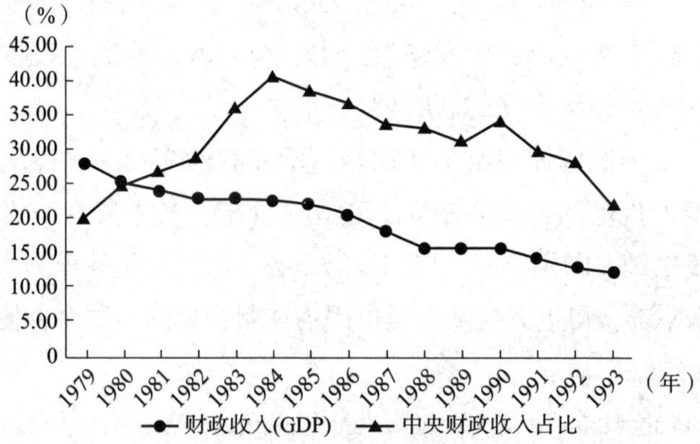

图5-4 1979年至1993年两个比重变化趋势

数据来源：WIND数据库。

注：GDP为当年年末现价值。

2. 利改税的完成

随着经济体制改革的深化，重塑政府与企业间的分配关系成为市场化改革的现实要求，为更好地发挥税收的调节作用，1983 年 1 月和 1984 年 10 月两次对国有企业实行了利改税改革，从利润上缴到税利并存，再到完全以税代利。利改税的完成奠定了现行税制的基础，税收收入成为财政收入的最主要来源，税收占财政收入的比重由 1978 年的45.9%上升到1993 年的97%以上。但受当时客观经济条件的制约，以及制度本身设计的局限，利改税在使政府的公共管理职能和国有企业所有者职能分离的同时，也弱化了国家作为资产所有者的管理职能。同时由于税收法制的不健全，造成税收征收随意性较大。特别是国有企业实行税前还贷的办法，导致了在实际中用财政资金替企业归还贷款①，在企业和银行软性约束机制下，极易诱发投资的无序与扩张，财政的无限兜底性造成财政资金的额外损失。

5.2.1.3　金融体制改革

1. 金融体系制度改革

这一阶段金融领域的改革是以金融机构体系的改革为主导的，逐步建立起以中央银行为领导的多元化金融机构体系和以间接调控为主的金融宏观调控与监管体系，金融市场化的步伐开启，并开始关注金融风险，重视金融的法治化建设。

一是在金融机构体系方面，中国人民银行开始专门行使中央银行职能，基本实现“政企分开”，中国工商银行等国家专业银行设立，全国范围内设立商业性的股份制银行和信托投资公司等非银行金融机构，证券业和保险业也有一定的发展。

二是在金融宏观调控体系方面，改革了信贷资金管理体制，实行存款准备金制度，中央银行开始加强国内金融监管，改革完善利率体系。

三是金融市场和金融现代化方面，开始发展中国的资本市场，建立了金融同业拆借市场和票据市场，扩大银行信贷市场，发展信托投资，信托业得以充足发展。推动了银行电子化建设等。

总体来说，这一时期属于市场化改革探索阶段，对于计划经济的改革并不彻底，信贷资金供给制仍未破除，中央银行和商业银行的职能没有科学界定，中国人民银行及其各分支机构政企不分，忽略了政策功能的履职。市场化的金融体制

① 高培勇．中国财税体制发展道路[M]．北京：经济管理出版社，2013：140.

还未建立，企业挤财政、财政挤金融现象的普遍性导致多次出现信用膨胀和通货膨胀。

2. 信贷资金管理体制改革

信贷资金的管理打破了统收统支的格局，先后进行了两次变革：第一次是1979年提出的“统一计划、分级管理、存贷挂钩、差额包干”（简称“信贷差额包干”）的信贷资金计划管理体制，这一改革促进银行加强吸收存款工作，但以指令性为主的计划经济体制并未打破，依旧是“资金大锅饭”，且引发虚增存款风险，不利于信用规模的控制和货币稳定。第二次是1985年实行的“统一计划、划分资金、实贷实存、相互融通”（简称“实贷实存”），这次改革将信贷计划与信贷资金分开管理，初步解决了信贷资金供给制和“大锅饭”的问题，同时也开辟了专业银行横向融资渠道，使得中央银行可以通过管理基础货币来实现金融宏观调控。但需要注意的是，这次改革由于国有企业体制问题依然未能打破资金利益联结机制，存在国有企业占用专业银行资金、专业银行向中央银行要资金的问题，信用规模的无序扩大引发通货膨胀。

5.2.2 财政与金融关系变化

5.2.2.1 国有企业融资中的财政与金融

市场化改革的启动促进非公有制经济迅猛发展，相比之下的国有企业盈利能力则持续下降，截至1993年国有独立核算工业企业的亏损率超过了90%，传统财政收入所依赖的国有企业利润和税收大幅下滑，而税收体制改革的滞后导致了非公有制经济对财政收入的低贡献率，进一步加剧了财政危机的爆发，使两个比重过低的风险更为凸显。

在财政收入降低且短期内无法快速增长的背景下，为缓解财政收支矛盾，政府只能“被迫”调整财政支出结构，明确支出重点，做到有保有压，生产建设型财政开始自发式地走向公共型财政。财政资金开始聚焦于市场失灵领域，银行信贷资金随着国有银行的市场化改革成了社会资金的主要提供者，承担着越来越多的政策性职能，出现信贷资金财政化问题。

改革开放前，固定资产投资项目资金只能由财政全额供给，1980年经国家批准，各类银行开始发放固定资产投资性质的贷款，年末固定资产投资贷款余额达55.53亿元。这一改革大大弥补了财政、企业对新建企业的投资和对老企业技术改造方面拨款不足的严重资金缺口，使中国在改革开放后保持了较高的投资率，有力地推动了经济发展。但由于这一时期计划经济体制并未突破，很多地方将银行信贷资金视作财政资金，降低了资金的使用效益，造成了投资规模的扩大和投资结构的失衡。

1983 年中国人民银行发布《关于国有企业流动资金改由银行统一管理的报告》，决定银行统一管理国有企业的流动资金，改革了银行与财政在管理企业流动资金中的关系，企业融资模式发生彻底改变。报告规定由银行按照生产和流通的发展情况，为国有企业提供实际资金支持，银行贷款不再区分定额内和超定额，国有企业要建立自有流动资金的补充制度，银行有权制定流动资金管理制度，管理企业的国拨流动资金。但在实际操作中，银行无法对企业的经营状况进行管理，企业在经济过热期热衷于加大固定资产投资而不愿补充自有流动资金，因而银行统一管理流动资金变成了统包流动资金，银行贷款掩盖了国民生产总值分配使用结构不合理的深层次矛盾，各级政府和企业都出现挪用流动资金问题，带来潜在的金融风险。

5.2.2.2 金融运行状况

1. 国民经济对银行信贷资金的依赖度提高

随着国民收入分配结构的变化、财政金融体制的改革，以及财政收入的缩减和银行信贷资金投放领域范围的扩大，金融在国民经济中的重要性逐渐提高，尤其体现在银行信贷资金对经济建设的支持作用。如表 5－3 所示，全社会固定资产投资资金来源于国家预算内的资金占比逐年递减，1993 年末仅为 3.70%，而同期国内贷款和自筹资金合计占比为 89.00%，金融机构贷款占 GDP 的比重由 1978 年的 51.39% 上升至 1998 年的 92.35%。

表 5－3　1981—1993 年全社会固定资产投资资金来源及占比

年份	国家预算内资金（亿元）	占比（%）	国内贷款（亿元）	占比（%）	自筹和其他资金（亿元）	占比（%）	金融机构贷款/GDP（%）
1981	269.76	28.10	122.00	12.80	532.89	55.40	57.81
1982	279.26	22.70	176.12	14.40	714.51	58.10	58.86
1983	339.71	23.80	175.50	12.30	848.30	59.20	59.24
1984	421.00	23.00	258.47	14.10	1082.74	59.00	65.22
1985	407.80	16.00	510.27	20.10	1533.64	60.30	68.12
1986	455.62	14.60	658.46	21.20	1869.19	59.90	78.48
1987	496.64	13.10	871.98	23.00	2241.11	59.10	80.61

续表

年份	国家预算内资金(亿元)	占比(%)	国内贷款(亿元)	占比(%)	自筹和其他资金(亿元)	占比(%)	金融机构贷款/GDP(%)
1988	431.96	9.30	977.84	21.00	2968.69	63.80	78.81
1989	366.05	8.30	762.98	17.30	2990.28	67.80	82.94
1990	393.03	8.70	885.45	19.60	2954.41	65.40	92.78
1991	380.43	6.80	1314.73	23.50	3580.44	64.00	96.97
1992	347.46	4.30	2214.03	27.40	5049.95	62.50	96.79
1993	483.67	3.70	3071.99	23.50	8562.36	65.50	92.35

数据来源：根据 WIND 数据库的基础数据进行加工整理而成。

在政府财政能力下降的情况下，中央和地方政府转而依靠金融资金来支持经济基础建设和国企改革，推动我国渐进式经济转轨。这一时期从国家金融汲取能力指标来看，可以明显看出弱财政、强金融的特征。

从表 5 - 4 中的两个指标可以看出，无论是中央政府可动用的金融资源规模还是实际控制的金融资源规模都在改革开放后逐年加强。

表 5 - 4　中央政府金融汲取能力的变化①　（单位:%）

	1980 年	1985 年	1986 年	1987 年	1988 年	1989 年	1990 年	1991 年	1992 年	1993 年	1994 年	1995 年	1996 年	1997 年	1998 年
国有银行存款/GDP	43	47	55	56	51	54	62	69	73	67	67	70	74	81	89
国有银行贷款/GDP	55	66	77	76	70	73	79	83	82	76	69	67	68	76	79

2. 非国有商业银行存贷款比重逐年上升

1979 年以前基本上中国人民银行统揽全局，包揽全部金融业务。金融改革后，随着银行金融机构主体的多元化和非银行金融机构的发展，金融领域初步出现市场竞争，非国有金融机构存贷款业务比重上升。由表 5 - 5 可知，截至 1993 年末，除国家银行外的非国有金融机构存款余额总计 7800.20 亿元，占比为 25.13%；贷款余额总计 6492.68 亿元，占比为 19.70%，初步打破了计划经济时期金融业务集中管理的局面和国有银行的高度垄断地位。

① 周立．渐进转轨、国家能力与金融功能财政化[J]．财经研究，2005(2)：26 - 37.

表5-5 1993年末各类金融机构人民币存贷款情况

金融机构类型	存款余额(亿元)	占比(%)	贷款余额(亿元)	占比(%)
国家银行	23245.36	74.87	26461.14	80.30
其他商业银行	458.60	1.48	364.27	1.11
信托机构	1583.97	5.10	2052.03	6.23
城市信用社	1339.71	4.32	777.35	2.36
农村信用社	4297.26	13.84	3143.86	9.54
财务公司	120.66	0.39	155.17	0.47
非国有金融机构	7800.20	25.13	6492.68	19.70
合计	31045.56	100.00	32953.82	100.00

数据来源：《1949—2005中国金融统计》，合计仅包括国家银行和非国有金融机构。

注：1993年末国家银行存贷款余额数据统计中包括的金融机构有中国人民银行、中国农业银行、中国银行、中国工商银行、中国建设银行、交通银行、中信实业银行、邮政储汇局。

3. 间接融资在社会融资中占主导地位

金融市场的发展推动了金融工具的创新，直接融资在社会融资中的比重有所提高，但整个社会融资体系仍以银行机构的间接融资为主导，1993年末间接融资规模占社会融资规模的比重为84.45%，当年新增间接融资总额占比为88.42%。如表5-6所示。

表5-6 1993年社会融资分类情况

项目	新增融资额(亿元)	新增融资额占比(%)	年末余额(亿元)	余额占比(%)
一、直接融资	877.46	11.58	6755.06	15.55
国债	384.77	5.08	1572.48	3.62
企业发行股票	90.62	1.20	293.22	0.67
企业债券(本外币)	20.06	0.26	768.00	1.77
委托金融机构贷款	240.43	3.17	2276.97	5.24
委托金融机构投资	141.58	1.87	1844.39	4.25
二、间接融资	6698.75	88.42	36692.66	84.45
金融机构贷款	6335.40	83.62	32955.83	75.85
金融机构投资	363.35	4.80	3736.83	8.60
融资总量	7576.21	100.00	43447.72	100.00

数据来源：《1994年中国金融年鉴》，融资总量仅包括直接融资和间接融资。

5.2.3 财政风险金融化的传导机制特征

5.2.3.1 财政风险金融化传导机制

这一时期主要的财政风险金融化传导机制如图 5 –5 所示。

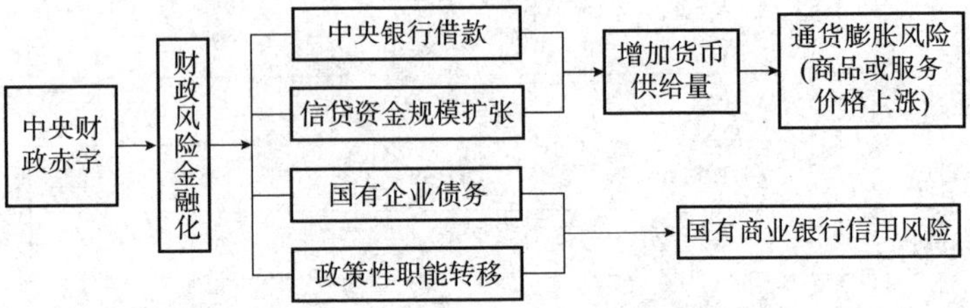

图 5 –5 市场经济改革初期的财政风险金融化传导机制

1. 赤字货币化引发通货膨胀风险

财政包干制度下，财政承担的社会成本很大，加上两个比重降低的问题，使得中央政府多次出现财政危机，1983 年和 1989 年先后开征的能源交通重点建设基金和预算调节基金都是为了维持中央财政正常运转而采取的非常措施。为弥补逐年扩大的财政赤字，中央财政采取了向中央银行透支和借款的方式，打破了货币市场的供需均衡，1982 年通过向中央银行借款弥补了 40.8% 的财政赤字，1987 年弥补了 56.4% 的财政赤字。

这一时期金融运行总体平稳，但期间多次发生通货膨胀风险，而赤字货币化和信用膨胀是形成通货膨胀的重要原因。最主要的有四次：1979—1980 年、1984—1985 年、1988 年和 1993 年(见表 5 –7)。这几个时期的共性是从政策层面出台了促进经济体制改革的制度文件，以改革开放为导向，大规模的基础建设推动了经济出现过热局面，导致固定资产投资和消费基金双重膨胀，在投资更多依靠信贷资金的背景下，倒逼银行扩大货币供给，引发了信贷规模失控和通货膨胀。

表 5 –7 通胀期间物价指数和货币供应量变动情况

年份	社会商品零售物价指数(1978 年 =100)	城乡居民消费价格指数(1978 年 =100)	社会商品零售物价指数(上年 =100)	城乡居民消费价格指数(上年 =100)	年度贷款增长率(%)	M_0 年增长率(%)
1979	102.0	101.9	102.0	101.9	10.2	26.3
1980	108.1	109.5	106.0	107.5	19.0	29.3

续表

年份	社会商品零售物价指数（1978 年 =100）	城乡居民消费价格指数（1978 年 =100）	社会商品零售物价指数（上年 =100）	城乡居民消费价格指数（上年 =100）	年度贷款增长率（%）	M_0 年增长率（%）
1984	117.7	119.9	102.8	102.7	33.1	49.5
1985	128.1	131.1	108.8	109.3	30.6	24.7
1987	145.7	149.8	107.3	107.3	20.5	19.4
1988	172.7	177.9	118.5	118.8	21.9	46.7
1989	203.4	209.9	117.8	118.0	19.1	9.8
1990	207.7	216.4	102.1	103.1	22.9	12.8
1992	225.2	238.1	105.4	106.4	21.9	36.4
1993	254.9	273.1	113.2	114.7	28.0	35.3

数据来源：WIND 数据库。

2. 信贷资金财政化引发信用风险

随着国有银行代替财政资金全面参与对国有企业的投资活动，信贷资金财政化现象开始加剧，大大超出信用活动的界限，大量资金用于补充财政性支出，比如“安定团结贷款”“清理三角债专项贷款”等。在产权改革滞后、政府干预和税前还贷等不合理的政策因素影响下，这一时期普遍存在国有企业不计后果地重复投资建设和银行的随意放贷现象，助推了信用风险的膨胀。

3. 负担政策性职能加剧银行经营风险

为保证经济体制的平稳过渡，国家对改革过程中利益受损的国有企业和其他市场主体进行了大量补贴，初期这些补贴主要由财政资金承担，包括对国有企业的直接亏损补贴、价格补贴和制度补贴等。但随着财政能力的下降，金融补贴逐步替代财政补贴占据主导，更多地承担了政策性功能。此外，商业银行承担了主要的国企经营和改革成本，国有银行以超低的优惠利率向国有企业发放贷款，而且承担了国有企业大量的不良债权与呆账。1993 年，中国建设银行在对全国建成投产的贷款项目进行后评价时统计，贷款项目的投资利润率平均仅为 8.3%，低于同期银行长期贷款利率水平，且 99% 的项目投资超预算，超半数项目发生亏损，70% 左右的项目形成逾期贷款①，严重加大了银行贷款风险。

① 数据来源：《1994 年中国金融年鉴》。

5.2.3.2 财政风险金融化的新特点

随着银行与信贷资金在国民经济中的作用与贡献度提高，财政资金与金融资金的融通与职责交叉范围扩大，财政风险金融化的传导范围也随之扩大。相较于计划经济时期，财政风险金融化的传导机制仍保留了中央财政与中央银行这一路径，但同时银行机构信用风险的传导路径开始形成，这一路径中风险两端的主体主要是国有商业银行和国有企业，国有商业银行一方面为国有企业经营投资和政策性投资需求提供大量超出市场信用范围的资金，即将信贷资金直接纳入财政分配体系中，也就是通常所说的信贷财政化；另一方面商业银行的政策性职能与商业性职能不分，使银行承担了体制改革中的政策性职能与成本，信贷资金的配置很大程度上归于行政计划范畴，财政风险金融化的“计划体制性”原因占据主导。

5.3 经济转轨时期的财政风险金融化（1994—2008 年）

大包干制度内含引发通货膨胀的顺周期机制，财政包干制使得中央财政财力薄弱进而导致财政危机，叠加“四高四热两乱”①的经济风险，促使中央政府决定对经济体制进行根本性的变革以抑制经济过热。党的十四大提出建立社会主义市场经济体制，从此中国经济开始打破计划经济体制约束逐步转入市场经济时期，这也标志着中国经济开始进入体制转轨期。经济体制整体性改革仍以财税体制改革为中心，其中最重要的分税制改革为构建社会主义市场经济体制奠定了基础。金融开始独立于财政之外发展，但因承担了过多的改革成本，积累了大量的金融风险，形成了财政风险金融化和金融风险财政化的恶性循环，这一时期的财政风险金融化开始呈现“体制性和转轨性”特征。

5.3.1 经济与财政金融体制改革

5.3.1.1 经济发展战略变化

自社会主义市场经济体制建立到 2008 年金融危机前，是我国经济体制的重

① “四高”是高投资增长、高货币投放、高物价上涨和高贸易逆差。“四热”是房地产热、开发区热、集资热和股票热。“两乱”是金融秩序混乱和市场秩序混乱。

大变革期，其变革之深、范围之广、影响之大成为中国特色社会主义经济发展史上的里程碑，创造了举世瞩目的“中国模式”。1993 年中共十四届三中全会至 1997 年中共十五大期间，依据《中共中央关于建立社会主义市场经济体制若干问题的决定》部署，经济改革重点主要集中于要素市场、宏观经济体制、国有企业和社会保障体系。一是培育发展市场体系，推进价格改革，逐步放开竞争性商品价格，建立市场价格机制和管理机制，改革流通体系，发展多种类的商品市场，培育发展以金融、劳动力、房地产为重点的要素市场，同时配套城镇住房制度改革，实行住房商品化、社会化，房地产行业和金融行业从这一时期开始获得蓬勃发展。二是形成以间接调控为主的宏观经济体制框架，配套实施财税、金融、外汇、计划和投资等多方面的改革措施，调整经济体制中不合理的顺周期机制。三是深化国有企业改革，建立多层次的社会保障体系，以激发市场活力，提高人民生活保障水平，在坚持公有制为主体的前提下，鼓励个体、私营和外资经济的发展，同时改革国有企业经营管理体制，实行现代企业制度，非公有制经济获得极大发展空间。

亚洲金融危机的爆发，加剧了我国经济改革发展面临的严峻形势，中央政府及时调整发展战略，1998 年提出了“一个确保、三个到位、五项改革”的发展任务，“一个确保”是经济发展速度达到8%，通胀率低于3%，人民币不贬值。“三个到位”是指在三年时间里实现国企脱困，完成金融体系和政府机构改革。“五项改革”包括粮食流通体制改革、投融资体制改革、住房制度改革、医疗制度改革和财税制度改革，为实现第三步战略目标奠定坚实基础。面临世纪之交，党和政府又继而提出跨世纪发展战略，根据《中共中央关于制定国民经济和社会发展“九五”计划和 2010 年远景目标的建议》，在完成“九五”计划的基础上，实现国民生产总值十年内翻一番，综合国力和人民生活水平显著提高，建立起比较完善的社会主义市场经济体制，转变经济增长方式，调整优化产业结构。为此，我国先后推动实施科教兴国战略、可持续发展战略和区域经济协调发展战略，重点实施西部大开发，使西部省市的基础设施有了质的飞跃，经济总量和投资规模显著扩大。

党的十六大和十六届三中全会先后提出全面建设小康社会的宏伟目标和落实以人为本的科学发展观，坚持以经济建设为中心，实现新型工业化，加快城镇化建设进程，全面繁荣农村经济，实现以工补农、以城带乡，健全现代市场体系，努力扩大就业。新一轮的经济结构调整和城镇化建设，以及社会主义新农村建设带动了经济总量和投资规模的高速增长，国内生产总值持续保持两位数增长，经济总量跃居世界第四，中西部地区成为投资建设重点，经济发展差距缩小，2007年中部地区投资增速为33.3%，西部地区投资增速为28.2%，地区国内生产总值较2002年翻一番①。

从我国正式进入市场经济转轨时期后的经济发展战略变化来看，总体上呈现出“从工业到农业、从城镇到农村、从东部到中西部”的发展特点，投资重点与资金流向也符合总体战略导向，投资成为拉动经济增长的最主要动力，国有企业和政府投融资发挥着主力军作用，成为经济逆周期调节的有力措施。

5.3.1.2 财政体制改革

1. 分税制改革

1993年12月15日国务院颁布了《关于实行分税制财政管理体制的决定》，自1994年1月1日起开始改革地方财政包干体制，实行分税制财政管理体制，以财税体制改革为核心的经济体制改革正式开启。分税制财税体制重新调整了政府与企业、中央与地方两大基本经济关系，推动了政府职能的转变，发挥了市场调节配置资源的作用，促进了现代企业制度的建立，为金融改革、国企改革等五项改革提供了良好的社会经济环境。同时建立起规范稳定的中央与地方分配关系和中央财政与地方财政的收支体系，尽可能明确划分中央和地方的收支范围，成功解决了两个比重过低的风险问题，初步形成了符合社会主义市场经济要求的中央与地方财政分配框架。

但分税制改革制度在设计上仍有诸多缺陷，其中最主要的是中央与地方事权划分不清和转移支付制度不健全的问题，由此带来的地方政府财力困难和财力不均随着宏观经济形势的变化发展愈加突出。

从图5-6中可以看出，1994年之前的地方财政支出与其收入的比重基本相适应，但在分税制改革后，地方财政的收支比重逐渐失衡。随着中央政府财力的加强，地方政府的财政收支出现巨大缺口，地方财政赤字规模逐年扩大（如图5-7所示），这一现象也促使财政风险金融化由中央层面向地方层面转移。对于逐渐扩大的地方政府财政赤字，弥补的主要方式是由财力性转移支付和专项转移支付共同构成的转移支付制度。

---

① 龚关．中华人民共和国经济史[M]．北京：经济管理出版社，2010：300.

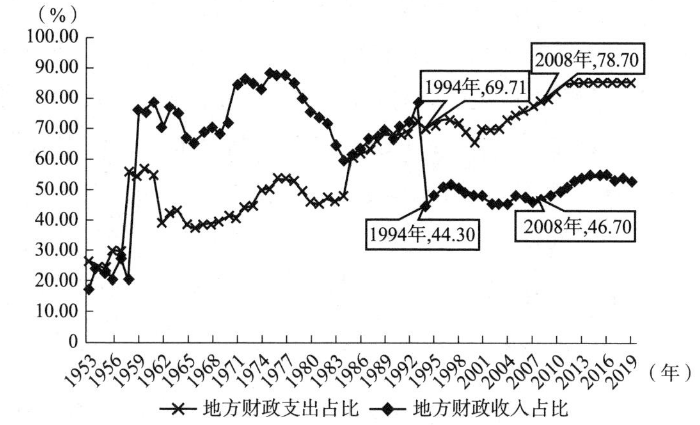

图 5-6 1953 年至 2019 年地方财政收支占全国财政收支的比重变化

数据来源：WIND 数据库。

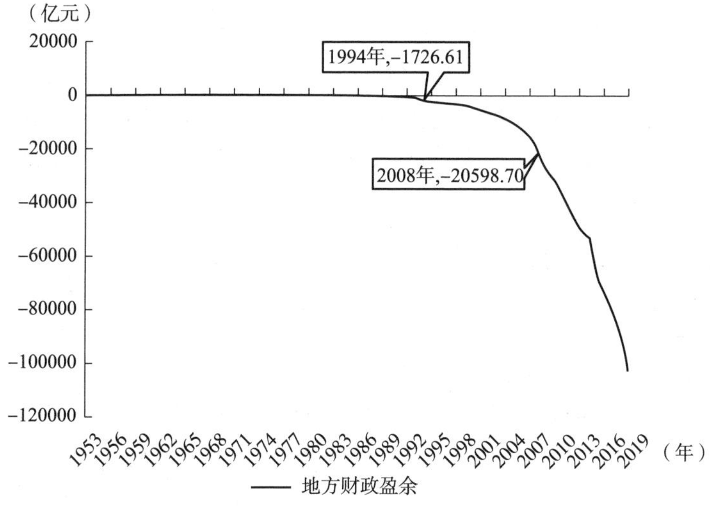

图 5-7 1953 年至 2019 年地方财政盈余情况

数据来源：WIND 数据库。

2. 积极财政政策的提出与实践

始于 1993 年的通货膨胀经过三年的反周期政策调节，于 1996 年得以根本改变，1997 年宏观经济形势判断从“过热”调整为“适度平稳增长”，1998 年 3 月政府工作报告中提出继续实行适度从紧的财政政策，保持投资规模的适度增长。但东南亚金融危机的爆发使我国经济受到巨大冲击，对外贸易收缩、消费需求增长趋缓、物价水平持续走低。1998 年 8 月通过的《关于增发 1998 年国债和调整中央财政预算方案》标志着我国正式启动了积极的财政政策。首次实施的积极财政政策主要是增发国债、增加赤字以扩大关键领域基础设施建设，截至2003年末累计扩大财政赤字6600亿元，包含银行贷款和社会资金在内的总投资规模达3.28万亿元，同时政府开始发行长期国债弥补赤字。长期的积极财政政策使我国的经济得以高速增长，但也带来了经济发展的结构性和体制性问题，个别地区和行业投资过热，货币信贷投放过快，积累了较高的信用风险。鉴于此，2005年的政府工作报告提出实施稳健的财政政策，从此我国财政政策进入短暂的三年稳健型阶段。

5.3.1.3 金融体制改革

1. 金融改革目标的提出

针对改革探索期存在的问题，国务院于1993年底提出金融体制改革目标，按照《关于金融体制改革的决定》要求推进金融领域开展实质性的市场化改革。一是明确中央银行职能，强化金融监管，确定货币政策的最终目标是保持货币的稳定并以此促进经济增长；二是分离金融机构的政策性与商业性职能，成立国家开发银行等三家政策性银行，在以国有银行为主体的基础上，建立机构类型丰富的金融机构体系；三是建立统一开放、有序竞争的金融市场，完善货币市场和证券市场；四是改革外汇管理体制，实施以市场汇率为基础的、单一的、有管理的人民币浮动汇率制度。

2. 金融法治化进程

多年来的通货膨胀风险和投资过快增长带来的信用风险，使得国家开始注重金融风险的监管以及金融的法治化建设与完善，为切实杜绝赤字货币化，确保商业性金融机构的独立运营，减轻商业银行的政策性负担，通过颁布实施《中国人民银行法》等一系列重要法律法规，逐步搭建起金融法制框架，从法律层面划定财政与金融的职能边界。

《中国人民银行法》的颁布。1995年《中国人民银行法》正式颁布实施，法律明确禁止中国人民银行对政府财政透支、直接认购或包销国债等其他政府债券、向各级政府部门提供贷款或是向任何单位和个人提供担保。作为新中国成立以来的第一部金融大法和中国金融法治建设的里程碑，不仅是中国金融体制改革的重要成果，更重要的是从法制层面切断了财政赤字货币化渠道，财政赤字只能通过发行国债的办法弥补，直接的财政赤字货币化宣告终结。此后，财政赤字的货币化融资开始从宏观层面转向中微观层面，由财政因素导致的金融风险逐渐来源于地方政府弥补赤字的各种渠道。

《商业银行法》的颁布。1995年7月《商业银行法》正式颁布实施，调整规范了商业银行的设立、变更、终止及其业务活动，对中国商业银行的性质、功能及商业银行与政府、企业、中央银行以及商业银行间的关系做了详细规定，其中最重要的两条规定：一是规定商业银行不准办理信托、保险和证券业务，确立了中国金融业分业经营和分业管理的金融体系模式；二是强调维护商业银行的经营自主权。随着经济发展对信贷资金刚性需求的扩大和金融业务模式的复杂化，这两条规定逐渐被突破，特别是商业银行在经营过程中受到诸多政策性因素的干扰，业务开展受制于行政干预，金融风险的体制性特征突出。

3. 地方性商业银行的改革与发展

城市商业银行。1978 年改革开放后，城市集体经济和私营经济的发展对城市金融机构提出了强烈的需求，城市信用社数量和规模在短时期内猛增，截至 1994 年末数量达 5200 余家，总资产规模为 3171 亿元。随后国家对城市信用社开展清理整顿，1995 年 9 月国务院下发《关于组建城市合作银行的通知》，决定在全国 35 个大中城市进行第一批城市合作银行的组建工作，城市合作银行是在城市信用社清产核资的基础上，通过吸收地方财政、企业入股组建而成。之后在其发展中，由于已不属于合作金融性质，1998 年 3 月中国人民银行与国家工商管理局联名发文将城市合作银行统一更名为城市商业银行，同年 6 月中国人民银行发布《关于加强城市商业银行监管工作有关问题的通知》对城市商业银行做出了统一法人管理的要求，截至 2019 年末城市商业银行数量总计 134 家。

农村商业银行。依照 2003 年农村信用社改革试点方案的要求，符合条件的农村信用社可以改制为股份制形式的农村商业银行，2011 年全面取消资格股，不允许再新设农村信用社和农村合作银行，现存机构按要求有计划地通过合并或改制等方式成立农村商业银行。农村信用社和农村合作社由于管理体制落后、内控机制缺乏等原因，一直都属于高风险金融机构，不仅无力支持农村金融发展，而且成为金融风险处置中的重点与难点，因此近年来农村信用社的改革力度不断加大。随着农村信用社和农村合作社的逐渐改制，农村商业银行的数量与规模将持续扩大，成为农村金融服务的主力军，截至 2019 年末，农村商业银行和农村合作银行数量总计 1496 家。

新型农村金融机构。为更好服务农业、农村、农民（“三农”），支持中西部地区县域经济发展，2006 年底银保监会放宽农村地区银行业金融机构准入政策，村镇银行、贷款公司和资金互助社相继设立，其中村镇银行的发展最为迅速，截至 2019 年末村镇银行共有 1630 家。出于防范风险和保护存款人利益等因素考虑，制度要求村镇银行主发起人必须是银行业金融机构，以确保村镇银行股东具备持续履行义务、防范经营风险的能力，但同时也使村镇银行成为发起行的一种市场扩展手段，并且具有较大的风险传染性，一旦发起行经营出现问题，其发起设立的村镇银行也往往陷入经营困境和流动性紧缺状态，成为高风险机构。

地方性商业银行从组建之初，就天然带有“地方性”的特征，服务于地方区域经济发展，地方政府作为其出资人和主要管理者，在国有商业银行逐步上收业务审批权的背景下，地方性商业银行成了地方政府主要的信贷资金来源。截至2019年末，中小型中资商业银行的资产规模占比约为47%，随着地方商业银行规模与数量的扩张，地方政府可以调控支配的金融资源更为丰富，可以通过各种直接或间接的方式加强金融汲取能力，获取金融资金发展地方经济。同时，地方性商业银行因为经营区域等因素的制约，也会通过当地政府来获取相关的政府类项目资源和稳定的存款来源，两者有着天然的利益联结机制，很容易成为利益和风险共同体。

4. 信贷资金管理体制改革

1994年3月，中国人民银行总行发布《信贷资金管理暂行办法》，作为改革开放以来信贷资金管理制度的第三次改革，成为中国金融管理体制从以计划管理为主向以市场机制为主过渡的关键步骤。主要内容包括：扩大信贷资金范围至金融机构的资本、负债和资产；确定信贷资金管理基本原则是“总量控制、比例管理、分类指导、市场融通”；改进金融宏观调控措施，集中调控权限于人民银行总行，实施间接调控；明确各金融机构的职责与权限；重新制定货币市场业务的经营制度规定。经过第三次信贷制度改革，金融机构扩大了资金运用管理权限，可以自主开发业务品种，开展表内外金融业务。

5.3.2 财政与金融在融资中的关系变化

5.3.2.1 国有企业经营改革中的财政金融措施

国有企业难以适应市场经济转轨的变化，加之一直以来的高福利制度使得国有企业摊子大、职工多、包袱重。多数国有企业经营状况很差，甚至严重亏损，1998年全国国有企业盈亏相抵后利润只有213.7亿元，集体企业盈亏相抵是净亏损。为落实国有企业改革脱困任务，国家制定了三年规划，重点围绕四项工作：一是加快建立现代企业制度，完善法人治理结构，推动国有大型企业改制上市；二是建立优胜劣汰机制，推动一批企业平稳实施破产；三是减轻企业负担和历史包袱，成立资产管理公司对符合条件的企业实施债转股；四是加强外部监管。三年的国有企业改革脱困期间，大批企业破产改制，大量职工下岗再就业，为确保改革平稳过渡，财政金融均增加资金投入，承担了巨额的改革成本。财政方面，大幅度增加社会保障和再就业方面的资金投入，完善"三条保障线"，2002 年仅中央财政用于"两个确保"和"低保"的资金就达 594 亿元，是 1998 年的 6.2 倍①，有力地支持了国有企业建立现代企业制度。金融方面，实施金融政策支持托底，国有金融机构承担了国有企业经营亏损产生的大量不良资产。除了银行机构运用利润和盈利所得对不良债务进行核销处置外，中央财政累计投入4000 亿元资金成立四大国有金融资产管理公司②剥离由国有企业造成的银行不良债务，通过债转股分摊和弱化企业的经营风险和债务风险，其中 1999 年末至 2005 年 6 月金融机构累计剥离不良贷款总额 2.04 万亿元，其中国有银行的不良贷款金额为 1.99 万亿元，占比为 97.55%③。

5.3.2.2 金融运行状况

1. 通胀风险基本缓解

1996 年以后 CPI 指数增长基本控制在 5% 以内(见图 5－8)。1994 年《中国人民银行法》的出台切断财政向央行直接透支的渠道后，恶性通货膨胀风险得到有效遏制。温和的通货膨胀有效促进经济恢复和持续增长，以商品和服务价格为主的通货膨胀风险不再成为我国金融风险的主要类型与表现，以稳定物价为主要目标的货币政策取得了较好的政策效果。

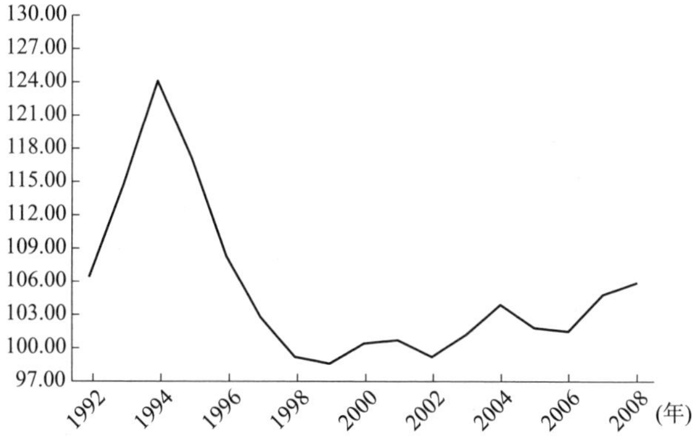

图 5－8　1992 年至 2008 年 CPI 指数变化趋势

数据来源：WIND 数据库。

① 楼继伟. 40 年重大财税改革的回顾[M]. 北京：中国财政经济出版社，2019：184.

② 四大国有金融资产管理公司指中国长城资产管理公司、中国信达资产管理公司、中国华融资产管理公司和中国东方资产管理公司。

③ 数据来源：中国金融统计(1949—2005 年)[M]. 北京：中国金融出版社，2007：1366.

2. 融资体系仍以传统信贷的间接融资为主

虽然这一时期两个比重偏低的情况得到一定程度的缓解，但预算内资金用于固定资产投资的比例依旧维持在 4.5% 左右，国民经济对金融体系的依赖加深，金融发展水平持续提高，由于直接融资市场发展比较缓慢，企业融资方式仍以传统信贷的间接融资为主。如表 5－8 所示，2008 年社会融资规模相较于 2002 年增长 2.5 倍，但表内外信贷业务占比仅从 92% 下降至 85%，社会融资规模的增长主要依靠信贷规模的扩张。

表 5－8　2002 年至 2008 年社会融资规模及构成

年份	社会融资规模(亿元)	新增人民币贷款占比(%)	新增外币贷款占比(%)	新增委托贷款占比(%)	新增信托贷款占比(%)	新增未贴现银行承兑汇票占比(%)	企业债券融资占比(%)	非金融企业境内股票融资占比(%)	保险公司赔偿及投资性房产占比(%)
2002	20112.00	91.90	3.60	0.90	—	-3.50	1.80	3.10	2.10
2003	34113.00	81.10	6.70	1.80	—	5.90	1.50	1.60	1.50
2004	28629.00	79.20	4.80	10.90	—	-1.00	1.60	2.40	2.10
2005	30008.00	78.50	4.70	6.50	—	0.10	6.70	1.10	2.50
2006	42696.00	73.80	3.40	6.30	1.90	3.50	5.40	3.60	2.10
2007	59663.00	60.90	6.50	5.70	2.90	11.20	3.80	7.30	1.90
2008	69802.00	70.30	2.80	6.10	4.50	1.50	7.90	4.80	2.30

数据来源：WIND 数据库。

5.3.3　财政风险金融化的传导机制特征

金融风险在计划经济体制向市场经济体制的转轨过程中也逐步显性化，这一时期的金融风险带有显著的“体制性”特征，由宏观层面向微观层面转移，财政风险金融化传导机制如图 5－9 所示。

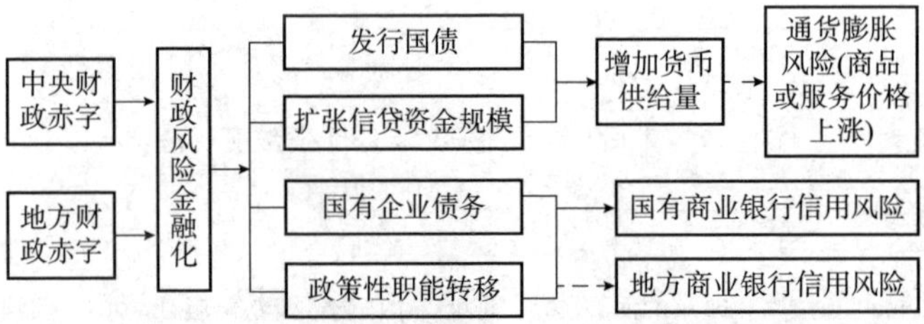

图 5－9　经济转轨时期的财政风险金融化传导机制

注：虚线表示传导机制存在，但风险不显著。

财政风险金融化的风险来源主体包括中央财政与地方财政两类，传导机制不再以赤字货币化引发通货膨胀风险为主，主要表现为国有商业银行机构的信用风险，银行机构的系统性风险传导机制开始占主导，同时地方性商业银行的建立与发展也成为资金与风险的融通传导渠道，地方性商业银行越来越多地承担政策性职能，成为地方政府可以控制运用的一项重要金融资源。

1. 国有企业债务引起国有商业银行信用风险

受长期的财政功能金融化和国企债务影响，国有大型商业银行在盈利能力和信贷规模增长等方面都有所下降，在金融体系中的绝对主导地位开始弱化，并集中了这一时期主要的金融风险。2007 年末大型银行机构的新增贷款占比下降为 35.96%，而不良贷款率则高于金融机构平均水平，且呈逐年上升趋势，在 20 世纪末前后达到风险最高点。按照当时对不良资产的三级分类标准①规定，1995 年末四大国有商业银行的不良资产率高达 22.3%，大约相当于当年商业银行总准备率的 21%。在全面实行贷款五级分类制度后，国有商业银行的不良贷款率在 2004 年末为 15.57%，经过核销处置，2007 年末降为 8.05%，金融体系整体不良率降为 6.17%。这一时期四大国有商业银行的资本充足率远低于监管要求，实缴资本金水平严重不足。1985 年实缴资本占总资产的比例为 12.1%，到 1996 年末仅为 2.2%，金融体系的总体抗风险能力很弱。

为从根本上化解银行体系风险，2002 年的第二次全国金融工作会议提出“必须把银行办成现代金融企业，推进国有独资商业银行综合性改革，具备条件的国有独资商业银行可改组为国家控股的股份制商业银行，条件成熟的可以上市”。依照降低不良资产、实行审慎原则的会计制度，股份制改革，成功上市“三步走”推动国有商业银行转型，通过成立资产管理公司、注资和引进战略投资者等措施化解国有银行风险。截至 2007 年末，除中国农业银行外②其余四家国有独资银行成功改制上市，成为国家控股的股份制商业银行（见表 5－9）。

表 5－9 四大国有商业银行资本水平状况

（%）

	1988 年	1989 年	1990 年	1991 年	1992 年	1993 年	1994 年	1995 年	1996 年
实缴资本占总资产的比例	9.4	8.8	7.8	7.2	7.5	4.7	2.6	2.5	2.2
平均资本充足率	7.80	7.69	6.91	6.46	5.81	5.20	6.08	6.32	4.37

数据来源：各年份“中国金融年鉴”、《1994 年中国金融展望》及各银行年度报告。

---

① 三级分类标准为“一逾两呆”，逾期贷款不得超过 8%，呆滞贷款不得超过 5%，呆账贷款不得超过 2%。

② 中国农业银行的 A 股和 H 股先后于 2010 年 7 月 15 日和 16 日在上海证交所和香港联交所成功上市。

2. 行政干预与政策性职能转移影响银行体系的盈利能力

在《商业银行法》和中央金融工委成立后，商业性金融的独立性增强，但作为政府融资资金的重要来源，商业银行仍受到不同程度的行政干预，国有商业银行为国家经济战略实施和经济改革提供了政策性的信贷支持，地方性商业银行也为区域性经济发展提供资金保障，比如在一些地区政府会指定贷款和指定担保、垫付企业债券等。这些行政性行为使商业银行承担了过多的行政性事务，履行了支持企业和经济发展的政策性职能，影响了银行机构本身的正常经营。加之地方政府为追求政绩，盲目扩大投资规模，导致了金融资源的低效率配置，银行贷款难以保证正常的盈利空间和优质的资产质量。

5.4 后金融危机时期的财政风险金融化(2008 年以后)

2008 年的美国次贷危机逐渐蔓延演化为全球性金融危机，导致全球性经济衰退，为应对危机影响，中央政府及时出台扩大内需的十项经济刺激计划，确定积极的财政政策和适度宽松的货币政策导向，加大政府投资和金融对经济增长的支持力度。自 2008 年之后的十多年里，货币政策因调控经济过热的需要调整为稳健型，而财政政策一直保持了扩张型，为财政风险金融化的负面效应累积提供了时间与空间。

1995 年的《预算法》规定，地方各级预算编制要坚持量入为出和收支平衡的原则，不列赤字，且禁止发行地方政府债券(除法律和国务院另有规定外)。1996 年的《贷款通则》要求银行资金的借款人应当是经工商行政管理机关(或主管机关)核准登记的企(事)业法人、其他经济组织、个体工商户或具有中华人民共和国国籍的具有完全民事行为能力的自然人。法律的强制性约束使地方政府无法通过公开市场以“政府”作为实体进行直接融资，只能变相通过信贷或类信贷方式以“企业”名义融资，而政府提供各种形式的显性或隐性信用担保，使政府相关的企业可以便捷地获得低成本的大量银行资金。地方政府成为后危机时期最主要的投融资主体，资金需求规模急剧扩大，各种创新融资方式层出不穷，其中由地方政府作为大股东的政府融资平台成了政府投融资的主要渠道，融资模式伴随金融监管和金融创新的发展变化愈加复杂。除政府融资平台企业通过金融机构进行间接融资外，地方政府还通过投融资平台发行城投债券，以及在政府购买服务、政府与社会资本合作模式(Public - Private - Partnership，PPP)、政府引导基金投资中通过不规范操作进行变相隐形融资等。这一时期的财政风险金融化的产生根源与表现因经济发展战略变化、宏观经济形势与政策转变、制度结构变革以及市场主体投融资模式等各种因素变化而呈现出新特点，具体的影响因素、业务运作模式以及传导机制将在下一章详细阐述。

5.4.1 防范化解金融风险的制度改革和政策措施

我国实施的“一揽子”经济刺激计划，在保持本国经济企稳回升的同时，有力地支持了世界经济复苏，极大地增强了世界战胜国际金融危机的信心，为世界经济提供了强劲增长动力。但扩张性政策的持续与退市滞后，也给我国的经济发展带来负面影响，尤其是因政府类项目和国有企业引发的债务问题，使金融体系内部积累了较为严重的金融风险。为维护经济金融稳定，自 2018 年起拉开了防范化解重大风险三年攻坚战的序幕，防控系统性金融风险成为金融工作的底线，财政金融共同发力，出台一系列的监管整顿政策，促使金融资金回归实体经济，政府举债回归预算体系。通过精准施策和分类处置等措施，财政风险与金融风险整体上得到控制，但在金融风险的化解中又产生了次生风险，一定程度上造成金融风险的延迟暴露，加大了风险处置难度，金融机构负担了更多的政策性功能和风险处置成本，进而使防范化解金融风险攻坚战转入持久战。

5.4.1.1 财政制度改革与政策措施

地方隐性债务成为本次化解重大风险的重要任务之一，国务院和财政部针对地方政府债务化解相继出台了一系列“开前门、堵后门”的管控政策，疏堵结合共治地方政府债务风险。其中最重要的改革措施是 2014 年新《预算法》的颁布实施，允许省级地方政府自主发行地方政府债券，在合理限额内进行市场化的债券融资，同时在清理甄别存量债务的基础上，允许地方政府发行置换债券，将存量债务转换为债券形式并统一纳入预算管理。通过治理整顿，发行债券成为地方政府主要的融资方式，债券发行规模也是逐年翻倍增长。2015 年至 2019 年五年的发行额度分别为 0. 10 万亿元、0. 40 万亿元、0. 80 万亿元、1. 35 万亿元和 2. 15 万亿元。作为地方政府今后投资资金主要来源的政府专项债券，在解决财政收支矛盾的同时，也存在不容忽视的风险，尤其是债券发行的市场化改革仍任重道远。

5.4.1.2 金融制度改革和政策措施

由于风险的暴露主要体现在金融领域，本轮防范化解重大风险攻坚战以中国人民银行为主导，以防控金融风险为首要任务，防控化解措施主要包括两个方面：一是新型金融监管体制的建立；二是严监管态势的形成和重点风险的化解。

新型金融监管体制的形成主要指我国混合金融监管格局的初步形成和宏观调控双支柱的建立。新型金融监管格局建立的主要目标之一就是补齐监管短板，防范系统性金融风险，由微观审慎向宏观审慎转变，由功能监管向行为监管过渡。2017 年 11 月，党中央、国务院批准设立国务院金融稳定发展委员会(简称金融委)，其宗旨主要是强化人民银行宏观审慎管理和系统性风险防范职责，强化金融监管部门监管职责，确保金融安全与稳定发展。2018 年 4 月，中国银行保险监督管理委员会(简称银保监会)正式挂牌成立，其主要目标也是防控金融风险，重点解决现行体制中分业监管造成的监管职责交叉和监管真空问题。2019 年发布的《中国人民银行职能配置、内设机构和人员编制规定》中确定了金融委办公室设在中国人民银行，规定了其具有提出系统性金融风险防范处置和维护金融稳定重大政策建议等职责；同时设立宏观审慎管理局，规定金融控股公司等金融集团和系统重要性金融机构的监管由宏观审慎管理局牵头负责，明确了当前重要风险来源的管理责任部门，并以法定职责划分确立了宏观调控的双支柱框架。此后，金融监管格局再次进行重大调整，进一步加强和完善现代金融监管体制，促进实现金融监管全覆盖。2023 年 3 月，中共中央、国务院印发《党和国家机构改革方案》，组建中央金融委员会和中央金融工作委员会，不再保留金融委及其办事机构，将金融委办公室职责划入中央金融委员会办公室。组建国家金融监督管理总局，统一负责除证券业以外的金融业监管，形成了“两委一行一局一会”的金融监管新格局，充分体现出以机构监管、行为监管、功能监管、穿透式监管、持续监管为导向的强监管与严监管理念。

为打好防范化解重大风险攻坚战，金融监管部门出台了史上最严监管政策，强监管、严监管态势形成并逐渐加强。2017 年以管控表外业务为核心的系列监管政策出台，结束了金融机构自 2008 年以来十年的繁荣辉煌时光，金融机构的规模增速和利润增速都呈下降趋势，表外业务直接大幅缩水，进而引发了市场流动性危机。2018 年 5 月，社会融资规模新增 7608 亿元，环比大幅下降近 8000 亿元，较去年同期下降 3022.89 亿元，其中表外融资合计减少 4215 亿元，消费与基建投资增速均创低位。中国人民银行及银保监会等金融监管部门开始意识到“一刀切”政策的负面效应，及时向金融体系提供流动性资金，解决实体经济所面临的融资困境，稳定市场预期。为保障正常的资金供给，避免正常投资项目资金链断裂，监管部门继而出台保基建的金融支持等措施，但强监管态势并未就此放开，资金管理新规结束了政府通过类信贷业务融资的历史。

5.4.2 次生财政风险金融化的表现

本轮金融风险以地方政府隐性债务处置风险、国有企业不良债务处置风险、高风险金融机构处置风险和非法金融活动等类型为主，在化解主要的金融风险过程中，一些处置风险措施使商业银行承担更多的政策性负担，强化了政银联结机制，产生了次生风险，加剧了财政风险金融化的负面效应。

5.4.2.1 地方政府隐性债务处置风险

地方政府债务按通行划分标准可分为显性债务与隐性债务，其中隐性债务因规模庞大且无法统计成为债务风险的主要来源，威胁着财政的可持续性与金融安全。自 2014 年清理地方政府债务以来，隐性风险债务的处置主要通过两类渠道：一是化解存量债务，财政部规定的六种主要存量债务化解方式包括安排财政资金偿还、出让政府股权及经营性国有资产权益偿还、利用项目结转资金和经营收入偿还、合规转化为企业经营性债务、以借新还旧或展期等方式偿还、破产重整或清算等。此外，根据审计署公布的《国家重大政策措施落实情况跟踪审计结果》，地方政府对于违规举债形成的隐性债务主要化解方式有提前偿还违规债务、撤回解除承诺函或担保函等、解除政府购买服务协议等。二是严格控制新增债务，对企业来说关键是“市场化”，应实现业务市场化、运营实体化，依法合规开展市场化融资；对于金融机构来说关键是“审慎穿透”，在资金供给的源头加强风险管控，严格审查资本金，确保融资主体的资本金来源合法合规，满足资本金比例的规定要求，同时不得接受任何形式的政府担保或承诺，审慎评估融资主体的还款能力和还款来源，将项目本身的收益盈利作为授信条件，项目现金流能覆盖债务且来源合规。

防范化解地方政府债务关键在于债务显性化，在削减隐性债务的同时，将新增债务纳入预算内。债务规模总体增长适度，从债务结构来看，专项债务增长较快，且占比显著提高。2020 年 9 月末地方政府债务余额总计为 25. 58 万亿元，其中专项债务余额为 12. 76 万亿元，较 2017 年末增长 107. 92%，占比为 49. 89%，较 2017 年末提高 12. 62 个百分点；非政府债券形式存量政府债务仅为 0. 19 万亿元，较 2017 年末下降 88. 90%，占全部债务的 0. 75%。目前，我国依然存在专项债和一般债有所混淆、专项债的具体项目混同等问题，债券发行的二级市场尚未真正发展，未能充分发挥信用评级、信息披露、市场化定价等市场机制的激励约束作用。地方政府专项债券由省级政府统一发行的做法，无法区分省本级和其他市县级的主体信用情况，使得现阶段的地方债专项投资更多依赖所谓政策性价差的支撑。此外，债券投资主体以商业银行为主，相当于是变相通过银行授信方式对地方政府提供了融资，特别是以低息债券置换原有存量贷款的做法，更是将信用风险延期，降低了存量业务收益率，如果后期债券投资收益仍无法保障，财政风险金融化的负面效应将更加凸显。

5.4.2.2 国有企业不良债务处置风险

国有企业的高杠杆和债务风险在一些以国有企业为主的省份尤其突出，国有企业的不良债务处置以政府为主导，履行属地管理责任，着力优化资产负债结构。一方面，优化资产结构，推动国有企业进行混合所有制改革，引入战略投资者，增加资本金，或是进行重组、破产清算或司法重整以处置资产；另一方面，压缩债务规模，通过发行债券置换存量违约信贷业务，或是成立债务委员会，协调各银行进行授信展期、重组，还有一部分直接形成坏账损失，由银行自行核销。

5.4.2.3 高风险金融机构处置风险

高风险金融机构主要是指经营出现严重问题的地方性中小商业银行，机构类型主要包括城市商业银行、农村商业银行、村镇银行和农信社等。风险集中表现为资产质量恶化引发的系统性信用风险，风险成因主要有违规放贷导致的授信过度集中、国有企业债务问题以及公司治理和内部控制存在缺陷等。对高风险金融机构风险的化解以风险监测与早纠为主、风险处置为辅，金融机构的风险化解与处置由中国人民银行牵头负责，要求地方政府履行首要的救助与风险处置职责。一方面通过建立问题机构名单，实行每日动态监测，对高风险金融机构实施以处置不良资产和补充资本金为主的早期纠正措施；另一方面运用存款保险制度平台进行“市场化”处置，比如以蒙商银行承接包商银行，让工商银行接管锦州银行进行在线修复等，但操作中市场化处置依旧带有“行政性”。并且在实际中仅有极少数的问题机构进入风险处置阶段，大部分的问题机构处于掩盖真实风险或是竭力维持经营的状况中，而多数地方性商业银行的不良资产源于房地产企业和政府类企业，同时政府又是其主要股东，所以无论是加快不良资产化解进度还是补充资本金，在内源融资受限时都需要政府提供资金。当前这部分资金主要来源于金融稳定再贷款和地方政府专项债券融资，这种“政府买单”行为其实质是增加货币供应量或是金融资金内部循环，不仅强化了政府对金融机构的控制力，还促使风险在金融体系内部传播蔓延。

5.5 本章小结

新中国成立以来70多年的经济发展战略变化与财政金融体制改革先后经历了计划经济时期和社会主义市场经济转轨期两个发展阶段，不同经济体制中财政与金融的定位和职能差异很大。本章依据财政金融体制改革的阶段性与财政风险金融化传导机制特点将财政风险金融化演变历史划分为四个时期，即计划经济时期、社会主义市场经济体制改革初期、社会主义市场经济转轨时期和后金融危机时期，尽管不同时期的财政风险金融化传导机制与表现形式存在差异，但在产生原因等方面仍有一些共性。

1. 财政风险金融化的根源是财政风险

财政风险金融化虽然外在表现为金融领域的风险累积与扩散，但如果分析金融风险产生的原因，金融体系的逐利性与风险管控不严是次要原因，主要的风险根源是政府运用金融资金化解财政风险，金融资金被直接纳入财政分配领域或资金使用受政府行政干预，在短期内可以缓解财政资金不足产生的风险与债务问题，但长期过度地对金融资金进行挤占或非市场化配置会造成金融体系的效率损失，对宏观经济产生负面影响，表现为金融风险。

2. 财政资金不足是直接原因

随着人们对美好生活的需求不断提升，需要政府部门提供更多的公共物品和公共服务，这些政策目标的实现均需要财政资金大量投入，一方面是减税降费造成财政收入减少，另一方面是扩大投资的刺激政策引起的支出增加，财政收支矛盾日益凸显，中央政府和地方政府对金融资金的依赖程度有增无减。为实现特定的政策目标，政府部门以各种渠道获取金融资金弥补财政资金的不足，甚至直接当作财政资金使用，或是将一些本该由财政承担的政策性职能交由金融机构履行，金融机构负担较高的经济成本和政策成本，在经济下行期流动性风险和信用风险则会“水落石出”。

3. 政企银的利益联结是现实原因

为了拉动经济增长或是政绩考核等原因，政府部门有足够动力加大政府投资，扩张固定资产投资规模或是大力发展当地企业，银行在选择资产业务时，从最初的国有企业流动资金贷款，到固定资产投资，再到通过各种形式向政府类项目和国有企业投放信贷资金，均是更多地倾向于选择有政府背景和政府提供显性或隐性担保的企业和项目。在以国有企业为主的市场主体中，银行与政府存在主观与客观的合作动机，且多数地方性商业银行的实际控制人是当地政府，这些利益机制决定了银行需要依靠政府扩展业务，政府需要银行提供建设资金，银行信贷很容易被当作"第二财政"，成为财政风险金融化产生的现实原因。

总体来说，在计划经济向社会主义市场经济的逐步过渡中，财政风险金融化的特征呈现出一种特定的趋势，即由宏观到微观、由中央到地方、由单一到多元，这一变化与财政金融体制的变革和金融体系的发展密切相关。

在计划经济体制下，财政资金在短缺时可以直接向中央银行透支，且由于财权事权主要集中在中央政府层面，所以最初的财政风险金融化表现为中央财政赤字引起的通货膨胀风险，地方政府由于基本实现财政收支平衡，并无财政风险产生，加之地方性商业银行未发展，全国的金融体系政策由单一的中央银行主导并执行，传导机制较为单一。随着社会主义市场经济的建立和发展，经济转轨时期金融机构开始多元化，大型国有商业银行的绝对主导地位开始下降，特别是分税制改革真正打破了计划经济，地方政府的财政收支矛盾更为突出，地方政府对金融资源的汲取和国有企业改革对金融领域的影响导致金融机构盈利能力下降和信用风险的增加，财政风险金融化的主体开始转变为地方政府和商业银行，风险外在表现为商业银行机构的系统性风险，且风险由国有商业银行逐渐向地方性商业银行转移。金融危机后持续的经济刺激计划和积极财政政策使地方政府的投资规模急剧扩张，加剧了财政赤字风险，从一定程度上倒逼了金融体系类信贷业务创新，促使地方政府隐性融资的扩张和隐性债务的积累，财政风险金融化的传导机制也变得更加多样性和隐蔽性，不再局限于货币超发引起通胀这种单一渠道，对金融风险的管控愈加困难。金融风险逐渐成为影响经济安全的重要因素，防范化解金融风险攻坚战成为财政金融领域的重要任务，但在化解重大风险过程中又出现次生风险，加剧了财政风险金融化的负面效应。

第6章　后危机时期财政风险金融化的产生因素与传导机制

2008年的国际金融危机使全球各国开启经济刺激计划，我国为对冲经济下行也及时调整政策基调，财政政策历经三年稳健调整期后重新确定为积极型。在持续的积极财政政策背景下，各级地方政府作为投融资主体成为稳定经济、克服危机的主要力量，长期的经济投资扩张促使地方政府不得不创新债务融资模式以满足资金需求，地方性商业银行成为其主要的资金供给方，政府追求经济增长的动力与银行的逐利性等因素共同导致了投资的无序和低效，逐渐使社会总供需失衡，经济结构错配。此外，振兴农村经济、扶持中小微企业和提升普惠金融服务等公共政策目标的实现，也需要各类金融机构支持参与。多方原因造成后危机时期财政风险的过度金融化，中小银行机构积累了较为严重的金融风险。鉴于2008年以后的财政风险金融化呈现出新特征、新变化且带有典型的体制性和结构性中国特色，本书将2008年金融危机后的财政风险金融化问题作为重点研究对象，本章论述这一时期财政风险金融化形成的原因和传导机制，之后的两个章节做定量研究分析。

6.1　经济因素

6.1.1　经济发展战略转变

2008年党的十七届三中全会首次将经济发展战略重点聚焦于农村改革发展问题，将解决好“三农”问题作为工作中心，以发展社会主义新农村和中国特色农业现代化为经济发展战略重点，坚持工业反哺农业、城市支持农村的发展导向，打破城乡二元经济结构体系，加快形成城乡经济社会发展一体化新格局。随后，2008 年底全球性金融危机对我国经济的负面效应开始显现，以政府投资为主的一系列经济刺激计划落地实施，基础建设投资需求在几年内迅速扩张。2011 年开始实施的“十二五”规划聚焦于转变经济发展方式，从产业协同和区域协调两方面推进经济结构战略性调整，通过建立扩大内需长效机制、加强农业基础地位、提升制造业核心竞争力、发展服务业和战略性新兴产业等措施促进三大产业协同发展，统筹城乡发展，在稳妥推进城镇化的同时，加快建设社会主义新农村，促进城乡之间、中西部与东部之间良性互动发展。在城镇化建设和区域协调发展战略导向下，我国的区域发展重心内化的趋势开始加速形成①，第一梯队的经济增速开始有所回落，第二梯队和第三梯队开始大规模承接东部产业转移，并超越第一梯队领跑全国②。

“十三五”期间，我国经济发展中的体制性结构性矛盾已较为突出，风险积累较快，经济增长动力明显不足，为此中共中央提出贯彻落实新发展理念、适应把握引领经济发展新常态，在适度扩大总需求的同时，着力推进供给侧结构性改革，加大重点领域关键环节市场化改革力度，调整各类扭曲的政策和制度安排，提高全要素生产率。先后实施了“三去一降一补”、《中国制造 2025》等重大产业调整政策，构建了内通外联的运输通道网络和现代高效的城际城市交通，尤其是加快推动中西部地区的铁路公路等基础设施完善升级，促进基本公共服务均等化。“十二五”“十三五”的发展使我国经济实力大幅跃升为世界第二，2019 年国内生产总值达到 99.1 万亿元，占全球经济的比重为 16%，对世界经济增长的贡献率达到 30% 左右，全国居民人均可支配收入达 30733 元，较 2015 年增长 39.9%③。新型城镇化质量稳步提高，中心城市和城市群人口集聚能力逐步提升，2019 年末常住人口城镇化率升至 60.6%，比 2015 年提高 4.5 个百分点。脱贫攻坚战取得全面胜利，完成了全面建设小康社会的任务目标，生态文明建设方面开展了污染防治攻坚战，深入开展实施重大生态保护与修复工程，2019 年单

① 刘大志．后危机时代中国经济发展战略格局的多重转换[J]．财经问题研究，2012(8)：10－15.

② 第一梯队是上海、江苏、浙江、广东、北京、天津、山东、福建，第二梯队是中西部地区，包括安徽、湖南、湖北、四川、重庆、内蒙古、广西，第三梯队是黑龙江、辽宁、吉林、河北、河南、江西、陕西、山西。

③ 资料来源：“十三五”时期我国经济社会发展成就显著[EB/OL]．新华网，http：//www.Xinhuanet.com/politics/2020－10/29 /c_ 1126671055.htm.

位 GDP 能耗比 2015 年下降 13.2%，全国 337 个地级及以上城市空气质量优良天数比例为 82%①。

后危机时期的经济发展战略总体来说以协调发展为主，重点实现“城乡协调发展、区域协调发展”，以基本公共服务均等化和全面建成小康社会为发展目标，因此经济投资重点在于基础设施建设和“三农”发展，投资区域开始向农村和中西部地区转移，形成发展内化趋势，尤其是在经济危机过后的恢复时期，经济刺激计划带动的投资扩张成为拉动经济的主要引擎，开始进入新一轮的经济周期。

6.1.2 宏观经济形势变化

2008 年是经济由热转冷的一个分界点，宏观经济周期的变化：一方面需要以政府投资和财政扩张来拉动经济增长，另一方面经济下行使实体经济部门和金融部门的盈利空间收缩，金融体系承担风险的能力减弱，经济泡沫和金融资金虚假繁荣产生的存量风险更易暴露，加之财政风险的持续施压，为财政风险金融化负面效应的凸显提供了现实条件。

1. 经济增速总体趋缓

在成功应对 20 世纪末的金融风险之后，国有企业和国有独资商业银行经过改制重组上市后，扭亏为盈，经济多年保持近两位数的增长率，2007 年经济增长率达到 14.23% 的最高点后持续下滑。

2008 年 11 月起美国次贷危机引发的全球金融危机对我国经济的负面冲击效应开始显现，11 月全国进出口总值同比下降 9%，其中出口下降 2.2%、进口下降 17.9%；12 月全国进出口总值同比下降 11.1%，其中出口下降 2.8%、进口下降 21.3%。为防止经济过快下滑，避免经济硬着陆，我国政府及时调整宏观调控重点，中央政府出台 4 万亿元财政刺激计划，公布了扩大内需、促进经济增长的 10 项政策举措。以扩大政府投资为主的经济刺激政策在短期内稳定了经济，确保我国较快地克服危机，走出经济低迷。如图 6-1 所示，2008 年至 2011 年在全球经济疲软的情况下我国 GDP 依旧保持 9%~10% 的增速。但长期的扩张经济难以为继，结构性和体制性经济矛盾逐步凸显，2012 年经济增长明

---

① 资料来源：“十三五”时期我国经济社会发展成就显著[EB/OL]. 新华网，http://www.Xinhuanet.com/politics/2020-10/29/c_1126671055.htm.

显放缓，2016 年“破七”后持续走低，叠加疫情冲击，整体宏观经济预期仍会维持下行趋势，尤其国际经济环境会进一步恶化，“黑天鹅”事件频发，不仅严重影响实体经济发展，更会加剧金融风险的累积和暴露，加大财政风险金融化的负外部性。

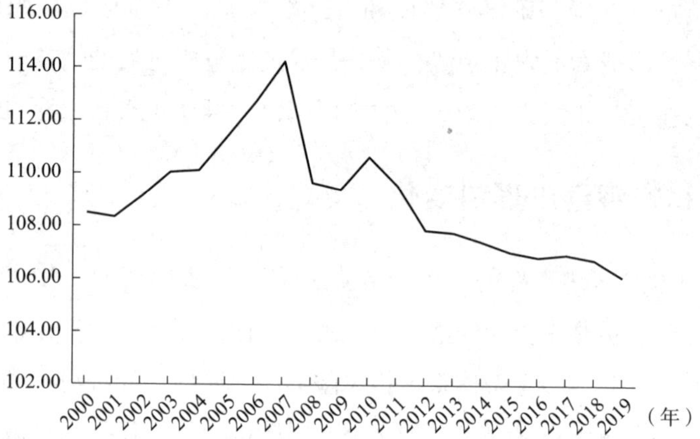

图 6－1　2000 年至 2019 年 GDP 指数变化趋势

数据来源：WIND 数据库。

2. 资金流动性总体充裕，但流向领域相对集中

从货币供应量和社会融资规模总量来看，这一时期金融体系的资金流动性相对充裕，为支持经济复苏和扩大投资提供了较为充足的货币供给。从贷款投向上看，资金主要流向房地产领域，房地产开发贷款占全部贷款余额的 20% ~30%，房地产行业逐渐成为资金蓄水池，将银行部门资金和居民资金吸收进来，形成小循环，资金的高度集中会产生行业泡沫，降低经济整体的抗风险能力，同时也反映了经济中存在严重的资金配置扭曲。从融资结构上看，表外业务融资呈明显扩张趋势，2013 年表外融资①约占融资总规模的 30% 左右，特别是委托贷款和信托贷款规模占比达 25% 以上，较 2007 年上升约 17 个百分点，这两项贷款融资多数与政府类融资或是限制性行业融资相关，表外融资的发展与创新最主要的目的之一是规避监管和表内授信规模的约束，重规模、轻管理的特征更为突出。从表 6－1 可以看出，2014 年地方债清理整顿政策直接导致信托贷款规模的下降，2017 年末资金管理新规办法的出台，更是导致表外业务总体规模断崖式下跌，这也反映出表外融资业务是政府和国有企业隐性负债的主要渠道，因复杂和隐蔽

① 表外融资包括委托贷款、信托贷款和未贴现银行承兑汇票。

程度较高，其中隐含的风险也较大。

表 6-1 2007—2019 年社会融资规模及各项占比情况

年份	社会融资规模(亿元)	同比增长(%)	M2/GDP(%)	新增人民币贷款占比(%)	新增外币贷款占比(%)	新增委托贷款占比(%)	新增信托贷款占比(%)	新增未贴现银行承兑汇票占比(%)	企业债券融资占比(%)	非金融企业境内股票融资占比(%)
2007	59663.00	39.74	167.25	60.90	6.50	5.70	2.90	11.20	3.80	7.30
2008	69802.00	16.99	179.67	70.30	2.80	6.10	4.50	1.50	7.90	4.80
2009	139104.00	99.28	210.91	69.00	6.70	4.90	3.10	3.30	8.90	2.40
2010	140191.00	0.78	226.76	56.70	3.50	6.20	2.80	16.70	7.90	4.10
2011	128286.00	-8.49	188.62	58.20	4.50	10.10	1.60	8.00	10.60	3.40
2012	157630.81	22.87	200.04	52.10	5.80	8.10	8.20	6.70	14.30	1.60
2013	173169.00	9.86	210.85	51.35	3.38	14.71	10.63	4.48	10.46	1.28
2014	164571.00	-4.97	217.88	59.44	2.16	15.23	3.14	-0.78	14.74	2.64
2015	154086.00	-6.37	230.71	73.14	-4.17	10.33	0.28	-6.86	19.08	4.93
2016	178022.00	15.53	210.60	69.86	-3.17	12.28	4.83	-10.97	16.85	6.97
2017	261535.84	46.91	214.72	52.93	0.01	3.06	8.50	2.05	2.39	3.35
2018	224920.20	-14.00	217.39	69.67	-1.87	-7.14	-3.10	-2.82	11.70	1.60
2019	255753.00	13.71	222.79	66.01	-0.50	-3.67	-1.36	-1.86	12.67	1.36

数据来源：WIND 数据库。

3. 通货膨胀水平变动显著，主要体现为资产价格上涨

在对冲金融危机的经济政策措施作用下，我国经济于 2009 年底开始企稳回升。如图 6-2 所示，CPI 指数逐渐上升，在 2011 年 9 月同比指数达到最高值 5.7% 后开始回落，10 年多的时间同比指数基本控制在 3% 以内，表明主要商品和服务价格呈现小幅温和的上升趋势，基本保持了物价稳定。相比之下，房地产价格在政府扩大投资和基础货币规模扩张等政策影响下，先于 CPI 指数回升，且波动幅度较大，受政策调控作用明显，呈显著的周期性变动，在政策调控宽松时，房地产价格快速上涨，每个周期的最高涨幅均超过 10%，年均增长率为 6.26%，2016 年末同比增长 18.79%。包含住房价格因素在内的广义通货膨胀水平在这一时期显著上升，存在一定程度的通货膨胀风险，集中体现为以房地产为主的资产价格周期性持续上涨。

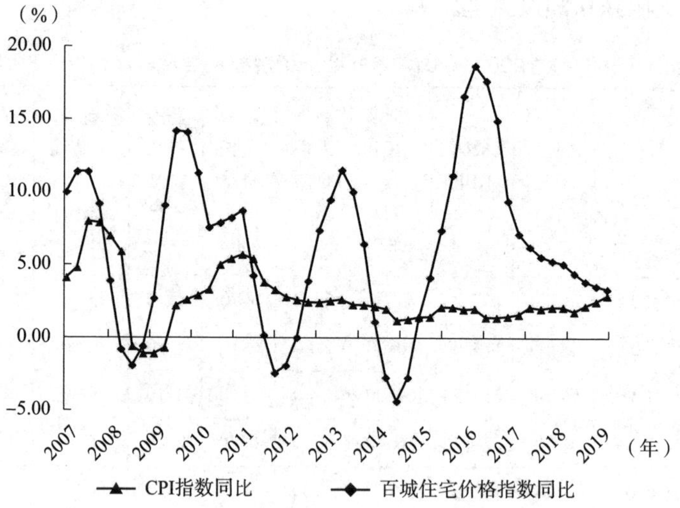

图 6-2 2007 年至 2019 年 CPI 指数与百城住宅价格指数同比变化情况

数据来源：WIND 数据库。

4. 宏观杠杆率偏高

宏观杠杆水平在 2008 年以后快速升高(见表 6-2)，2019 年末我国实体经济部门宏观杠杆率为 245.4%，较 2008 年末上升 104.2 个百分点，较 1994 年末上升 147 个百分点。其中，非金融企业部门杠杆率为 151.3%，较 2008 年末上升 56.1 个百分点；政府部门杠杆率为 38.3%，其中中央政府杠杆率为 16.8%、地方政府杠杆率为 21.5%；居民部门杠杆率为 55.8%，较 2008 年末上升 37.9 个百分点。高杠杆中潜在的信用担保风险主要存在于国有企业部门与房地产行业，形成了与银行部门绑定的国企债务和房地产泡沫。

表 6-2 1994 年及 2008 年至 2019 年我国宏观杠杆率水平变动情况 (%)

年份	居民部门	非金融企业部门	中央政府	地方政府	政府部门	实体经济部门
1994	7.8	82.4	5.0	3.1	8.1	98.4
2008	17.9	95.2	17.2	10.9	28.1	141.2
2009	23.5	115.6	17.7	16.2	33.9	173.0
2010	27.3	120.6	16.6	16.3	32.9	180.8
2011	27.9	118.2	14.9	16.7	31.6	177.7
2012	30.0	128.3	14.4	17.9	32.3	190.6
2013	33.5	136.1	14.7	21.1	35.8	205.4
2014	36.0	142.5	14.9	23.9	38.8	217.3
2015	39.2	151.2	15.5	21.4	36.9	227.3

续表

年份	居民部门	非金融企业部门	中央政府	地方政府	政府部门	实体经济部门
2016	44.7	157.6	16.0	20.5	36.5	238.8
2017	48.7	156.6	16.1	19.8	35.9	241.2
2018	52.1	151.0	16.2	20.0	36.2	239.3
2019	55.8	151.3	16.8	21.5	38.3	245.4

数据来源：国家资产负债表研究中心(Center for National Balance Sheet，CNBS)。

6.1.3 宏观调控政策转变

6.1.3.1 积极性财政政策再次出台

根据中央政府出台的4万亿元财政刺激计划的政策安排，2008年中央财政赤字安排7500亿元，比2007年增加5700亿元，增幅高达216.7%，同时地方政府发行2000亿元地方政府债券，列入省级预算管理，全国财政赤字占GDP的比重为3%，累计国债余额占GDP的比重为20%。从此我国开启新一轮的积极性财政政策刺激，受国内外经济形势变化和各种突发事件影响，经济增长动力不足，结构性发展问题突出，积极性财政政策导向自2008年底以来一直未做调整，并有愈加积极扩张的趋势。

在财政刺激计划新增投资的资金来源中，新增中央投资共11800亿元，仅占总投资规模的29.5%，主要来自中央预算内投资、中央政府性基金、中央财政其他公共投资，以及中央财政灾后恢复重建基金，其他投资主要来自地方财政预算、中央财政代发地方政府债券、政策性贷款、企业(公司)债券和中期票据、银行贷款以及吸引民间投资等①。但在实际操作中，来自地方财政预算和债券融资资金的数量有限，地方政府为提供足额的配套资金不得不转而开辟新的政府融资渠道，政府融资平台应用获得高速发展，成为政府融资的主要方式。

6.1.3.2 货币政策适度调整

为落实政府出台的扩大内需举措，熨平经济波动，货币政策也适时转变为适度宽松的政策取向，2008年下半年多次运用货币信贷政策工具对货币供给量和信贷规模进行调整，金融对经济增长的支持力度显著加大。连续三次下调存贷款

① 韩晓东．国家发展改革委表示万亿新增中央投资有四大来源[N]．中国证券报，2009-05-22(A01).

基准利率，两次下调存款准备金率，同时引导商业银行扩大信贷规模，取消信贷规模管控，对重点工程、中小企业、技术改造和“三农”等重点领域加大了资金支持，对消费信贷增长点有针对性地进行培育和巩固，恢复市场活力，保持经济发展的动力与可持续性。

6.1.4 影子银行及表外业务的发展

美联储主席伯南克认为影子银行是游离于监管之外的中介金融机构，没有存款业务，但可以通过各种方式向借款人提供信贷资金，与存款机构一样具有将储蓄转化为投资的功能。我国是典型的银行主导型间接融资金融体系，严格的金融控制使得非正规金融迅速发展，我国的影子银行包含了所有可以执行“储蓄转投资”功能的业务或机构，是金融抑制下的产物，与美国的影子银行有本质不同，是非正规融资需求旺盛的体现，其中包括监管真空下的证券化业务、银行表外业务、委托贷款、信托公司等非银行业金融机构业务，也包括监管体系外的小额贷款公司、担保公司和各类民间金融机构等。影子银行和表外业务规模扩张应归因于金融调控政策变化导致的规避监管的金融创新，2011 年，国家开始实行紧缩性的货币政策，银行减少信贷投放，实体经济旺盛的资金需求难以得到满足，尤其是房地产和地方基础设施建设项目仍需要大量资金，客观上促成了影子银行的兴起与高速发展。与此同时，为了规避监管部门的信贷规模和信贷投向管制等监管政策，金融机构通过影子银行将信贷业务从表内业务移到表外，加速了表外业务规模的扩张与业务模式的复杂创新，多层嵌套的业务结构推高了杠杆率，在增加融资成本的同时也降低了信贷资金的配置效率，加大了金融体系风险。随着金融脱媒和表外资产业务的发展，金融产品和融资工具不断创新，商业银行表外业务对贷款表现出明显替代效应，如表 6 – 1 所示，2008 年新增社会融资规模中表外业务占比为 12.1%，2013 年达到 29.82%，2014 年随着地方政府隐性债务的清理整顿，表外业务规模开始逐渐收缩。

与发达国家不同的是，我国的金融创新工具和表外业务都属于“类信贷业务”，其投向的底层资金仍是贷款性质，并非真正的金融衍生产品，其目的主要是规避表内信贷规模和信贷投向的限制，以及监管对于行业集中度与信贷审批条件等方面的规定，降低审批门槛，为房地产和政府融资平台等资金需求量大的行业项目提供信贷资金，商业银行始终是整个金融体系的主要资金提供者，也是金融体系风险的最终承担者。

6.2 制度因素

6.2.1 财政预算与政府投融资制度

6.2.1.1 地方政府事权、支出责任与财力不匹配

分税制改革后，地方政府的财政收入来源收缩，财权与事权的不匹配导致财政缺口日趋扩大，2008 年末地方财政赤字为 2.06 万亿元，其中地方财政支出占比为 78.7%，收入占比为 46.7%；2019 年末地方财政赤字上升为 10.27 万亿元，较 2008 年增长约 4 倍，地方财政支出占比上升为 85.3%，收入占比上升为 53.09%。随着城镇化建设进程加快和城镇化率的提高、公共产品和公共服务需求的增长，地方政府财政支出责任日益增多，“成品油消费税”和“营改增”等税制改革使地方财政收入占比下降，比如在“营改增”全面实施后，2017 年地方财政收入占比为 53%，较上年下降 1.65 个百分点①。财权上移与事权下移造成地方政府承担的事权和可支配财力不匹配，面临较大的融资压力，只能通过出让土地、公开举债和变相借债等方式弥补资金缺口。此外，在积极的财政政策导向和政绩考核等因素推动下，减税降费和加大投资的双重政策目标加剧了财政收支矛盾，政府官员有足够的内在动力扩大投资规模，发展当地经济以提升 GDP 增速，因财政资金有限，更多需要依靠商业银行的信贷资金来实现社会融资，金融资金成了政府投融资的主要资金来源，这也为财政风险金融化创造了最基本的条件。

6.2.1.2 地方政府债务融资制度不符合现实需求

1995 年的《预算法》规定地方政府不得发行地方政府债券，同时《贷款通则（试行）》限制了政府直接向银行借款的行为，地方政府的收入来源除公共预算收入外，主要是政府性基金收入。地方政府通过设立融资平台等企业以土地抵押或担保等方式申请信贷资金，政府类项目在申请贷款时大多采用土地抵押方式，还款来源主要是土地出让收入，而非项目本身的现金流，银行在授信审批时更看重政府信用与土地价值，这种“土地财政”模式使政府还款能力高度依赖房地产价格，房地产价格的波动与调控会严重影响地方政府的还款能力，还款来源单一且

① 数据来源：WIND 数据库。

不稳定无疑会加大信用违约风险。

6.2.1.3 融资主体和债务资金的财经纪律约束制度不完善

由于财经制度不完善，违规行为加大了风险管控难度。有些政府融资平台和国有企业等融资主体筹集到银行资金后，并未按照合同约定对接指定的项目，而是在企业集团内部形成资金池，所有的授信额度均由集团母公司统一调配。平台类企业和地方国有企业往往同时设立公益性项目和非公益性项目，由于信贷资金未能实现一对一的项目资金对接，企业可以将银行资金以非公益性项目的名义借款，而用于收益率很低的公益性项目投资，这种“偷梁换柱”的做法造成银行资金的还款来源无法保障，增大了违约风险。此外财经纪律管理松散还表现在缺乏严谨客观公正的外部审计，有些企业为保持账面盈利，掩盖真实债务风险，做虚假账务处理，内部审计缺少独立性，无法识别反映真实风险状况，使得企业能以虚假财务报表进行大额融资，实际偿付能力低于账面数据。

6.2.1.4 缺乏地方债务全口径监测机制和政府财务报告制度

从银行角度来说，通过征信等系统只能掌握某一家企业的授信情况，从政府角度来说，各级政府只能掌握本级政府通过融资平台、PPP 模式和发行债券等方式的总负债情况，由于缺乏对地方政府总体资产负债情况的了解与分析，商业银行在对政府类项目进行授信时，无法整体评估偿债能力，大多将政府信用作为背书，仅对申请授信的项目进行简单的财务测算，确定可授信额度。但由于所有的政府类项目偿还都是由本级政府负担，在缺乏债务全口径监测机制和政府财务报告制度的情况下，政府总融资金额可能远超过其偿债能力，导致债务违约。

6.2.2 金融体系与金融监管制度

6.2.2.1 商业银行兼具商业性和政策性职能

政策性银行的成立与《商业银行法》的出台初步确立了商业银行独立经营的地位和商业性经营的原则。但国家开发银行和两家政策性银行的发展战略定位明确且业务经营范围有限，无法满足扶持农村经济和民营小微企业发展等政策性需求。在新时期全面建成小康社会，支持乡村振兴和扩大就业等政策导向下，为提高金融服务的覆盖率、可得性和满意度，2015 年国务院发布《关于推进普惠金融发展规划(2016—2020 年)》，要求以可负担的成本为有金融服务需求的社会各阶层和群体提供适当、有效的金融服务。鼓励大型银行(主要指工农中建交)加快建设小微企业专营机构，鼓励全国性股份制商业银行和城市商业银行等为小微企业、“三农”和城镇居民提供更有针对性、更便利的金融服务。为促进金融资源向普惠金融倾斜，货币信贷政策和金融监管政策都出台了一系列的指标要求，尤其是对小微企业贷款服务要做到“增量、扩面、提质、降本”，要求商业银行主动建立融资对接平台，主动开发业务，满足小微企业融资需求，并设定“三个100%”和“两增”目标①。这些硬性指标均纳入对金融机构和高管层的考核，进行定期监测与通报，对政策执行未能达到要求的也会采取行政处罚。但由于我国商业银行的经营模式同质化，只是根据机构自身的融资成本和定价能力去选择客户，规模越小的银行承担的政策压力和盈利损失越大。对商业银行的信贷投放施加行政干预和信贷规模指标的硬性要求，在一定程度上违背了金融资源的市场化配置，商业银行在兼顾自身发展和盈利能力的同时，负担了较高的政策成本。

6.2.2.2 商业银行与政府合作存在寻租空间

我国的市场主体以国有企业为主，地方政府的投融资成为拉动经济持续增长的主要动力，形成了富有特色的“中国模式”，国有企业与地方政府构成了金融市场主要的资金需求方，商业银行选择与政府和国企合作除了可以满足主要市场主体的资金需求外，相比与民营企业合作能获得更多的收益。一是从业务盈利角度来看，政府类项目和国有企业的资金需求量大，往往需要多家银行同时提供授信才能满足资金供给，新增一家大型企业和项目贷款对于单家商业银行来说，管理成本低却收益高，大型国有企业除信贷业务外，还可以同时开展票据、银承、理财、托管等各类表内外业务和中间业务，最大限度地提升综合贡献度，自然成为商业银行的首选客户。二是从业务风险角度来看，政府类项目通常存续时间长，最重要的是有政府提供显性或隐性担保，一旦出现违约风险，政府会出面协调资金融通，尽可能确保利息的正常回款，再协调各家授信银行通过贷款重组以保证资金正常运转，相比风险不可控的小微企业来说，这些隐性的增信措施一定程度上降低了政府类业务的风险。三是从政策寻租角度来看，商业银行为本地企业和项目提供信贷资金有效地支持了当地经济的发展，不仅自身实现规模扩张和业务盈利，而且通过支持当地经济可以换取政府的政策支持和金融监管部

---

① 根据2020年监管最新要求，“三个100%”指对符合条件的小微企业100%开展问卷调查，有融资意愿的小微企业100%对接，符合信贷条件的融资需求100%予以满足。“两增”指单户授信总额1000万元以下(含)的普惠型小微企业贷款较年初增速不低于各项贷款增速，有贷款余额的户数不低于年初水平。

门的监管宽容，这种“双赢”模式使得商业银行选择主动与政府合作，甚至会主动授信，对不符合要求的项目贷款进行包装，主动地创新业务模式以逃避金融监管。

6.2.2.3 分业监管模式造成了“监管真空”

1995年《商业银行法》的颁布实施确立了我国分业经营分业监管的金融体系与金融监管格局，但金融创新打破了银行、证券、信托、保险等金融机构各自为营的业务模式，为规避监管政策和授信规模管制，银行对政府类项目和国有企业的借款不再局限于表内信贷模式，而是与非银行金融机构合作，并多重嵌套包装，发展出中国特色的金融衍生品和表外通道业务。由于分业监管的政策要求不统一，且各自为政，出现了混合业务无人管、单一业务占比下降的现象，大量资金游离于金融监管之外，形成了金融业务的“监管真空”，直到表外业务占用大量资金，进而出现资金空转、高杠杆率等风险问题，影响实体经济正常融资才引起监管部门的高度重视。此外，混业经营形成的金融控股集团也成了金融风险的高发地，诸如明天系、安邦系、海航系等大型金融控股集团业务庞杂且组织结构复杂，形成交叉持股的网络化关联关系，利用对金融机构的实际控股，在集团内部建立资金池，操控金融机构进行短期化的高风险投资，并抽调金融资金进行实体投资，引发了中国式的“大而不能倒问题”。

6.2.3 其他制度因素

除财政金融制度体系存在问题外，其他的一些制度因素也直接或间接地导致了财政风险金融化的产生和负面效应的扩散，或者说这些制度的存在，促使政府过度地运用金融资源缓释财政风险。

6.2.3.1 地方政府的政绩考核机制不合理

改革开放确立了以经济建设为中心的战略方针，为提高地方政府参与经济建设的积极性和主动性，我国建立了以经济增长水平为主要指标的政府考核制度，以此来促进地方政府对经济增长的贡献度。在拉动经济增长的“三驾马车”中，地方政府官员为在较短的任期内快速提升政绩，自然会将容易增加GDP指数的投资作为首选，在地区竞争和考核升迁等压力与冲动下，形成“层层分解任务指标、人人摊派投资任务”的现象。在唯GDP论政绩的考核机制下，地方政府会忽视整体产业结构布局、忽略环境保护和民生保障，盲目扩大投资规模，腾挪更多的资金或是举借更多的债务来增加制造业和房地产业的资金投入。这种加大投资的行为倾向在经济下行期更为严重，长期持续的以投资来提振经济的做法最终造成投资过热与经济结构性失衡，相关的行业积累了大量不良债权，而政府由于举债行为的失控，也形成巨额的隐性负债。

6.2.3.2 国有企业出资人制度产生过度的非市场性行为

在国有企业40多年的改革发展历程中，无论是公益性企业还是非公益性企业，政府都采取了从管人管事到管资产的“包揽式”管理，出资人的职责定位不清，政企不分。政府在管理国有企业时存在不同程度的越位和缺位，对本该由企业三会一层集体决策的战略定位、重大投资等事项进行行政性干预，使国有企业的投资产出服务于政府目标，非市场化的经营很容易在投资过热时导致产业结构不合理和市场供需失衡等问题，使国有企业面临经营危机，进而使作为主要债权人的商业银行也面临巨额的不良资产问题。地方政府为化解当地国有企业经营与债务风险，通常首先会在各国有企业之间进行资金融通调节，但对于巨额信贷债务来说，这种做法可能不仅不能解决问题企业的流动性问题，反而会连累其他正常的国有企业出现资金短缺，最终只能成立债务处置委员会，一企一策进行风险核销与化解，商业银行承担主要的风险损失。

6.2.3.3 大型企业集团内控机制不健全

大型企业集团在经济上行期大力扩张公司发展规模和经营领域，形成网络状的关联关系，建立了多层级的子公司。由于大型企业借贷门槛通常较低，很容易产生过度融资问题，甚至不顾成本地过度融资。融资的便利性促进大型企业集团无序扩张，跨行业跨区域经营，比如在金融混业经营趋势下产生的金融控股集团，由于缺乏现代化管理，过于追求短期获利而忽略集团管理，为扩张规模盲目举债，形成大量的关联交易和内部互联互保，甚至脱离主业追求高利润高杠杆投资。同时由于关联关系复杂，很难对所有子公司进行并表管理，对下属企业的融资举债往往无法精准统计。无序的举债和内控的缺失造成大型企业集团的债务规模超出偿付能力。

6.2.3.4 地方性商业银行的公司治理结构存在缺陷

地方性商业银行设立的初衷是解决单一银行体制和两级财政体制的矛盾，为地方经济的发展提供金融支持，所以天然带有“地方性”。地方政府作为地方性商业银行的出资人和行政管理者，拥有绝对的控制权，通过股权控制、人事任免对金融机构的经营形成很强的控制影响力。作为主要股东的政府或行政法人，对本该享有的股东分红并不关注，而是热衷于对经营管理的控制，使经营管理层本该享有的经营自由权受到了多方的硬性约束，但却在利润和资本管理方面缺少有效监督①。在国有商业银行的信贷审批权限普遍上收的情况下，地方政府对国有商业银行分支机构的控制权减弱，转而运用对地方性商业银行的实际控制权将资金供给压力转移给地方性商业银行。农村商业银行和新型农村金融机构由于经营权限和经营区域性的限制，需要依附于地方政府来发展业务，进一步加剧了地方政府对银行体系的控制程度，使得地方性商业银行的经营行为带有较强的行政化特征。地方政府对中小银行的行政控制在银行风险化解过程中又得以加强，对于中小金融机构资本金不足和资产质量恶化的风险，地方政府作为主要股东，因财力有限无法及时补充资本金，只能通过“唯一的合法渠道”发行专项债来补充商业银行资本或置换存量延期债务，抑或协调中央银行金融稳定再贷款来处置不良资产，无论是专项债资金还是央行专项借款都会增强政府对地方性金融机构的控制权，无益于改善公司治理结构和商业性经营的独立性。

6.2.3.5 政策性风险强化了固有的利益联结

政府出台的一些行业性政策对特定的金融机构和企业会产生负外部性，这些由公共政策产生的损失未能得到财政补偿，最终会直接或间接地由商业银行负担，进而强化商业银行“趋利避害”的本能。比如一些地区性的环保政策、产业政策等，会使中小企业的生产经营面临更多的政策性风险，而商业银行在面对更多的不确定性风险时，会更倾向于选择与抗风险能力强的国有企业和政府类项目合作，因此对政策性风险高度的不确定性预期会强化财政风险金融化存在的现实基础。

6.3 后危机时期财政风险金融化的传导机制

社会主义市场经济转轨时期的财政风险金融化传导路径随着金融在经济领域中参与经济活动的广度和深度的提升变得复杂。2008 年金融危机以后，新一轮的经济刺激计划与经济发展战略导向等政策制度因素使地方政府成为这一时期主要的投融资主体，相应的财政风险开始转变，财政风险金融化也呈现出新的特征，具体如图 6 - 3 所示。

---

① 陶正芳，杨振东，李艳萍．从控制权到所有权：地方性股份制商业银行法人治理结构改革的逻辑[J]．金融研究，2004(4)：130 - 135.

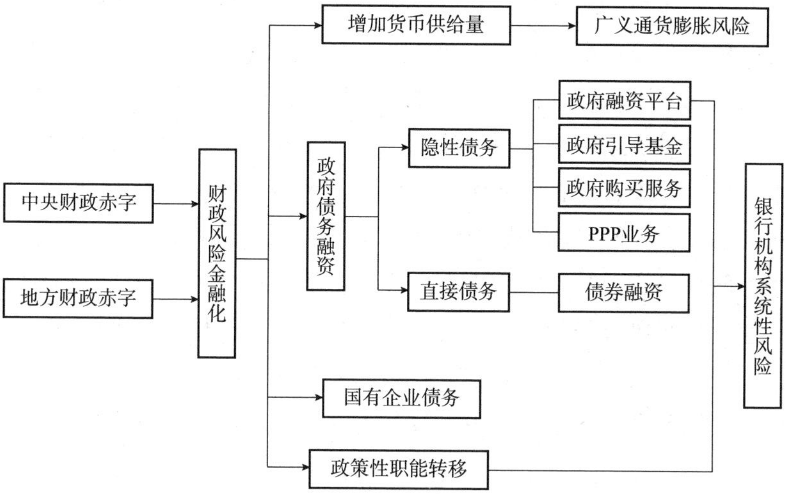

图6－3　后危机时期财政风险金融化的传导机制

后危机时期财政风险金融化的特征变化主要表现在主体的多元化和传导机制的隐蔽性两个方面。主体的多元化体现在风险的来源既有中央财政风险又有地方财政风险，其中地方政府成为这一时期最主要的风险主体，风险表现既有广义通货膨胀风险又有银行机构系统性风险，银行机构的系统性风险更为凸显，其中既包含国有商业银行风险也有中小银行机构风险，中小银行机构风险在后危机时期更为严重，高风险机构数量持续增长，银行体系的整体盈利水平和资产质量持续恶化，成为金融风险的重灾区；传导机制的隐蔽性体现在政府的负债更为隐性，政府的干预手段和运用金融资金的方式也更为隐蔽，同时也导致了传导渠道的多样化。

本节将对后危机时期主要的财政风险金融化传导机制做一一梳理，这一时期的传导机制大体可分为通货膨胀风险传导机制和银行机构系统性风险传导机制两类，其中银行机构系统性风险传导机制包括政府债务融资、国有企业债务和政策性职能转移三种。伴随监管制度的改革与金融创新的发展，政府融资模式和政府对金融汲取控制的方式也在发生变化，这些都将促进财政风险金融化传导机制发生演变，但总的变化趋势是更加多元、隐蔽和复杂的。

6.3.1　通货膨胀风险传导机制

《中国人民银行法》的实施终结了财政直接向中央银行透支的历史，此后财政风险金融化的通货膨胀风险传导机制由直接的赤字货币化转变为间接影响货币供给量的方式，即中央或地方政府通过在公开市场上发行债券融资，中央银行和金融机构以新增基础货币的方式认购债券，会增加流通中的货币供应量，进而可能引起广义通货膨胀风险。在后危机时期，我国房地产具备了资产属性，房地产价格受货币供应量变化影响显著，而传统用 CPI 衡量的通货膨胀指数只反映消费品的价格变化，并没有完整反映整个社会经济的通胀水平变化趋势①。因此，在后危机时期的通货膨胀风险传导机制中，需要将房地产价格因素考虑在内，构建广义通货膨胀风险指数，更全面真实地反映财政风险金融化通过货币供应量渠道引起广义通货膨胀风险的传导机制变化。根据债券发行与偿还主体不同，传导机制可分为中央财政风险金融化与地方财政风险金融化两类。

中央财政风险金融化主要是中央政府为弥补财政赤字、增加财政收入在公开市场发行国债，由中国人民银行在公开市场认购，或是定向释放流动性，由商业银行在公开市场认购，由此引起基础货币供应量的增加。此外，中国人民银行还可以向中央财政上缴利润，2022 年中国人民银行按照党中央、国务院统一部署，依法向中央财政上缴结存利润 1.13 万亿元，用于留抵退税和增加对地方转移支付等事项。

地方财政风险金融化主要是指地方政府在公开市场发行地方政府债券，由商业银行认购，商业银行用地方政府债券作为抵(质)押品，通过再贴现业务获得中央银行提供的流动资金，进而影响流通中货币供给量。按照《关于 2015 年采用定向承销方式发行地方政府债券有关事宜的通知》的规定，我国地方政府债券可作为中央国库现金管理和试点地区地方国库现金管理的抵(质)押品，纳入中国人民银行常备借贷便利(Standing Lending Facility，SLF)、中期借贷便利(Medium - term Lending Facility，MLF)、抵押补充贷款(Pledged Supplementary Lending，PSL)的抵(质)押品范围和商业银行质押贷款的抵(质)押品范围②。金融机构可将其持有的地方政府债券向中国人民银行抵(质)押贴现，这将增加货币投放量，使得地方政府债务实现货币化③。

综上，后危机时期财政风险金融化的通货膨胀风险传导机制如图 6 - 4 所示，这一时期的通货膨胀风险主要体现为以房地产为主的资产价格上涨，商品和服务等消费品价格基本保持稳定，这是后危机时期通货膨胀风险传导机制的主要特征变化。

---

① 周小川．拓展通货膨胀的概念与度量[J]．中国金融，2020(24)：9 - 11.

② 资料来源：三部门明确今年采用定向承销发行地方政府债券事宜，中央政府门户网站，http：// www. gov. cn/ xinwen / 2015 - 05/16/content_ 2863176. htm。

③ 阳建勋．论我国地方政府债务风险的金融法规制[J]．法学评论，2016，34(6)：34 - 42.

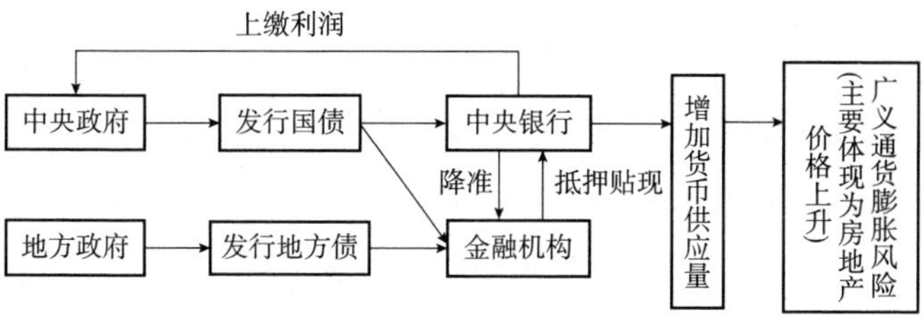

图6-4 广义通货膨胀风险传导机制

6.3.2 政府债务融资风险传导机制

政府债务融资的风险传导主要指政府运用信贷资金进行政府类项目投资建设，在缓解财政风险的同时，过度不合理地使用金融资金，造成金融资金的市场性效率损失。地方政府负有偿债或担保责任，因资金的低效率使用造成偿还能力不足，可能引起商业银行的流动性风险和信用风险等，由于这一传导机制的风险起源与政府直接相关，也可视作直接传导机制。财政风险金融化传导路径随政府融资模式的变化而变化，但主要在于中间通道机构的变化，由于商业银行是最终的出资方和风险承担者，所以运用信贷资金弥补财政资金不足、化解财政风险的结果最终还是会体现在银行体系内部。按照融资模式划分，财政风险金融化的政府债务融资传导机制主要有政府融资平台、政府引导基金、政府购买服务、政府与社会资本合作(PPP)模式、政府债券融资等，其中前四项属于隐性债务融资传导路径，政府发行债券为直接债务融资传导路径。

6.3.2.1 政府融资平台

政府融资平台是指由地方政府或其部门机构设立的，具备独立法人资格和融资功能的经济实体，通常以财政拨款或持有的土地、股权等作为资产，承担特定的政府投资项目。继芜湖模式和重庆八大投平台后，各地为拉动经济增长开始效仿采用融资平台模式进行项目投资，最初的投融资平台主要由国家开发银行提供资金支持，2008 年底在积极宽松的财政货币政策推动下，商业银行开始选择与政府融资平台合作，成为政府投融资的主要资金提供者，政府融资平台获得了高速发展。为丰富项目配套资金的融资模式，支持中央政府投资项目落地实施，2009 年中国人民银行等监管部门出台鼓励支持组建融资平台政策，拓宽地方政府融资平台的融资渠道，允许通过企业债和中期票据等工具进行市场化融资。从此政府融资平台可以合法地进行直接融资和间接融资，金融资金大量流向平台类企业，成为政府可支配资金的重要组成部分，仅2009年地方政府融资平台获得的贷款总额就占到当年全部新增贷款总额的40%以上。平台类企业投资的项目大多建设周期长且平均收益率较低，银行信贷资金的集中投放很容易造成期限错配风险，此外项目的无序投资和低回报率不仅造成银行信贷资金的低效率配置，还带来了严重的债务危机。2011年审计署对全国融资平台的审计结果表明，市县级政府主要依靠政府融资平台获得信贷资金以弥补财政资金投资的不足，2010年末地方政府性债务余额总计107174.91亿元，其中银行贷款为84679.99亿元，占比为79.01%，其余债务资金来源为上级财政、发行债券和其他借款。

如表6-3所示，2010年末，全国融资平台公司数量为6576家，从经营范围看，以政府建设项目融资功能为主的有3234家，兼有政府项目融资和投资建设功能的有1173家，还进行其他经营活动的有2169家；融资平台公司政府性债务余额为49710.68亿元，占地方政府性债务余额的46.38%，其中：政府负有偿还责任的债务为31375.29亿元、政府负有担保责任的债务为8143.71亿元、其他相关债务10191.68亿元，分别占63.12%、16.38%、20.50%①。从区域分布看，市县级融资平台数量占全部融资平台数量的97%以上，市县级融资平台政府性债务余额占比为82.24%，可见债务风险主要集中在市县级，这也反映出市县级政府的财政赤字规模较大，且政府融资来源较为单一。

表6-3　2010年末政府融资平台公司分类情况统计

项目	省级		市级		县级		合计	
	数量	占比(%)	数量	占比(%)	数量	占比(%)	数量	占比(%)
融资平台数量(家)	165	2.51	1648	25.06	4763	72.43	6576	100
政府性债务余额(亿元)	8826.67	17.76	26845.75	54	14038.26	28.24	49710.68	100

数据来源：《全国地方政府性债务审计结果》(审计署〔2011〕35号)。

自2010年起，各部门都开始加大力度对融资平台的债务问题进行清理整顿，制止地方政府违规担保承诺行为，总的原则是实行政企分离，从供需两端入手使债务显性化。资金供给端方面，各银行机构按照银保监会要求依据偿还能力对平台公司进行分类管理，如融资平台公司现金流稳定，偿还能力充足，具备市场化

① 资料来源：《全国地方政府性债务审计结果》(审计署〔2011〕35号)，http://www.audit.gov.cn/n5/n25/c63566/content.html。

融资能力，则划为“一般公司类”，经核查评估和整改后仍不满足退出条件，或是未完成退出流程的平台公司，仍作为“平台管理类”。资金需求端方面，在融资平台信贷业务分类管理的基础上，对政府融资加以限制。依据《关于加强地方政府性债务管理的意见》(国发〔2014〕43 号)要求，融资平台公司不再承担政府融资职能，不得新增政府类债务。地方政府可以采用 PPP 模式，与社会资本通过合作方式进行项目投资运作，在限额管理内拥有依法适度举债的权限，同时严格预算约束与偿债责任管理，完善绩效考核与问责机制。财政方面的严格监管在一定程度上约束了地方政府借贷融资和担保承诺行为，但由于政府庞大的资金需求以及银行与政府合作动机的客观存在，政府融资平台业务在严监管政策下从银行表内信贷转至表外业务，同时为规避监管，进行多层嵌套，使大量资金通过各种影子银行流向政府类项目和国有企业，甚至出现银行到处找企业放款，帮助企业规避监管政策的现象，这种重规模、轻管理的发展模式无疑会积累大量金融风险。在防范化解风险和遏制隐性债务的一系列监管措施下，地方政府的隐性负债规模增长逐渐放缓，但从债务结构来看，各统计口径下融资平台相关债务总额均超过隐性债务的八成，仍是地方政府隐性债务的最主要构成部分①。政府融资平台的融资模式及存在的风险主要有以下几类。

1. 银行贷款

政府融资平台作为企业可以直接向银行申请贷款，一般采用抵(质)押和保证担保方式，如土地收益权质押、国有企业或地方政府担保。具体操作模式是先由土地管理部门按照政府土地规划管理明确储备土地的供应用途和年限等要素，再向土地储备中心发放土地使用权证，以权证作为抵押向银行申请贷款，也可将储备土地的收益权作为质押物为贷款提供担保。偿还来源除项目本身的收益外，主要源于土地出让收入。但实际中由于平台公司法人治理结构不完善，项目资本金不足，且资金大多投向回收周期较长的公益或准公益性项目，盈利能力较弱，因此土地出让收入成为政府融资平台的第一还款来源。银行与土地财政构成了这一时期最典型的资金循环模式，银行的信用风险与土地财政状况直接相关。

2. 票据贴现

融资平台企业通过银行的表内信贷融资会受到授信规模的限制，为突破授信

① 毛振华，袁海霞，汪苑晖．当前我国地方政府性债务风险及对策研究[J]．财政科学，2020(10)：54－58，66.

额度，获得更多的银行资金，融资平台企业会选择票据贴现方式融资。业务模式通常是融资平台企业向多个项目施工方或专业机构开具商业票据，由持票人向承兑银行进行票据贴现获得资金，票据贴现依然属于表内信贷业务，但是这样操作占用持票人在承兑银行的授信额度，而不纳入融资平台企业的统一授信额度管理。在实际操作中，平台企业可以向很多个机构开具票据融资，可能存在虚假合同或无真实贸易背景的商业票据，使融资平台的融资金额超过其真实的融资需求和偿债能力，承兑银行因此将面临较大的信用风险敞口。

3. 政府融资平台表外类信贷业务

持续了两年多的经济刺激政策开始在 2010 年逐步退出，针对部分经济过热现象和显现的政府债务问题，中央银行实施了适度从紧的货币政策并严格管控银行信贷额度，重点加强了对房地产行业的信贷调控，同时银保监会拟定了政府融资平台企业名单，房地产企业和平台类企业的表内贷款规模大幅压缩。但政府基建类项目和房地产行业的资金需求仍大量存在，在供需失衡的背景下，资金供求双方都有足够的动机达成合作意向，共同创新业务模式以突破监管限制。于是政府融资平台开始通过表外业务融资，商业银行开始拓展合作范围，与信托、证券等非银行业金融机构合作，通过非标渠道满足政府的融资需求。尤其是对于融资能力受限的市县级地方政府来说，信托贷款、委托贷款等表外业务融资成为其主要的资金来源，融资模式也更为复杂，相应的融资成本也更高，更高的融资成本需要更多的土地出让收入来偿还，政府、银行和企业构成了利益联结体，共同助推房地产价格泡沫产生并扩大。目前主要的表外类信贷业务模式有以下四种。

委托贷款。由第三方企业作为资金委托方或是过桥企业，委托商业银行向实际的资金需求方发放委托贷款（计入表外业务），商业银行发起一笔理财业务，用理财资金购买资金委托方的受益权，这样业务风险实际由商业银行承担，第三方企业只是参与资金周转。

银信合作模式。银信合作指商业银行与信托公司合作完成资金借贷业务，先由银行向信托公司以同业交易方式划转资金，信托公司用这笔资金设立单一信托资产管理计划，由指定的企业以信托贷款的形式参与该信托计划，同业业务单独统计，不计入表内信贷，采用这种通道模式可以大幅压缩企业的信贷集中度，腾挪信贷规模空间。

银证合作模式。银证合作指商业银行与证券公司合作完成表外资金的借贷，先由证券公司设立定向资产管理计划，商业银行以同业业务方式投资该资产管理计划，证券公司用这笔资金购买商业银行的表内贴现票据，由于资产管理计划受益权业务属于表外，这样就完成了信贷业务由表内转移至表外，降低了表内信贷规模约束。在实际操作中，为了掩盖交易目的或是规避监管，可以由另外的商业银行承担资金过桥角色，延长业务链条，加大监管难度，资金交易成本也相应提高。

银证信合作模式。银证信合作是指由商业银行、信托公司和证券公司三方合作，先由证券公司设立定向资产管理计划，商业银行发起理财业务，用理财资金定向投资该资产管理计划，证券公司用资产管理计划资金认购信托公司指定的信托业务产品，最后由信托公司将资金投向指定的借款企业。

业务模式的创新主要是为了规避监管法规和表内信贷规模，之后又衍生出信托受益权三方转让模式、自营资金投资信托受益权模式、借道标债模式、信托受益权卖断模式等，金融监管永远滞后于金融混业经营模式的创新，而花样百出的表外业务也像击鼓传花一样累积并放大了金融风险。

4. 债券融资

政府融资平台公司可以在公开市场上发行债券进行直接融资，包括公募性质的企业债(城投债)和私募性质的定向融资工具。企业债发行人原则上应满足发行人为地方国有企业，发行人的主营业务应包含但不限于公益性或准公益性项目两个标准。企业发行的债券余额不得超过其净资产的40%，募集资金投向必须符合产业政策，所投项目必须经过合规性审查。而私募债的要求相对较低，投资范围也更宽泛。

企业债券是企业依照发行程序发行，约定在一定期限内还本付息的债券。由于利率低、期限长等特点，城投债的发行规模一直呈扩张趋势，2012 年城投债的发行规模为 2011 年的 3 倍，2014 年末累计发行城投债 2282 只，募集金额达 25108 亿元，城投债的发行数量和规模达到爆发期。需要注意的是，城投债的信用评级主要从股东背景、地区经济财政、经营分析、财务分析以及政府支持五个方面对发行主体进行综合评价，得出城投债基础信用级别，再结合调整事项及补充分析，得出城投债最终信用级别。但在实际操作中，信用评级的高低仅与资产规模和发行主体的行政级别挂钩，这种隐性条款无疑是政府对债权的增信与担保。

定向融资计划是指平台公司通过金融资产交易中心备案发行，特定投资者以非公开方式募集和转让，约定在一定期限内还本付息的债权类固收产品。各地方金融资产交易中心备案发行的“定向融资计划”除需严格审核融资平台公司的各项资质、还款来源、还款能力等，往往还会要求被各大评级机构评为 AA 级的平台公司为产品如期兑付提供无条件不可撤销连带责任担保，且要求发行方落实抵(质)押等相关风控措施，以确保投资人的本息兑付。从 2010 年开始，国家发展改革委限制了投融资平台公司发债的范围，将城投债纳入地方政府债务风险管理，规定累计政府债务占财政总收入比值低于 100% 时才允许发行城投债，同时设立偿债均摊机制，在债券存续期内合理分摊本金，较好地解决了“本届发债下届还钱”的道德风险问题。

6. 3. 2. 2 政府引导基金

政府引导基金是指由政府出资，以股权投资等方式用于支持创新创业、中小企业发展、产业转型升级、基础设施建设和公共服务等目的的资金。根据投资目的不同，政府引导基金可分为创业投资引导基金、产业投资基金和 PPP 基金等。地方政府融资平台业务受限后，开始对投融资方式进行调整转型，更多地引入社会资本参与项目投资，减轻财政支出压力，发挥财政资金的杠杆效应，通过政府性基金以少量财政资金撬动社会资本，投资于重点经济领域和薄弱环节，政府引导基金由此开始蓬勃发展。截至 2020 年 6 月末，全国共成立 1349 只政府引导基金，总规模达到 2. 15 万亿元①，总体来说，政府引导基金规模增速自 2016 年起开始放缓，投资速度也普遍较慢，已投资金额大约占到基金总规模的 50%，其中以市级基金为主，数量占比为 51%，基金总额占总规模的比重为 43. 5%。实际运作中出现资金不足、落地难等问题，主要原因有两个方面：一是项目投资缺乏吸引力，社会资本参与程度不足，资金主要来源于政府财政和银行资金；二是项目规划不足，资金使用效率和项目盈利能力较低，未能充分发挥政策引导作用。

对于企业来说，政府引导基金能够拓宽企业的直接融资渠道，基金以股权方式投入企业将有利于降低实体经济杠杆率。但在基金的实际运作中，如图 6 - 5 所示，有些地方政府作为劣后级出资方为社会资金提供隐性担保等安排，并提供抵(质)押物，或是承诺到期回购，使得投资基金异化为债务融资平台，银行资金在投资项目时大多受到政府行政干预，背离了政府投资基金共担风险、市场化运作的初衷。业务模式运作中也出现层层加杠杆、明股实债、“空手套白狼”等完全由银行出资等现象，加大了金融体系的信用风险。

① 国立波，吴浠 . 2020 年政府引导基金专题研究报告[R]. 投中研究院，2020(11).

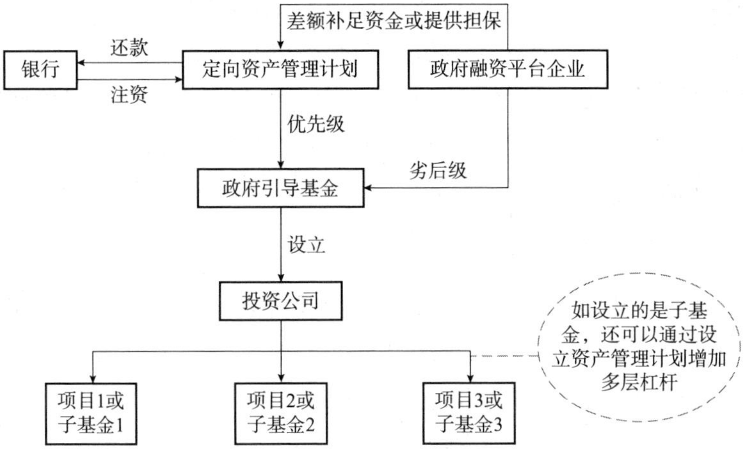

图6-5　政府引导基金业务运作模式

6.3.2.3　政府购买服务

政府购买服务是通过发挥市场机制作用，把政府直接向社会公众提供的一部分公共服务事项按照一定的方式和程序，交由具备条件的社会力量承担，并由政府根据服务数量和质量向其支付费用。但在实际中存在地方政府以政府购买服务名义变相融资，使政府购买服务成为政府融资的一种隐性渠道，增加了地方政府的隐性债务规模。融资模式主要是在财政预算之外，以虚假政府购买服务协议向融资平台购买服务，政府融资平台以协议中对政府的应收账款权益做质押向金融机构融资。

6.3.2.4　PPP 模式

PPP 模式是提供公共产品与公共服务的一种新型合作模式，由政府公共部门与企业、专业化机构等合作建设项目，实现利益与风险共担。2013 年 11 月，中共中央发布《关于全面深化改革若干重大问题的决定》，提出允许社会资本通过特许经营参与城市基础设施投资和运营。2014 年 9 月，财政部发布《关于推广运用政府和社会资本合作模式有关问题的通知》(财金〔2014〕76 号)，要求地方财政部门充分认识推广运用 PPP 模式的重要意义，积极稳妥开展示范工作，推动 PPP 模式的应用。但在我国无论是政府部门还是合作的企业，其投资项目的资金来源主要是银行资金，PPP 项目融资以间接融资为主，存在较高的资金期限错配和信用违约风险①。在当前 PPP 模式法律法规不完善的情况下，由于项目规划不

① 陈华，王晓．中国 PPP 融资模式存在问题及路径优化研究[J]．宏观经济研究，2018(3)：81-88.

合理，对项目收益和偿债能力评估不科学，政府或企业任意一方的违约都会使银行承担信用风险损失。一些地方政府以 PPP 为名违规举债融资，采取政府回购、承诺固定投资回报等方式搞“明股实债”，比如由政府或政府指定机构回购社会资本投资本金或兜底本金损失；政府向社会资本承诺固定收益回报；政府及相关部门为项目债务提供担保等。

6.3.2.5 政府债券融资

为缓解地方政府的财政收支压力，自 2009 年起开始探索财政部代地方政府发债和地方政府自主发债等试点工作，2014 年《预算法》等法律制度正式赋予地方政府发行债券的职能，规定省级地方政府可以发行地方政府债券，用于地方经济社会发展支出，各市县需要发债的，由省级政府代理。对甄别后纳入预算管理的地方政府存量债务，各地区可申请发行地方政府债券置换，以降低利息负担，优化期限结构，在实际发行中，地方政府债券的购买主体主要为商业银行，其持有比例超过 80%①。地方政府债券的评级标准不完善，评级结果未能真实反映各地区的偿债能力和债券品种的风险差异，一定程度上存在着信用违约风险。非市场化的发行机制会显著地增加商业银行的流动性风险②，尤其是中小商业银行的资产负债结构及流动性，进而影响我国实体经济，而银行体系的风险相应地也会影响地方政府债务风险③。

此外，存量债务置换债券在地方政府发行的债券中占有较大比例，债务置换的做法并未真正解决地方政府的债务风险，而是从利率和期限结构上做调整，以低息换高息、以时间换空间来缓解短期内的偿债压力，地方政府存量债务的置换不仅会放大风险，也是典型的财政风险金融化的表现④。一方面减轻了财政债务负担，以低息的债券置换高息的贷款，且还款时间延长，使短期的流动资金贷款转换为长期稳定的债务资金；但另一方面商业银行承担了最终的转换成本与风险，不仅负担了利息损失和期限错配带来的流动性风险，在财政收支缺口日趋扩大的情况下，更是需要面临较高的债券违约风险。

---

① 曾辉．完善地方政府债券的思考[J]．中国金融，2018(12)：38－40.

② 陈宪，尹柏杨．地方政府债券对上市地方商业银行流动性风险的影响[J]．湖南农业大学学报(社会科学版)，2020，21(3)：67－73.

③ 熊琛，金昊．地方政府债务风险与金融部门风险的“双螺旋”结构——基于非线性 DSGE 模型的分析[J]．中国工业经济，2018(12)：23－41.

④ 韩健，向森渝．地方政府隐性债务诱发系统性金融风险的路径与防范[J]．财会月刊，2018(24)：9－13.

6.3.3 国有企业债务风险传导机制

国有企业债务风险引起的金融风险属于财政风险金融化最重要的间接传导机制之一，之所以定义为间接传导机制，是因为在整个传导路径中政府并没有作为经济主体直接参与资金融通，而是作为行政主体对资金供求双方进行了行政干预。政府既是国有企业的出资人又是地方性金融机构的实际控制人，地方性国有企业和商业银行的经营首要目标都是为地方经济发展服务，重大投资与业务经营会不同程度地非市场化。在持续多年的财政刺激与宽松货币信贷政策环境下，国有企业在产业政策指导下扩大投资规模，政府主导的产业投资对经济增长的拉动作用功不可没，但也引发了“两高一剩”行业问题，而且高产能、高库存、高杠杆带来的结构性失衡问题，造成了经济增长的不可持续性，严重影响着银行资产质量与金融安全。

6.3.3.1 行业集中度风险

尽管监管部门对客户集中度和行业集中度做了严格限制，但实际信贷业务中源于行业传染性的风险要远高于统计值。行业集中度风险的蔓延主要存在于产能过剩或信贷投向限制领域，这些行业大多是由于前期政策扶持资金大量集中投入的领域，如钢铁、煤炭、电力、房地产等集团企业，这些单个企业的规模一般较大，且关联交易复杂，信贷融资数额较高，往往在某一区域或是市辖内的几家甚至几十家银行都有贷款，信贷业务的关联性和传导性极强。尽管我国商业银行近年来对产能过剩行业的贷款投放采取了严格控制政策，但产能过剩行业存量贷款的规模仍较大，并且通过表外业务新增融资。当前产能过剩行业经营困难，企业资金链紧张，诸如天津渤钢集团、海航系等集团客户已相继出现资不抵债的情况。此外，受经济下行和资源环境约束等因素影响，其他行业的国有企业在前期经营中存在的重投入、轻管理的矛盾也逐渐暴露，国有企业债务违约风险呈持续蔓延趋势，使国有企业比重较高的区域经济发展面临严峻挑战。信贷违约风险的发生，将会使金融体系内的很多银行机构产生巨额不良资产，国有企业的综合贡献度往往较高，除信贷业务外还有其他附加业务，对银行的负面影响会出现乘数效应。对国有企业采取的不恰当的流动性救助措施，比如政府协调关联企业或国务院国资委所属企业提供资金拆借援助，可能将进一步引发相关联企业或是银行机构的流动性危机，风险的溢出效应极为显著。

6.3.3.2 高杠杆率融资风险

国有企业的高负债率构成了地方政府隐性债务风险。在《2018 年 4 月财政监测报告》中 IMF 指出全球债务处于历史高位，与 2009 年相比杠杆率增加 12%，主要应归因于中国债务率的提高，2017 年包括地方政府隐性债务在内的中国政府部门总杠杆率为 51.2%。2017 年 12 月末全国地方政府债务余额为 16.47 万亿元，地方政府债务占 GDP 的比重为 19.80%，地方政府债务风险总体可控，但地方政府隐性负债的压力持续存在，主要来自对地方政府融资平台和部分国有企业存在的隐性担保，部分国有企业的负债构成地方政府的实质隐性债务。2017 年末中国规模以上工业企业资产负债率已降至有公开数据以来最低的 55.5%，但国有企业资产负债率仍稳定在 65% 左右。目前，中国的非金融企业的债务率过高，主要是国有企业的负债率过高，金融部门融资的所有制歧视倾向明显，大量信贷资源沉淀在低效甚至无效领域，削弱了金融信贷资金对经济增长的拉动作用，这也是导致国民经济投资效率下降，形成潜在系统性风险的重要原因。

综上，在政府财政资金不足以满足扩大投资需求时，商业银行资金成为国有企业的主要资金供给方，形成了非金融企业的高杠杆率现象。国有企业由于过度投资和产能过剩导致违约风险使商业银行形成大量不良资产，在对国有企业依赖度较高的北方省份问题更为突出，很多中小金融机构受大型国有企业债务影响成为高风险金融机构，陷入风险敞口大、传染性强、处置难的困境。从 2019 年对银行机构的央行评级结果来看，村镇银行和城市商业银行分别有 89% 和 73% 的机构分布在 4～7 级，农合机构（包括农村商业银行、农村信用合作社、农村合作银行）的金融风险最高，高风险机构数量占该类型机构总数的 17%①。国有企业债务风险依据处置方式的不同形成了三种传导路径，一是商业银行对国有企业的不良资产通过债务重组进行风险缓释，以时间换空间的方式延缓风险的集中爆发，比如贷款展期、借新还旧或贷款重组等；二是商业银行对不良资产进行核销处置，企业如果已严重资不抵债，濒临破产清算，那么商业银行只能通过打包出售或直接核销等方式进行部分不良资产的处置化解，或是依据地方政府成立的债务委员会审定的债务重组方案，进行不良资产处置，商业银行承担部分实际风险损失；三是商业银行对问题国有企业实行债转股，以入股形式承担国有企业的经营风险。

---

① 资料来源：《中国金融稳定报告 2020》，第 93 页。央行评级等级划分为 11 级，分别为 1～10 级和 D 级，级别数值越大表示机构的风险越高，D 级表示机构已倒闭、被接管或撤销。评级结果为 8～10 级和 D 级的金融机构被列为高风险机构。

6.3.4 政策性职能转移传导机制

政策性职能转移传导机制是指政府为减少财政支出，将一部分政策性职能交由商业银行承担，属于财政风险金融化间接传导的另一种表现。《商业银行法》第四条规定商业银行实行自主经营、自担风险、自负盈亏、自我约束、依法开展业务，不受任何单位和个人的干涉。但实际中商业银行与政府，尤其是地方政府，客观上存在共同利益，天然地会形成利益联结机制，商业银行在贷款投向的选择上会呈现区域性，并受行政指导的干预，同时也会承担一定的政策性职能，完成经济发展政策目标等。从商业银行角度来说，过度承担政策性职能不可避免地会产生一定的风险损失，主要体现在两个方面：一方面是政策性业务导致的同质化竞争，使得竞争力较弱的中小金融机构盈利能力下降；另一方面是政策性职能的履行导致利润空间缩减和信用风险上升。

6.3.4.1 同质化竞争导致盈利能力下降

政府在制定有些政策时采取“一刀切”的指标要求，比如经济下行期，为实现扶持民营中小微企业发展、保就业保市场主体等目标，制定具体的数量型考核指标来促使金融机构增加支农支小贷款，在普惠金融等政策性业务指标考核要求下，所有的商业银行为了完成指标任务而争抢客户资源。大型商业银行凭借较低的融资成本，可以压低贷款利率发放优惠贷款，而中小银行定价能力较弱，融资成本很高，特别是原本就以“三农”和小微企业为主要目标客户的农村金融机构无法提供相同价格的优惠贷款，间接造成了中小金融机构的客户大量流失问题。有些中小银行在考核指标的硬性要求下，只能以存贷款利率倒挂来完成任务，银行承担利差损失。政策性职能和公共服务的提供如果由商业银行硬性承担，无疑降低了中小银行的竞争力，政策性的同质化竞争造成中小银行的生存困境，使其面临较大的经营压力和风险管控难度。

6.3.4.2 政策性业务引起高信用风险

1. 小微信贷业务

在小微企业融资政策扶持下，金融机构面对高风险的小微企业客户只能在担保方式上做文章，或增加抵(质)押品，或是设立各种创新型的担保圈和担保链，这种行业高集中度的业务模式，如果某个行业出现风险，将通过担保网络蔓延开来，引发较大的传染性风险。另外，针对小微企业缺少抵(质)押物的现状，财政部和金融监管部门等要求金融机构加大小微企业信用贷款支持力度，提高新增小微信用贷款业务占比，在缺少小微企业综合信用信息、完整规范财务分析的情况下，为解决小微企业融资难和融资贵问题，硬性提高信用贷款占比，降低融资成本，只能加大银行的经营成本和业务违约风险。

2. 扶贫信贷业务

扶贫小额信贷是为助力精准脱贫开发的农村金融业务，是针对特定贫困户发放的用于支持生产经营的小额资金。这类政策性资金在实际发放与运用中也同样存在政策性因素导致的金融风险。一是户贷企用。有些地方政府充分利用了扶贫信贷资金成本低的优势，从贫困户手中集中“收回”贷款转交企业使用，甚至让贫困户垫付贷款利息，而这些企业大多无偿还能力，金融机构迫于政策压力只能自行核销，完全违背政策初衷。二是信贷投向干预。金融机构作为出资方，在发放扶贫信贷时几乎没有话语权，也不可能按照农户的生产经营状况审批授信额度，而是由政府制订扶贫信贷投放计划，将信贷指标硬性摊派到各金融机构，完全信贷资金财政化的分配额度，脱离实际需求和市场化规律。三是风险共担机制缺失。金融机构在发放政策性贷款时，相比正常的企业贷款会承担更高的管理成本和信用风险，监管部门为解决这一问题通常会设立风险补偿机制，用财政资金来弥补非市场化配置资金的利润损失，形成风险共担模式，但实际中政府很难保障风险补偿机制的正常落实，银行可能承担全部风险损失。

3. 提供区域性维稳资金

注资国有企业。由于大型国有企业事关当地经济发展稳定，地方政府对于本区域内大型国有企业债务违约问题，一般会在债务重组之前协调授信银行尽可能地提供资金以维持国有企业经营。除直接进行贷款重组外，在政府干预下，银行还会通过表外投资、资产管理等表外业务模式为国有企业注入资金，国有企业以新增融资置换存量业务资金，无须归还本金，仅需要支付融资利息成本，就可以与银行等金融机构形成长期的资金合作关系，掩盖真实的信贷风险，长期低成本地占用银行信贷资金。

解决民生等社会稳定问题。曾作为互联网金融创新代表的 P2P 业务，既能满足我国居民的投资需求，也在一定程度上解决了中小企业融资难问题，但疯狂发展之后的几年里行业全部崩盘，2018 年 P2P 行业集中爆雷，短短两年的时间，整个行业几乎覆灭，很多投资者血本无归，不断找政府监管部门投诉上访。有的政府部门出于维稳考虑，会让地方性商业银行以表外通道业务的模式发放资金给某一企业，资金的真实用途则是偿还 P2P 平台债务，或清理整顿各类非法集资活动。政府为解决区域内其他涉及社会稳定的问题也会采取类似的操作。

6.4 新冠疫情等因素加剧财政风险金融化

突如其来的新冠疫情，严重影响国内国际经济正常运转，对制造业、服务业等传统行业造成强烈的负面冲击，全球经济在疫情影响下几乎停滞。全球各个国家普遍在原本宽松的财政货币政策基础上加码，实施更为积极和宽松的量化政策，高流动性供应和高公共负债率预计在未来一段时间内将成为全球经济的新常态，虽然在短期内可以稳定金融市场，但也会加剧资产泡沫的积聚、通货膨胀和债务风险。我国的金融风险受国内外各种因素影响一直处于易发高发期，潜在风险不断累积并逐渐显现，防范化解重大风险攻坚战将转为持久战，金融风险的防控成为常态化机制，财政风险金融化可能将进一步加剧。

6.4.1 财政货币政策变化

财政政策导向更加积极，在加强预算平衡和政府债务管理，保持财政可持续性的前提下，通过扩大财政赤字和加大政府投资等措施对冲经济下行压力和疫情冲击，财政风险明显加剧。具体措施包括提高赤字率至 3.6% 以上，扩大赤字规模至 3.76 万亿元；扩大政府投资，适度提高政府专项债券规模，改革项目资本金要求，发行抗疫特别国债；加大减税降费力度和转移支付力度，通过特殊转移支付机制，确保地方财政正常运转等。

货币政策导向以防控风险为基点，重点调整稳健型货币政策的灵活度，以总量政策适度、融资成本明显下降、支持实体经济三大任务作为调控目标。根据疫情防控和复工复产的阶段性特点，灵活运用流动性政策工具、再贷款和再贴现以及针对中小微企业的贷款延期支持工具和信用贷款支持计划等综合货币信贷支持政策。同时引导金融机构加大政策性支持服务力度，为特殊群体提供普惠性的信贷支持。

此外，中国人民银行在 2019 年第四季度货币政策执行报告中首次提出理性看待商业银行利润增长，要求商业银行适当降低对短期利润增长的过高要求，向实体经济让利。其目的在于希望商业银行提高对小微企业的不良容忍度，同时降低对小微企业的授信利率，加大对小微企业不良资产的核销力度。商业银行为缓解自身的利差压力将不得不以量补价、多利用同业资金来源以及尽量争取再贷款、转贷款等央行和政策性银行提供的低成本资金。

以上政策出台，无论财政部门还是以商业银行为主的金融体系都将面临更大的收支矛盾压力，商业银行承担的政策成本和信用风险将会显著增加。

6.4.2 财政风险金融化负面效应加剧

6.4.2.1 金融部门政策性支持力度加大

为恢复正常生产经营，对冲新冠疫情对经济增长的影响，金融支持实体力度明显加大，央行为实体经济提供了充裕的流动性，企业复工复产步伐加快，生产生活秩序逐步恢复，各类经济指标边际改善，这背后是金融企业的减效让利和承担政策成本。2020 年 9 月末，宏观杠杆率升至 270.1%，较上年末增加 24.7 个百分点。非金融企业杠杆率为 164.0%，较上年末增加 12.7 个百分点。政府部门杠杆率为 44.7%，较上年末增加 6.4 个百分点①。企业部门是杠杆率扩张的主要来源，信贷资金的流向主要是为企业部门提供了流动性支持。随着政府债券发行高峰带来净融资额增长，政府杠杆率还将明显扩张，超过一定的杠杆率水平将对经济活动产生显著的抑制效应，整个经济体系抵御风险的能力也会下降。

6.4.2.2 金融体系的信用风险升高

一方面，在疫情尚未得到有效控制，全球经济衰退的背景下，一些受疫情影响较重的行业和企业经营压力增大，还款能力下降，尤其小微企业所受的冲击较大。虽然数据显示从 2020 年 3 月起企业的经济状况开始好转，但是企业普遍未摆脱疫情带来的经营困境，企业违约风险加剧，能正常偿还银行债务的企业仅为少数，在还本付息应延尽延的信贷政策调控下，更是加大了银行的流动性管理与风险防控压力。另一方面，在流动性充裕、资金成本下行的情况下，前期的资金空转和金融投机现象可能反弹，部分企业从银行获得低息贷款转而购买理财产品或是违背资金用途用于投机行为。对于金融行业来说，层层套利加速了风险的跨机构传递，削弱了金融系统抵御风险的能力，部分复杂的金融产品设计也容易掩盖真实风险情况，引起金融市场的震荡，这些现象无疑会加大防范化解重大风险的难度。

① 数据来源：国家资产负债表研究中心（CNBS）。

6.5 本章小结

财政风险金融化的特征是伴随着财政与金融在资金融通中的地位与作用的变化而变化的，路径演变因政府融资方式和弥补财政赤字方式的不同而变化。在后危机时期，地方财政仅靠原来的融资方式远远无法满足大规模经济投融资的需求，只能在监管范围内创新各种金融业务模式，最大限度地汲取金融资金，于是新型的财政风险金融化传导机制开始出现，在金融体系内部形成潜在的系统性风险，随着经济的持续下行和外部环境与各种突发事件的负面冲击，经济泡沫破灭后的风险将会更加凸显。与传统的传导机制相比，新的财政风险金融化新在多元化和隐蔽性，以双传导机制为主，地方政府成为本轮金融风险最主要的风险来源主体。

后危机时期财政风险金融化的产生与发展，有经济发展战略变化和宏观经济由热转冷且持续下行的影响，也有宏观调控政策措施的推波助澜，但更为重要的是由体制性因素所导致。从财政方面来说，地方政府事权、支出责任与财力不匹配是主要原因，地方政府债务融资制度不符合现实需求，融资主体和债务资金的财经纪律约束制度不完善，缺乏地方债务全口径监测机制和政府财务报告制度。从金融方面来说主要有三点，即商业银行兼具商业性和政策性职能，商业银行与政府合作存在寻租空间，同时分业监管模式造成了“监管真空”。除此以外，地方政府的政绩考核机制不合理、国有企业出资人制度产生过度的非市场性行为、大型企业集团内控机制不健全以及行政干预下的地方性商业银行公司治理结构存在缺陷都为财政风险金融化负外部性的累积提供了制度条件。

总体来说，后危机时期财政风险金融化的表现以地方性商业银行系统性风险和房地产价格上涨为主，以 CPI 指标衡量的传统通货膨胀风险和国有商业银行风险都有所收敛。根据风险主体和传导机制划分，这一时期的财政风险金融化大致可分为两大类，一是财政风险通过国债和地方债市场，以及中央银行上缴利润等路径影响货币供应量，导致广义通货膨胀风险，主要体现为以房地产为主的资产价格上涨；二是财政风险直接传导至商业银行体系，尤其是地方性中小商业银行的资产质量恶化，高风险问题金融机构占比上升，形成较为严重的银行机构系统性风险，这类传导机制主要包括政府债务融资传导机制、国有企业债务风险传导机制和政策性职能转移风险传导机制。尽管在强监管、严监管的金融政策和化解地方政府债务的财政政策配合下，重点领域金融风险总体上可控，但新冠疫情的冲击加大了财政风险金融化负面效应的防控难度。

第7章　财政风险金融化的传导机制测度分析

以往文献未能对财政风险金融化的传导机制进行分阶段和分类别的定量论证，文献研究多数聚焦于赤字货币化、地方政府债务对银行机构或系统性金融风险影响等方面。本书将财政风险依据赤字产生的预算层级分为中央财政风险和地方财政风险，财政风险金融化传导机制依据最终的金融风险特征分为通货膨胀风险传导机制和银行机构系统性风险传导机制两类。一方面论证中央财政风险与地方财政风险在不同财政风险金融化传导机制中的作用程度，即当前两类财政风险金融化产生的主要风险来源。另一方面论证风险传导的路径与表现，在通货膨胀风险传导机制研究中将论证后危机时期的财政风险金融化主要体现为以房地产价格上涨为主的广义通货膨胀风险，商品与服务等消费品价格上涨引起的通货膨胀风险不显著；在银行机构系统性风险传导机制研究中，论证财政风险金融化在不同类型商业银行间的传导路径与作用差异，地方财政风险金融化主要集中于中小商业银行机构体系。在实证方法上，为避免单一指标信息量较少的问题，采用动态因子分析法合成中央财政风险因子、地方财政风险因子、金融体系结构因子、通货膨胀风险因子和银行机构系统性风险因子，在此基础上，运用时间序列模型进行各动态因子之间的因果回归检验，定量分析后危机时期财政风险金融化两类传导机制的作用程度与风险传导路径。

7.1　指标选取与构建

本章将结合国内外财政风险和金融风险指标研究文献，选取有合理经济意义的指标构建实证模型，同时考虑数据的可获取性和连续性，对数据缺失较为严重的指标进行剔除，并对不同频率和类别的数据进行加工处理。

7.1.1 指标选取

7.1.1.1 指标体系

影响财政风险金融化传导机制的因素可划分为两大类：财政风险和金融体系结构。财政风险是财政风险金融化现象产生的根源与核心要素；金融体系结构能直接反映经济体制特征，是影响财政风险金融化传导机制与特征表现的重要因素。

1. 财政风险指标

财政风险是财政风险金融化问题的核心变量，可分为中央政府财政风险和地方政府财政风险。在中华人民共和国成立后相当长的时期内中央政府财政风险都居于主导地位，财政风险金融化是围绕化解中央政府财政风险而产生与发展的。2008 年以后，地方政府逐渐成为政府投融资主体，地方政府的财政收支平衡状态被打破，财政风险日益突出，地方政府对金融资源的运用程度加剧，表现为财政风险金融化向地方政府和金融机构体系内部转移。财政风险对金融风险有着重要的直接影响，将其细化为中央财政风险和地方财政风险更有助于分析财政风险金融化的产生来源，以验证财政风险金融化的来源由中央财政风险向地方财政风险演变的理论分析。

在指标选取上，以衡量政府债务和财政赤字的指标为主。中央财政风险指标包括国债负担率、国债依存度、中央财政自给率和国债偿还率四项；地方财政风险指标包括固定资产投资完成额、地方政府债务率、地方政府负债率、地方财政自给率、地方政府杠杆率和地方政府债务偿还率六项。由于地方政府的国内生产总值存在统计困难，并非各省 GDP 的简单加总，本书衡量财政赤字的指标使用了财政自给率，为财政收入与财政支出之比，比值大于 1 表示财政盈余状态，比值小于 1 表示财政赤字状态。地方财政债务规模与固定资产投资完成额高度正相关，所以在测度地方财政风险时加入了当期固定资产投资完成额累计值作为指标项，指标值越大表示地方政府的债务风险越大。

2. 金融体系结构指标

金融体系结构特征主要表现为三个方面：金融发展水平、融资结构和中小银行规模。金融发展水平越高，间接融资规模越大，表明国民经济对金融资金和银行信贷资金的依赖度越高，财政风险金融化的信贷传导机制作用程度会越强；中小银行规模越大，表明地方政府可控制支配的金融资金越多，地方财政风险金融化的程度会越强。具体指标值设定如下。

一是金融发展水平指标。金融发展水平表现为经济对金融体系的依赖度，决定了政府通过金融体系融资水平，用金融机构各项贷款余额/GDP 表示。金融发展水平越低，金融功能越弱，经济对金融资金的依赖程度越低，财政风险对金融体系的影响程度越小，影响路径也越简单。

二是融资结构指标。融资结构可分为直接融资方式与间接融资方式，我国融资结构体现为以间接融资方式为主，银行表内外信贷资金是市场主体主要的资金来源，融资结构指标主要包括当期新增信贷资金占比、政策性贷款余额和非金融企业部门杠杆率三项，指标值越高，表示间接融资规模越大，投资对金融信贷资金的依赖度越高。银行机构在资金融通中的重要作用为财政风险金融化提供了现实依据，也使得银行机构系统性风险的传导机制作用更加显著。

其中，政策性贷款规模可以表示政策性职能转移的程度，非金融企业部门杠杆率可以表示国有企业负债规模，这两项指标可用于测度银行机构系统性风险传导机制中的政策性职能转移和国有企业债务两类传导路径。

三是中小银行规模指标。中小银行规模体现了中小银行在资金供给方面的能力与作用，地方政府对金融机构的控制力主要集中于中小金融机构，中小银行的资产负债规模越大，地方政府可以汲取的金融资金越多，运用金融手段化解财政风险的能力越强，因而财政风险金融化效应越显著。中小银行规模指标主要包括中小型银行资产规模占比、中小型银行负债规模占比和中小型银行新增贷款占比三项。

3. 金融风险指标

财政风险金融化最终表现为金融风险，金融风险因传导路径和表现形式不同，划分为通货膨胀风险和银行机构系统性风险两类。随着金融体系的健全完善和金融法治化程度的加深，以及货币政策工具的有效运用，商品和服务价格引起的通货膨胀风险逐渐趋缓，而资产价格上涨较为显著，表现为广义通货膨胀风险。银行机构系统性风险对金融安全和经济稳定的影响愈加显著，并且中小银行机构的风险相对积累较快。

本书研究的后危机时期通货膨胀风险包含资产价格在内，属于广义通货膨胀风险，由于不考虑金融市场因素，因此资产价格以房地产价格为主，通货膨胀风险指标包括 CPI、百城住宅价格指数、社会融资规模和经济货币化指标四项。其中 CPI 表示主要商品和服务的价格变动，百城住宅价格指数表示房地产价格变动，社会融资规模与经济货币化指标分别表示实体经济(企业和个人)从金融体系可以获得的资金总额和流通中货币量，指标值越大表示货币供给量越多，对通货膨胀风险有显著的正向影响①。

银行机构系统性风险指标主要是衡量商业银行的盈利能力与风险状况，选取了新巴塞尔协议中通用的银行业监管指标，主要包括资本利润率、资产利润率、资本充足率、不良贷款率、拨备覆盖率和流动性比例六项，全面反映了银行体系的盈利能力、资本充足情况、资产质量状况和流动性风险状况。

各变量的指标值与指标释义如表7－1所示。

表7－1　各变量的指标值与指标释义

指标项	指标值	指标释义
解释变量1：中央财政风险（$E1$）	国债负担率（X_1）	国债余额/GDP×100%
	国债依存度（X_2）	国债发行额/中央财政支出×100%
	中央财政自给率（X_3）	中央财政收入/中央财政支出
	国债偿还率（X_4）	国债还本付息支出/中央财政支出×100%
解释变量2：地方财政风险（$E2$）	固定资产投资完成额（X_5）	当期固定资产投资完成额累计值
	地方政府债务率（X_6）	地方政府债务余额/地方政府综合财力（一般公共预算收入＋政府性基金收入）×100%
	地方政府负债率（X_7）	（地方政府债券余额＋城投债券余额）/GDP×100%
	地方财政自给率（X_8）	地方财政收入/地方财政支出
	地方政府杠杆率（X_9）	地方政府债务余额/GDP×100%
	地方政府债务偿还率（X_{10}）	（地方政府债券还本付息支出＋城投债券还本付息支出）/地方财政支出×100%
解释变量3：金融体系结构（$E3$）	金融发展水平指数（X_{11}）	金融机构各项贷款余额/GDP×100%
	当期新增信贷资金占比（X_{12}）	当期新增表内外信贷余额/当期社会融资总规模×100%
	政策性贷款余额（X_{13}）	“三农”＋小微企业＋绿色信贷＋普惠金融等贷款余额
	非金融企业部门杠杆率（X_{14}）	非金融企业部门债务余额/GDP×100%
	中小型银行资产规模占比（X_{15}）	（股份制＋城商行＋农商行＋其他金融机构资产总额）/银行业金融机构资产总额×100%
	中小型银行负债规模占比（X_{16}）	（股份制＋城商行＋农商行＋其他金融机构负债总额）/银行业金融机构负债总额×100%
	中小型银行新增贷款占比（X_{17}）	（中小型银行和农村金融机构新增人民币贷款余额）/全部新增人民币贷款余额×100%

① 盛松成．社会融资规模与货币政策传导[J]．金融研究，2012（10）：1－14.

续表

指标项	指标值	指标释义
被解释变量1：通货膨胀风险（$F1$）	CPI（Y_1）	CPI季末同比增长率
	百城住宅价格指数（Y_2）	百城住宅价格季末同比增长率
	社会融资规模（Y_3）	当季新增社会融资规模
	经济货币化指标（Y_4）	M_2/GDP
被解释变量2：银行机构系统性风险（$F2$）	资本利润率（Y_5）	净利润/所有者权益平均余额×100%
	资产利润率（Y_6）	净利润/资产平均余额×100%
	资本充足率（Y_7）	资本净额/（风险加权资产+12.5倍的市场风险资本）×100%
	不良贷款率（Y_8）	不良贷款余额/各项贷款余额×100%
	拨备覆盖率（Y_9）	准备金余额/不良贷款余额×100%
	流动性比例（Y_{10}）	流动性资产/流动性负债×100%

7.1.1.2 数据来源与处理

1. 数据来源

变量指标的选取充分考虑了数据的可获得性和连续性，由于研究范围为后危机时期的财政风险金融化问题，我国在2008年底开始实施经济刺激计划，综合考虑扩张性政策实施效果的滞后性、国有银行股份制改革以及前一轮周期中金融风险化解的政策效果等因素，指标数据选取区间确定为2009年第二季度至2019年第四季度，共计43期、1161个观测值，均为季度数据。变量指标的数据值主要来源于WIND资讯、《中国统计年鉴》、《中国金融年鉴》等数据库和统计资料；地方政府杠杆率和非金融企业部门杠杆率数据来源于国家资产负债表研究中心（CNBS）；国债余额和国债发行额季度数据来源于中国债券信息网公布的债券托管量和债券发行量的月报数据；百城住宅价格指数的部分数据来源于中国经济网行情数据中心的宏观经济数据。

2. 数据处理

由于基础数据存在频度和量级上的差异，在计算指标值时需要事先对各个指标进行数据处理，主要有如下几种处理方式：一是指标值对数化处理。对于水平值，如固定资产投资完成额累计值、贷款余额等数据取对数，转换为比例数据，以消除量级影响。二是频度转换，对于经济货币化指标、债务率等年度指标数据进行频度转换，具体做法是分子本年度第一季度和第二季度的数据值与分母上一年度第四季度的数据值相比，分子本年度第三季度和第四季度的数据值与分母本年度第四季度的数据值相比，以此方法处理其他存量指标/流量指标的数据，进而得到指标的季度数据值。三是缺失数据处理，对指标中缺失的个别数据值采用插值法进行补足。四是季节调整，对所有数据进行 X-12-ARIMA 季节性调整，以消除季节因素的影响。五是标准化处理，采用 Z 标准化法，运用公式 $Z=\frac{X-\mu}{\sigma}$ 对数据进行处理，消除量纲影响，其中 μ 和 σ 分别表示均值和标准差。

7.1.2 指标构建方法

财政金融风险和宏观经济状况需要从不同角度分析判断，仅用单个指标衡量可能存在片面性，因此在研究财政金融风险、金融体系结构以及宏观经济状况时需要综合不同类型的多个指标进行客观评价。目前，国内外常用的综合评价法根据指标权重产生方法的不同分为主观赋权法和客观赋权法，主观赋权法以专家打分形式确定各指标的权重，依据的是知识经验判断，主观性较强，比如层次分析法和特尔菲法等；客观赋权法确定指标的权重主要是依据统计数据本身的相关性程度，评价结果更为客观，常用方法有主成分分析法、因子分析法和离差权法等。本书将使用动态因子分析法获取综合性指标，在传统因子分析法的基础上加入时间序列分析，更全面准确地反映财政风险金融化的变化趋势情况。

7.1.2.1 因子分析法

1. 基本原理

因子分析（Factor Analysis）是数据降维简化处理的一种统计方法，最早由 Charles Spearman 在 1904 年提出，通过研究可观测变量（也称为原始变量）之间的相关性，以相关矩阵或协方差矩阵表示的变量相关性程度进行分组，将相关性较高的变量划分到同一组，每一组观测变量代表一种基本的数据结构，用一个不可观测的变量因子来表示，这个表示基本结构的不可观测变量就称为共同因子。这样原始变量就可以由少数几个共同因子表示，实现降维简化处理的目标。

因子分析的基本模型表示如下：

设 $X_i(1\leqslant i\leqslant q)$ 为原始变量，即有 q 个可观测变量，根据变量的相关性程度可表示为

$$X_i=\mu_i+a_{i1}F_1+\cdots+a_{m}F_m+\varepsilon_i \quad (m\leqslant q)$$

或用矩阵形式表示：

$$X - \mu = AF + \varepsilon$$

其中，$F=(F_1, \cdots, F_m)^T$ 是不可观测的共同因子变量，并且满足共同因子之间不相关且具有单位方差，即 $E(F)=0$，$\text{Cov}(F)=I_m$。系数矩阵 A 为载荷因子矩阵。$\varepsilon=(\varepsilon_1, \cdots, \varepsilon_q)^T$ 为特殊因子或个异性因子，是可观测变量中不能被共同因子包含的部分，换句话说，共同因子 F 对所有的 X 都有影响，而特殊因子 ε_i 仅影响 X_i。此外，因子分析模型还存在两个关键性假设：

一是特殊因子之间不相关，$E(\varepsilon)=0$，且 $D(\varepsilon)=\text{Cov}(\varepsilon)=\text{diag}(\sigma_1^2, \sigma_2^2, \cdots, \sigma_m^2)$。

二是特殊因子与共同因子之间不相关，即 $\text{Cov}(F, \varepsilon)=0$。

2. 因子分析法的关键步骤

在对原始基础数据进行标准化处理的基础上，主要通过以下五个步骤的模型处理获取综合因子。

一是确定可观测变量是否具有共同因子，进行 KMO 检验和 Bartlett 球形度检验，以验证各变量的相关性。

二是确定共同因子个数，计算因子的方差贡献率，通常以 80% 作为临界值，各因子累计达到 80% 的方差贡献率即可确定提取共同因子的个数。

三是确定共同因子名称，对共同因子的载荷矩阵进行旋转，并重新命名。

四是确定单个共同因子得分，计算各个共同因子的得分系数矩阵，即各个指标权重，将标准化的指标值与指标权重相乘再加总，得到各个共同因子的得分。

五是确定综合因子得分，将每个共同因子的得分与其方差贡献率相乘，就得到综合因子的总得分。

7.1.2.2 动态因子分析法

1. 基本原理

Coppi 和 Zannella 在传统客观赋权法的基础上于 1978 年提出动态因子分析法（Dynamic Factor Analysis，DFA），综合了主成分分析和时间序列分析，将时间趋势变化分析结果加入多主体截面数据的静态评价中，从而可以实现对面板数据中多主体多指标的降维简化处理，并对综合因子的跨期变化进行动态评价，使评价结果同时满足横向与纵向对比，更为全面准确地反映经济变量的发展变动情况。

动态因子分析法的基本模型可以表示为如下形式：

$$X(I, J, T)=\{X_{ijt}\},\ i=1, 2, \cdots, I;\ j=1, 2, \cdots, J;\ t=1, 2, \cdots, T$$

其中，i 表示样本主体，j 表示指标变量，t 表示时间序列。

DFA 的核心原理是把 $X(I, J, T)$ 表示的 I 个样本主体的 $J \times T$ 个观测值所计算生成的方差或协方差矩阵 S，分解为三部分：

$$S = *S_I + *S_T + S_{IT} = (*S_I + S_{IT}) + *S_T = S_T + *S_T \tag{7-1}$$

其中，$*S_I$ 表示样本主体在某个截面的静态结构矩阵，反映了排除时间维度因素后，各样本主体的结构差异。$*S_T$ 表示整个样本的平均动态矩阵，反映了排除个体影响因素后时间维度的动态差异。S_{IT}表示单个样本的动态差异矩阵，反映了个体和时间交互作用的方差或协方差矩阵，是由整个样本总体平均水平变化和单个样本变化共同导致的动态差异。S_T 表示运用主成分分析法获得的各时期平均离差矩阵，$S_T + *S_T$ 表示所有样本主体静态结构差异和动态差异的总和。

由式(7－1)表示的方程分解式可知，任意一个指标变量均可以分解为四个组成部分，如式(7－2)所示：

$$x_{ijt} = \bar{x}_{.j.} + (\bar{x}_{ij.} - \bar{x}_{.j.}) + (\bar{x}_{.jt} - \bar{x}_{.j.}) + (x_{ijt} - \bar{x}_{ij.} - \bar{x}_{.jt} + \bar{x}_{.j.}) \tag{7-2}$$

这四个组成部分依次表示指标的总体平均值、各样本的静态结构影响、样本共同的差异变化以及动态变化与个体结构交互作用产生的影响。式(7－2)也称为动态因子分析的双因素方差分析模型。

2. DFA 的步骤

根据上述动态因子分析模型，提取多个指标变量的动态综合因子，需经过如下几个步骤处理。

一是确定矩阵 S_T，在数据标准化处理的基础上，使用各时期的协方差矩阵 $S(t)$ 求解平均协方差矩阵 S_T，$S_T = \frac{1}{T}\overset{T}{\underset{t=1}{E}} S(t)$。

二是确定矩阵 S_T 的特征值和特征向量，各个特征值的方差贡献率和累计方差贡献率。

三是确定静态得分矩阵。根据累计方差贡献率确定共同因子个数，计算因子载荷矩阵，通过方差最大化旋转获得旋转后的因子载荷矩阵，之后计算各样本的静态得分矩阵。

$$c_{ih} = (\bar{z}_i - \bar{z}_.)^T a_h \tag{7-3}$$

其中，$\bar{z}_i = \frac{1}{T}\sum_{t=1}^{T} z_{it}, 1 \leqslant i \leqslant m$，为单个样本的平均向量；$\bar{z}. = \frac{1}{I}\sum_{i=1}^{I}\bar{z}_i$ 为总体平均向量；a_h 为特征向量。

四是确定动态得分矩阵。

$c_{iht} = (z_{it} - \bar{z}_{.t})^T a_h, 1 \leqslant h \leqslant n, 1 \leqslant t \leqslant T$，其中 $\bar{z}_{.t} = \frac{1}{T}\sum_{i=1}^{I} z_{it}$ 为第 t 年各变量

指标的平均值，以此计算所有样本在不同时期的动态得分矩阵。

五是确定动态综合因子的平均得分。以方差贡献率作为权重，计算各样本静态得分和动态得分，在此基础上计算平均动态综合因子得分 E。$E=\sum d_i f_i$，其中，f_i 是共同因子，d_i 是共同因子对应的方差贡献率。

7.2 财政风险金融化传导机制的实证分析

7.2.1 动态因子构建

本节将使用 SPSS23 统计软件进行各指标综合因子的构建，运用动态因子分析法分别构建中央财政风险因子(E_1)，地方财政风险因子(E_2)，金融体系结构因子(E_3)，通货膨胀风险因子(F_1)和银行机构系统性风险因子(F_2)，在此基础上进行时间序列的回归分析。

7.2.1.1 财政风险因子

1. 数据检验

在进行动态因子合成之前首先要对各样本变量进行相关性检验，以确定存在共同因子，可以进行主成分的提取。常用的检验方法有 KMO(Kaiser - Meyer - Olkin)检验和 Bartlett 球形度检验。KMO 检验原理是计算变量间简单相关系数平方和与偏相关系数平方和的差值，KMO 检验值越接近 1，表示变量之间的偏相关性越强，说明指标数据可以使用因子分析法，一般来说要求 KMO 值大于 0.5。Bartlett 球形度检验原理是计算变量之间相关系数矩阵的行列式得到 P 值，如果 P 值小于一定的显著性水平，则表示变量之间存在相关性，可以使用因子分析法。

中央财政风险指标和地方财政风险指标的 KMO 检验与 Bartlett 球形度检验结果如表 7 - 2 和表 7 - 3 所示：

表 7 - 2　中央财政风险指标检验结果

KMO 取样适切性量数		0.637
Bartlett 球形度检验	近似卡方	25.618
	自由度	6
	显著性	0.000

表7－3　地方财政风险指标检验结果

KMO 取样适切性量数		0.832
Bartlett 球形度检验	近似卡方	523.763
	自由度	15
	显著性	0.000

由检验结果可知，KMO 检验值均大于0.5，且 Bartlett 球形度检验的 P 值均为0.000，说明检验通过，样本数据可以进行因子分析。

2. 中央财政风险因子(E_1)

通过变量相关性检验后，计算各因子特征值和累计解释方差贡献率以确定共同因子个数，通常标准认为因子的特征值大于1且累计解释方差贡献率为80%以上基本可以反映整体数据的综合信息。中央财政风险因子特征值和累计解释方差结果见表7－4。

表7－4　中央财政风险因子特征值和累计解释方差结果

主成分	特征值	提取的方差贡献率(%)		特征值	旋转后的方差贡献率(%)	
		解释方差	累计解释方差		解释方差	累计解释方差
1	1.849	46.235	46.235	1.849	46.235	46.235
2	1.090	27.244	73.479	1.090	27.244	73.479
3	0.662	16.544	90.023			
4	0.399	9.977	100.000			

前两个共同因子的特征值分别为1.849和1.090，均大于1，方差贡献率分别为46.235%和27.244%，累计方差贡献率为73.479%，基本符合标准要求，可以反映中央财政风险数据的综合信息，使用最大方差法进行因子旋转后，前两个共同因子同样可以解释大部分信息，变量间的关系更加清晰准确，因此确定共同因子的个数为2。

用最大方差法对共同因子进行旋转后得到的因子载荷矩阵见表7－5。

表7－5　中央财政风险指标旋转主成分矩阵

变量名称	成分	
	P_1	P_2
国债负担率(X_1)	0.128	0.507
国债依存度(X_2)	0.544	－0.004
中央财政自给率(X_3)	0.221	－0.701
国债偿还率(X_4)	0.569	－0.159

根据中央财政风险主成分得分系数矩阵，得到共同因子与原始指标变量之间的关系：

$$P_1 = 0.128X_1 + 0.544X_2 + 0.221X_3 + 0.569X_4$$

$$P_2 = 0.507X_1 - 0.004X_2 - 0.701X_3 - 0.159X_4$$

从旋转主成分矩阵和共同因子方程式得出，共同因子 P_1 主要解释了国债依存度和国债偿还率两个原始变量，共同因子 P_2 主要解释了国债负担率和中央财政自给率两个原始变量。

以共同因子 P_1 和 P_2 的方差贡献率为权重进行加权平均，得到中央财政风险因子的最终平均得分：$E_1 = 0.462P_1 + 0.272P_2$。

加入时间序列后的中央财政风险因子动态趋势变化如图 7-1 所示。

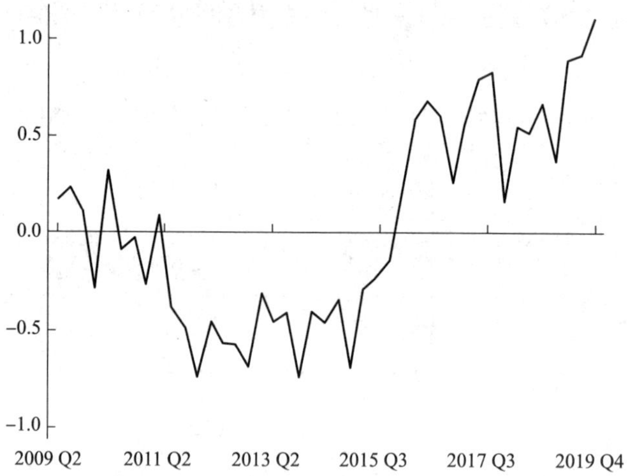

图 7-1　中央财政风险因子动态趋势变化

3. 地方财政风险因子（E_2）

地方财政风险因子特征值和累计解释方差结果见表 7-6。

表 7-6　地方财政风险因子特征值和累计解释方差结果

主成分	特征值	提取的方差贡献率（%）		特征值	旋转后的方差贡献率（%）	
		解释方差	累计解释方差		解释方差	累计解释方差
1	5.007	83.444	83.444	5.007	83.444	83.444
2	0.741	12.343	95.787			
3	0.117	1.956	97.744			
4	0.092	1.528	99.272			
5	0.041	0.688	99.959			
6	0.002	0.041	100.000			

第一个共同因子的特征值为5.007，累计方差贡献率为83.444%，符合标准要求，可以反映地方财政风险数据的综合信息。用最大方差法对共同因子进行旋转得到因子载荷矩阵，见表7-7。

表7-7　地方财政风险指标旋转主成分矩阵

变量名称	成分
	W_1
固定资产投资完成额(X_5)	0.184
地方政府债务率(X_6)	0.193
地方政府负债率(X_7)	0.195
地方财政自给率(X_8)	-0.186
地方政府杠杆率(X_9)	0.147
地方政府债务偿还率(X_{10})	0.186

根据地方财政风险主成分得分系数矩阵，得到共同因子与原始指标变量之间的关系：

$$W_1 = 0.184X_5 + 0.193X_6 + 0.195X_7 - 0.186X_8 + 0.147X_9 + 0.186X_{10}$$

从旋转主成分矩阵和共同因子方程式得出，共同因子 W_1 较为平均地解释了固定资产投资完成额、地方政府债务率、地方政府负债率、地方财政自给率、地方政府杠杆率和地方政府债务偿还率六个原始变量。以共同因子 W_1 的方差贡献率为权重得到地方财政风险因子的最终得分：$E_2 = 0.834W_1$。

加入时间序列后的地方财政风险因子动态趋势变化如图7-2所示。

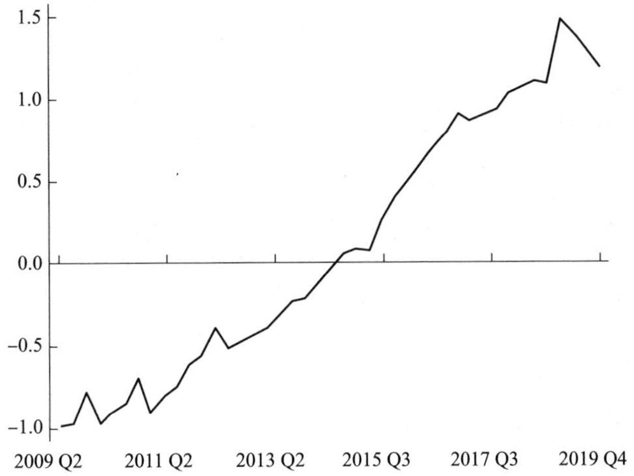

图7-2　地方财政风险因子动态趋势变化

7.2.1.2 金融体系结构因子(E_3)

金融体系结构因子的 KMO 检验与 Bartlett 球形度检验结果如表 7－8 所示:

表 7－8 金融体系结构指标检验结果

KMO 取样适切性量数		0.801
Bartlett 球形度检验	近似卡方	901.550
	自由度	21
	显著性	0.000

样本数据的 KMO 检验值和 Bartlett 球形度检验的 P 值均通过检验，样本数据可以进行因子分析。计算金融体系结构因子的特征值和累计解释方差，结果见表 7－9。

表 7－9 金融体系结构因子特征值和累计解释方差结果

主成分	特征值	提取的方差贡献率(%)		特征值	旋转后的方差贡献率(%)	
		解释方差	累计解释方差		解释方差	累计解释方差
1	6.122	87.458	87.458	6.122	87.458	87.458
2	0.562	8.031	95.489			
3	0.143	2.036	97.525			
4	0.100	1.425	98.950			
5	0.066	0.945	99.894			
6	0.007	0.106	100.000			
7	1.828×10^{-5}	0.000	100.000			

第一个共同因子的特征值为 6.122，累计方差贡献率为 87.458%，符合标准要求，可以反映金融体系结构因子数据的综合信息。用最大方差法对共同因子进行旋转得到因子载荷矩阵，见表 7－10。

表 7－10 金融体系结构指标旋转主成分矩阵

变量名称	成分
	O_1
金融发展水平指数(X_{11})	0.158
当期新增信贷资金占比(X_{12})	－0.146
政策性贷款余额(X_{13})	0.154

续表

变量名称	成分
	O_1
非金融企业部门杠杆率(X_{14})	0.158
中小型银行资产规模占比(X_{15})	0.157
中小型银行负债规模占比(X_{16})	0.157
中小型银行新增贷款占比(X_{17})	0.139

根据金融体系结构的主成分得分系数矩阵，得到共同因子与原始指标变量之间的关系：

$$O_1 = 0.158X_{11} - 0.146X_{12} + 0.154X_{13} + 0.158X_{14} + 0.157X_{15} + 0.157X_{16} + 0.139X_{17}$$

从旋转主成分矩阵和共同因子方程式得出，共同因子 O_1 能够解释金融发展水平指数等七个原始变量，基本反映出七个原始变量所包含的综合信息。以共同因子 O_1 的方差贡献率为权重，得到金融体系结构因子的最终得分：$E_3 = 0.875O_1$。

加入时间序列后的金融体系结构因子动态趋势变化如图 7－3 所示。

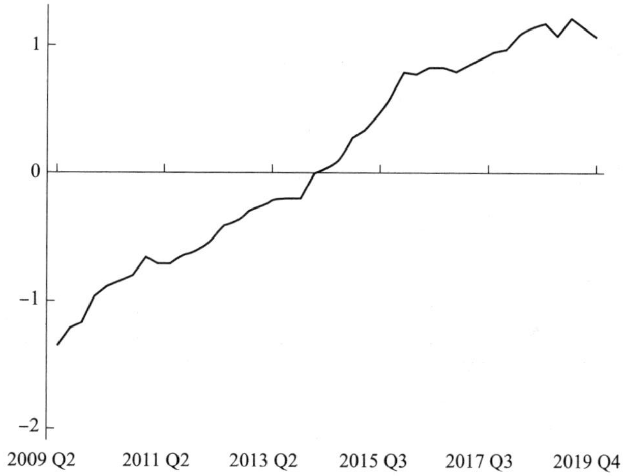

图 7－3　金融体系结构因子动态趋势变化

7.2.1.3　金融风险因子

1. 通货膨胀风险因子(F_1)

通货膨胀风险因子的 KMO 检验与 Bartlett 球形度检验结果如表 7－11

所示。

表 7-11　通货膨胀风险指标检验结果

KMO 取样适切性量数		0.591
Bartlett 球形度检验	近似卡方	54.707
	自由度	6
	显著性	0.000

样本数据的 KMO 检验值和 Bartlett 球形度检验的 P 值均通过检验，样本数据可以进行因子分析。计算通货膨胀风险因子的特征值和累计解释方差，结果如表 7-12 所示。

表 7-12　通货膨胀风险因子特征值和累计解释方差结果

主成分	特征值	提取的方差贡献率（%）		特征值	旋转后的方差贡献率（%）	
		解释方差	累计解释方差		解释方差	累计解释方差
1	2.150	53.758	53.758	2.150	53.758	53.758
2	1.046	26.154	79.912	1.046	26.154	79.912
3	0.595	14.883	94.795			
4	0.208	5.205	100.000			

前两个共同因子的特征值分别为 2.150 和 1.046，均大于 1，方差贡献率分别为 53.758% 和 26.154%，累计方差贡献率为 79.912%，符合标准要求，可以反映通货膨胀风险因子数据的综合信息。用最大方差法对共同因子进行旋转得到因子载荷矩阵，如表 7-13 所示。

表 7-13　通货膨胀风险指标旋转主成分矩阵

变量名称	成分	
	U_1	U_2
CPI(Y_1)	-0.444	0.414
百城住宅价格指数(Y_2)	-0.095	0.822
社会融资规模(Y_3)	0.419	0.057
经济货币化指标(Y_4)	0.370	0.232

根据通货膨胀风险主成分得分系数矩阵，得到共同因子与原始指标变量之间

的关系：

$$U_1 = -0.444Y_1 - 0.095Y_2 + 0.419Y_3 + 0.370Y_4$$

$$U_2 = 0.414Y_1 + 0.822Y_2 + 0.057Y_3 + 0.232Y_4$$

从旋转主成分矩阵和共同因子方程式得出，共同因子 U_1 主要解释了 CPI、社会融资规模和经济货币化三个原始变量，共同因子 U_2 主要解释了 CPI 和百城住宅价格指数两个原始变量。以共同因子 U_1 和 U_2 的方差贡献率为权重进行加权平均，得到通货膨胀风险因子的最终平均得分：$F_1 = 0.538U_1 + 0.262U_2$。

加入时间序列后的通货膨胀风险因子动态趋势变化如图 7－4 所示。

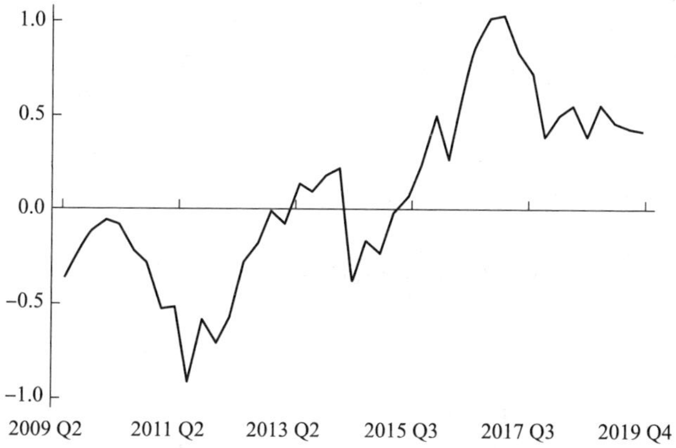

图 7－4　通货膨胀风险因子动态趋势变化

2. 银行机构系统性风险因子（F_2）

银行机构系统性风险因子的 KMO 检验与 Bartlett 球形度检验结果如表 7－14 所示。

表 7－14　银行机构系统性风险指标检验结果

KMO 取样适切性量数		0.622
Bartlett 球形度检验	近似卡方	284.513
	自由度	15
	显著性	0.000

样本数据的 KMO 检验值和 Bartlett 球形度检验的 P 值均通过检验，样本数据可以进行因子分析。计算银行机构系统性风险因子的特征值和累计解释方差，结果如表 7－15 所示。

表 7-15 银行机构系统性风险因子特征值和累计解释方差结果

主成分	特征值	提取的方差贡献率(%)		特征值	旋转后的方差贡献率(%)	
		解释方差	累计解释方差		解释方差	累计解释方差
1	2.847	47.445	47.445	2.847	47.445	47.445
2	2.466	41.098	88.543	2.466	41.098	88.543
3	0.408	6.806	95.349			
4	0.183	3.058	98.407			
5	0.055	0.915	99.323			
6	0.041	0.677	100.000			

前两个共同因子的特征值分别为 2.847 和 2.466，均大于 1，方差贡献率分别为 47.445% 和 41.098%，累计方差贡献率为 88.543%，符合标准要求，可以反映银行机构系统性风险因子数据的综合信息。用最大方差法对共同因子进行旋转得到因子载荷矩阵，如表 7-16 所示。

表 7-16 银行机构系统性风险指标旋转主成分矩阵

变量名称	成分	
	R_1	R_2
资本利润率(Y_5)	-0.345	-0.054
资产利润率(Y_6)	-0.039	0.363
资本充足率(Y_7)	0.356	0.037
不良贷款率(Y_8)	-0.038	-0.335
拨备覆盖率(Y_9)	0.030	0.378
流动性比例(Y_{10})	0.334	-0.063

根据银行机构系统性风险的主成分得分系数矩阵，得到共同因子与原始指标变量之间的关系：

$$R_1 = -0.345Y_5 - 0.039Y_6 + 0.356Y_7 - 0.038Y_8 + 0.030Y_9 + 0.334Y_{10}$$

$$R_2 = -0.054Y_5 + 0.363Y_6 + 0.037Y_7 - 0.335Y_8 + 0.378Y_9 - 0.063Y_{10}$$

从旋转主成分矩阵和共同因子方程式得出，共同因子 R_1 主要解释了资本利润率、资本充足率和流动性比例三个原始变量，共同因子 R_2 主要解释了资产利润率、不良贷款率和拨备覆盖率三个原始变量。

以共同因子 R_1 和 R_2 的方差贡献率为权重进行加权平均，得到银行机构系统性风险因子的最终得分：$F_2 = 0.474R_1 + 0.411R_2$。

加入时间序列后的银行机构系统性风险因子动态趋势变化如图 7－5 所示。

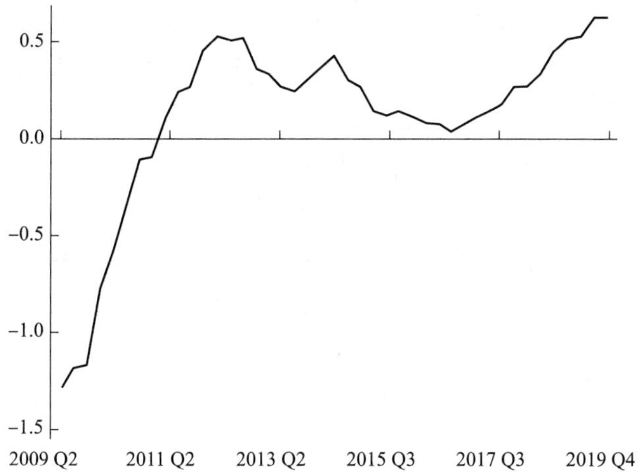

图 7－5 银行机构系统性风险因子动态趋势变化

7.2.2 通货膨胀风险传导机制

7.2.2.1 模型构建

财政风险金融化的传导路径之一是通过直接或间接的方式扩大货币供应量来化解财政风险，过度金融化将引发通货膨胀风险。本节将各变量指标降维合成的动态因子作为新变量，依据前文所述的理论分析和变量设置，建立基本时间序列模型如下：

$$F_1 = \alpha_0 + \alpha_1 E_1 + \alpha_2 E_2 + \alpha_3 E_3 + \varepsilon_1 \tag{7-4}$$

其中，F_1 为被解释变量，表示包含住宅价格指数的广义通货膨胀风险因子；E_1 和 E_2 均为解释变量，其中 E_1 表示中央财政风险因子，E_2 表示地方财政风险因子；E_3 为控制变量，表示金融体系结构因子。α_0 为截距项，α_1、α_2 和 α_3 分别为解释变量和控制变量的系数矩阵，ε_1 为误差项。

7.2.2.2 模型检验与统计分析

本节运用时间序列模型的实证方法，在控制金融体系结构变量的基础上，研究中央财政风险和地方财政风险对通货膨胀风险的影响，论证通货膨胀风险传导机制的存在与影响程度。模型回归的数据区间设定为 2009 年第二季度至 2019 年第四季度，共计 43 期数据、903 个观测值，使用 Stata15. 1 软件进行实证操作。

1. 单位根检验(ADF 检验)

对于时间序列数据来说，需要在进行回归估计之前对变量数据的平稳性进行检验，如果各变量为平稳的时间序列，则可直接进行模型构建与估计，若各变量不平稳，则需要通过差分转换为平稳的时间序列数据。表 7－17 是各变量的 ADF 检验结果，金融体系结构因子的检验值小于在 95% 置信水平下的临界值－1.684，表示该变量的时间序列是平稳的，通货膨胀风险因子、中央财政风险因子、地方财政风险因子的 ADF 检验值分别为－1.453、－1.268、－0.352，均大于在 95% 置信水平下的临界值－1.684，说明这三个因子变量是非平稳的时间序列，进行一阶差分后检验值分别为－7.349、－9.775、－7.648，小于 99% 置信水平下的临界值－2.426，通货膨胀风险因子、中央财政风险因子和地方财政风险因子经一阶差分转换后变为平稳的时间序列数据。

表 7－17　通货膨胀风险传导机制模型的 ADF 检验结果

变量名称	检验值	1% 临界值	5% 临界值	是否通过检验
通货膨胀风险因子	－1.453	－2.423	－1.684	否
中央财政风险因子	－1.268	－2.423	－1.684	否
地方财政风险因子	－0.352	－2.423	－1.684	否
金融体系结构因子	－2.036	－2.423	－1.684	是
通货膨胀风险因子一阶差分	－7.349	－2.426	－1.685	是
中央财政风险因子一阶差分	－9.775	－2.426	－1.685	是
地方财政风险因子一阶差分	－7.648	－2.426	－1.685	是

2. 描述性统计分析

通货膨胀风险传导机制模型数据的描述性统计分析结果如表 7－18 所示，2009 年至 2019 年，通货膨胀风险整体呈波动上升趋势，通货膨胀风险因子(F_1)的最小值为－0.913，最大值为 1.022，标准差为 0.475，F_1 的标准差小于 E_1 和 E_2 的标准差，说明通货膨胀风险在这十年间整体波动幅度小于中央财政风险和地方财政风险的波动幅度。从财政风险分类角度看，中央财政风险因子(E_1)的最小值为－0.746，最大值为 1.112，标准差为 0.528，地方财政风险因子(E_2)的最小值为－0.982，最大值为 1.481，标准差为 0.789，E_2 的最大值和标准差均大于 E_1 的相应数值，说明地方财政风险增幅大于中央财政风险的增幅，十年间地方财政风险相对来说更大，这与实际情况基本相符。

表 7-18 通货膨胀风险传导机制的描述性统计分析

变量名称	平均值	标准差	最小值	最大值
通货膨胀风险因子(F_1)	0.094	0.475	-0.913	1.022
中央财政风险因子(E_1)	0.043	0.528	-0.746	1.112
地方财政风险因子(E_2)	0.088	0.789	-0.982	1.481
金融体系结构因子(E_3)	0.108	0.798	-1.349	1.230

7.2.2.3 实证分析

1. 模型实证分析结果

通货膨胀风险传导机制的模型实证分析结果如表 7-19 所示。结果表明，中央财政风险与地方财政风险对通货膨胀均有显著的正向促进作用，模型整体拟合度较高，说明财政风险金融化的通货膨胀风险传导机制在这一时期是存在的。中央财政风险的因子系数为 0.270，小于地方财政风险的因子系数 0.364，说明影响通货膨胀风险的财政因素中，地方财政风险的作用要大于中央财政风险，成为通货膨胀风险传导机制的主要风险来源。

表 7-19 通货膨胀风险传导机制的实证分析结果

变量名称	系数	稳健标准误	T 值	P 值	显著性
E_1	0.270	0.102	2.65	0.012	**
E_2	0.364	0.062	5.89	0.000	***
E_3	0.076	0.661	0.12	0.909	
常数项	0.029	0.067	0.43	0.668	
R^2	0.697	F 检验	29.24	Prob > F	0.000

注：*** 、** 分别表示在 1%、5% 的水平下显著。

2. 不含房价因素的实证分析结果

为进行对比研究，现剔除通货膨胀风险因子中的住房价格指数影响，即在合成通货膨胀风险因子的指标中剔除百城住宅价格指数(Y_2)，由 CPI、社会融资规模和经济货币化三项指标合成新的通货膨胀风险因子(F_1')。将 F_1'作为新的被解释变量，其他变量不变，代入式(7-4)重新进行回归分析，实证分析结果如表 7-20 所示。

表 7-20　通货膨胀风险(不含房价因素)传导机制的实证分析结果

变量名称	系数	稳健标准误	T 值	P 值	显著性
E_1	0.212	0.167	1.27	0.212	
E_2	-1.417	0.662	-2.14	0.038	**
E_3	0.590	0.134	4.41	0.000	***
常数项	0.100	0.052	1.90	0.065	*
R^2	0.725	F 检验	29.67	Prob > F	0.000

注：***、**、* 分别表示在 1%、5% 和 10% 的水平下显著。

实证分析结果显示，中央财政风险对通货膨胀风险(F_1')影响不显著，而地方财政风险对通货膨胀风险(F_1')存在显著的负向影响，说明地方财政风险的扩大造成了消费市场的通货紧缩现象，增加的货币供给没有流向消费市场，而是流入了房地产市场，推高了房地产价格，形成了广义的通货膨胀风险，这与中国的国情基本吻合。中国的房地产市场如同“资金蓄水池”，不仅高度集中了各种渠道的资金，而且与地方财政捆绑，形成特色的“土地财政式”资金循环。

7.2.2.4　稳健性检验

在不包含房地产价格因素的通货膨胀风险传导机制研究中，模型设定的因变量为通货膨胀风险因子，由 CPI、社会融资规模和经济货币化三类指标动态合成，现以 GDP 平减指数的增长率作为因变量，表示这一时期综合物价指数变动情况，据此重新进行相关模型的回归检验，得到模型的回归检验结果，如表 7-21 所示。

表 7-21　通货膨胀风险(不含房价因素)传导机制的稳健性检验结果

变量名称	系数	稳健标准误	T 值	P 值	显著性
E_1	0.509	0.345	1.48	0.148	
E_2	-5.481	1.828	-3.00	0.005	***
E_3	7.389	2.912	2.54	0.015	**
常数项	-0.160	0.269	-0.60	0.554	
R^2	0.288	F 检验	5.12	Prob > F	0.005

注：***、** 分别表示在 1%、5% 的水平下显著。

模型稳健性检验结果显示，替换因变量样本数据，使用代表综合物价指数的 GDP 平减指数增长率作为新的被解释变量，相关模型中的主要变量系数并未发生能影响研究结论的实质性变动，说明这一回归结果与之前的通货膨胀风险(不含房价因素)模型研究结果不存在实质性差异。由此得出前述财政风险金融化的通货膨胀风险传导机制模型结论是比较稳健的，再次表明货币供给量的增加并未引起物价上涨，而是导致了资产价格上涨，后危机时期的财政风险金融化更显著地造成了广义通货膨胀风险。

7.2.3 银行机构系统性风险传导机制

7.2.3.1 模型构建

银行机构系统性风险传导机制中的金融风险具体表现为商业银行信用风险与流动性风险的上升和盈利能力与资本充足率的下降。在之前的理论分析中，政府债务融资、国企债务以及政策性职能转移等财政风险金融化传导路径的本质都是对银行信贷资金的非市场化配置，最终表现为银行机构的系统性风险。本节同样使用各变量降维合成的动态因子，依据前文所述的理论分析和变量设置，建立基本时间序列模型如下：

$$F_2 = \beta_0 + \beta_1 E_1 + \beta_2 E_2 + \beta_3 E_3 + \varepsilon_2 \quad (7-5)$$

其中，F_2 为被解释变量，表示银行机构的系统性风险因子，全面反映银行机构在这十年间的风险状况。E_1、E_2 和 E_3 均为解释变量，其中 E_1 表示中央财政风险因子，E_2 表示地方财政风险因子，E_3 表示金融体系结构因子，其中原始变量包含的非金融企业部门杠杆率、政策性贷款余额等指标可以反映国企债务融资与政策性信贷规模变化。β_0 为截距项，β_1、β_2 和 β_3 分别为各解释变量的系数矩阵，ε_2 为误差项。

7.2.3.2 模型检验与统计分析

本节运用时间序列模型的实证方法，研究中央财政风险、地方财政风险以及金融体系结构对银行机构系统性风险的影响，论证银行机构系统性风险传导机制的存在与影响程度。模型回归的数据区间设定为 2009 年第二季度至 2019 年第四季度，共计 43 期数据、989 个观测值。

1. 单位根检验(ADF 检验)

对于时间序列数据来说，需要在进行回归估计之前对变量数据的平稳性进行检验，如果各变量为平稳的时间序列，则可直接进行模型估计；若各变量不平稳，则需要通过差分转换为平稳的时间序列数据。表 7 – 22 是各变量的 ADF 检验结果，银行机构系统性风险因子和金融体系结构因子的 ADF 检验值分别为 –4.126 和 –2.036，均小于在 95% 置信水平下的临界值 –1.684，说明这两个因子变量是平稳的时间序列，中央财政风险因子和地方财政风险因子经一阶差分转换后变为平稳的时间序列数据。

表 7－22　银行机构系统性风险传导机制模型的 ADF 检验结果

变量名称	检验值	1% 临界值	5% 临界值	是否通过检验
银行机构系统性风险因子	－4.126	－2.423	－1.684	是
中央财政风险因子	－1.268	－2.423	－1.684	否
地方财政风险因子	－0.352	－2.423	－1.684	否
金融体系结构因子	－2.036	－2.423	－1.684	是
中央财政风险因子一阶差分	－9.775	－2.426	－1.685	是
地方财政风险因子一阶差分	－7.648	－2.426	－1.685	是

2. 描述性统计分析

银行机构系统性风险传导机制模型数据的描述性统计分析结果如表 7－23 所示，2009 年至 2019 年，银行机构系统性风险整体呈波动上升趋势，银行机构系统性风险因子（F_2）的最小值为－1.285，最大值为 0.626，标准差为 0.464，F_2 的标准差小于 E_1 和 E_2 的标准差，说明银行机构系统性风险在这十年间整体波动幅度小于中央财政风险和地方财政风险的波动幅度，也小于包含房价指数的通货膨胀风险的波动幅度。从财政风险分类角度看，地方财政风险波幅大于中央财政风险，这十年地方财政风险相对来说更大，这与实际情况基本相符。

表 7－23　银行机构系统性风险传导机制的描述性统计分析

变量名称	平均值	标准差	最小值	最大值
银行机构系统性风险因子（F_2）	0.112	0.464	－1.285	0.626
中央财政风险因子（E_1）	0.043	0.528	－0.746	1.112
地方财政风险因子（E_2）	0.088	0.789	－0.982	1.481
金融体系结构因子（E_3）	0.108	0.798	－1.349	1.230

7.2.3.3　实证分析

1. 实证分析结果

银行机构系统性风险传导机制的模型实证分析结果如表 7－24 所示。结果表明，中央财政风险对银行机构系统性风险有显著的负向作用，地方财政风险的因子系数为 0.638，金融体系结构因子系数为 0.147，地方财政风险对银行机构系统性风险有显著的正向促进作用，金融体系结构因素也有正向促进作用，但不显著。模型整体拟合度较高，实证分析结果证明财政风险金融化的银行机构系统性风险传导机制在这一时期是存在的。

表7-24 银行机构系统性风险传导机制的实证分析结果

变量名称	系数	稳健标准误	T值	P值	显著性
E_1	-0.860	0.129	-6.66	0.000	***
E_2	0.638	0.231	2.77	0.009	***
E_3	0.147	0.217	0.68	0.503	
常数项	0.065	0.074	0.88	0.382	
R^2	0.693	F检验	25.03	Prob > F	0.000

注：*** 表示在1%的水平下显著。

2. 实证分析结论

根据上述实证结果可以得出以下三个结论：一是中央财政风险可以降低银行机构的系统性风险，原因主要有两个方面，一方面中央财政可以通过发行国债来化解银行机构风险，国债对于商业银行来说是优质资产，风险权重较低，对银行机构的系统性风险影响较小，同时银行也实现了资产的优质替换，单位与个人存款可以转换为利息较低的财政存款，优化了存款结构，增加了银行的核心负债，也可以提升机构的盈利能力；另一方面中央财政通过发行国债筹集资金，并将资金通过转移支付的方式分配给地方政府，可以一定程度上化解地方财政风险，弥补地方财政的部分资金缺口，减少对信贷资金的需求，所以中央财政风险对地方财政风险有挤出效应。二是地方财政风险是银行机构系统性风险的主要来源，对传导机制的形成与演变起着决定性作用。从回归系数上看，地方财政风险的因子系数是金融体系结构因子系数的4倍多，权重最大，成为银行机构系统性风险的主要影响因素，基本符合实际情况。三是金融体系结构因素也会增加银行机构的系统性风险，金融体系结构因子主要包括中小银行规模指标和表示间接融资结构的指标，地方政府对中小银行的控制力较强，中小银行规模的增长会增强地方政府对金融资源的支配力；而当前以间接融资为主的金融体系结构会加剧风险在银行体系内部的积累，政策性贷款和非金融部门杠杆率的增加也会加剧银行机构系统性风险，这些因素与财政风险金融化的产生与发展密切相关。

7.3 财政风险金融化在银行体系内的作用路径

在上一节论证财政风险对银行机构系统性风险影响的基础上，本节将进一步对银行机构进行分类型的实证分析，论证财政风险金融化的传导路径在不同类型商业银行之间的作用程度差别。

7.3.1 模型构建

为研究财政风险金融化在银行机构体系内部的主要传导路径，本书按金融监管部门的划分标准将银行机构分为国有商业银行、股份制商业银行、城市商业银行和农村金融机构四类，其中农村金融机构主要包括农村商业银行、村镇银行、农信社和农合社等存款类金融机构。兼顾数据可得性，模型中使用各类型商业银行的不良贷款率作为被解释变量，使用降维合成的动态因子变量作为解释变量，建立基本时间序列模型如下：

$$F_{3i} = \gamma_{0i} + \gamma_{1i}E_1 + \gamma_{2i}E_2 + \gamma_{3i}E_3 + \varepsilon_{3i} \tag{7-6}$$

其中，F_{3i}为被解释变量，其中$1 \leqslant i \leqslant 4$，依次表示国有商业银行不良率、股份制商业银行不良率、城市商业银行不良率和农村金融机构不良率。E_1、E_2 和 E_3 均为解释变量，其中 E_1 表示中央财政风险因子，E_2 表示地方财政风险因子，E_3 表示金融体系结构因子。γ_{0i}为各方程截距项，γ_{1i}、γ_{2i}和 γ_{3i}分别为各方程中解释变量的系数矩阵，ε_{3i}为各方程的误差项。

7.3.2 模型检验与实证分析

本小节利用时间序列模型的实证方法，研究中央财政风险、地方财政风险以及金融体系结构对不同类型商业银行信用风险的影响，论证财政风险金融化对不同类型商业银行的影响程度差别。综合考虑政策实施效果的滞后性等因素，模型回归的数据区间设定为 2009 年第二季度至 2019 年第四季度，共计 43 期数据、903 个观测值。

7.3.2.1 单位根检验（ADF 检验）

对于时间序列数据来说，需要在进行回归估计之前对变量数据的平稳性进行检验，如果各变量不平稳，则需要通过差分转换为平稳的时间序列数据。表 7－25 是各变量的 ADF 检验结果，其中股份制商业银行不良率、城市商业银行不良率、农村金融机构不良率、中央财政风险因子和地方财政风险因子的 ADF 检验值分别为 0.212、0.583、0.104、－1.268 和－0.352，均大于在 95% 置信水平下的临界值－1.684，说明这五个因子变量是非平稳的时间序列，经一阶差分转换后变为平稳的时间序列数据。

表7－25　分类型银行机构信用风险传导机制的ADF检验结果

变量名称	检验值	1%临界值	5%临界值	是否通过检验
国有商业银行不良率	－2.735	－2.423	－1.684	是
股份制商业银行不良率	0.212	－2.423	－1.684	否
城市商业银行不良率	0.583	－2.423	－1.684	否
农村金融机构不良率	0.104	－2.423	－1.684	否
中央财政风险因子	－1.268	－2.423	－1.684	否
地方财政风险因子	－0.352	－2.423	－1.684	否
金融体系结构因子	－2.036	－2.423	－1.684	是
股份制商业银行不良率一阶差分	－2.894	－2.426	－1.685	是
城市商业银行不良率一阶差分	－3.346	－2.426	－1.685	是
农村金融机构不良率一阶差分	－5.042	－2.426	－1.685	是
中央财政风险因子一阶差分	－9.775	－2.426	－1.685	是
地方财政风险因子一阶差分	－7.648	－2.426	－1.685	是

7.3.2.2　描述性统计分析

分类型银行机构信用风险传导机制模型数据的描述性统计分析结果如表7－26所示，2009年至2019年，各类型银行机构的信用风险均呈波动上升趋势，从平均值看，农村金融机构的信用风险最高，平均不良率为2.497%，国有商业银行次之，平均不良率为1.361%；从标准差看，农村金融机构风险的波动幅度最大，其余依次为城市商业银行、股份制商业银行、国有商业银行，这与中国人民银行金融稳定局对银行机构的央行评级结果基本吻合，大多数问题金融机构为城市商业银行和农村金融机构，这两类机构的整体金融风险相对较高。

表7－26　分类型银行机构信用风险传导机制的描述性统计分析

变量名称	平均值	标准差	最小值	最大值
国有商业银行风险（F_{31}）	1.361	0.280	0.977	2.026
股份制商业银行风险（F_{32}）	1.194	0.440	0.594	1.751
城市商业银行风险（F_{33}）	1.309	0.444	0.775	2.450
农村金融机构风险（F_{34}）	2.497	0.855	1.527	4.227
中央财政风险因子（E_1）	0.043	0.528	－0.746	1.112
地方财政风险因子（E_2）	0.088	0.789	－0.982	1.481
金融体系结构因子（E_3）	0.108	0.798	－1.349	1.230

7.3.2.3 实证分析结果

对模型方程依次进行回归估计，分类型银行机构信用风险传导机制的模型实证分析结果如表7－27所示。结果表明，中央财政风险对四种类型的银行机构信用风险均有显著的正向作用，地方财政风险仅对三类银行机构信用风险有显著的正向作用，对国有商业银行信用风险的正向作用不显著。模型拟合度均符合要求，说明财政风险金融化在不同类型的商业银行体系内都是存在的，只是程度不同。

表7－27 分类型银行机构信用风险传导机制的实证分析结果

变量名称	因变量			
	F_{31}	F_{32}	F_{33}	F_{34}
E_1	0.358*** (0.056)	0.491*** (0.059)	0.542*** (0.077)	1.210*** (0.200)
E_2	0.184 (0.419)	0.847** (0.404)	1.038** (0.447)	1.899** (0.923)
E_3	1.237*** (0.390)	0.179*** (0.058)	1.368** (0.698)	1.730 (1.423)
常数项	1.256*** (0.040)	1.116*** (0.028)	1.096*** (0.076)	2.281*** (0.161)
R^2	0.484	0.778	0.624	0.504

注：***、**分别表示在1%、5%的水平下显著，括号内为稳健标准误。

通过对比研究实证分析结果中的因子变量回归系数可以得出以下三个结论：一是地方财政风险对国有商业银行信用风险有正向影响，但不显著。这是由国有商业银行的审批权集中上收，地方政府对国有商业银行的分支机构失去绝对控制力导致的，并且国有商业银行的经营范围和业务类型丰富，抗风险能力较强，因此国有商业银行的信用风险虽然受到地方经济和财政状况的影响，但却不是其主要原因。二是通过纵向比较可知，除国有商业银行外，地方财政对于股份制商业银行、城市商业银行和农村金融机构信用风险的影响程度均高于中央财政，表明地方财政风险是银行机构系统性风险传导机制中的主导因素，这与理论分析完全相符。而国有商业银行的发展战略定位与经营范围涉及全国乃至全球区域，更多受到中央政府政策影响，经营规模大、业务品种多，部分审批权限集中上收至总行部门，所以受中央政府调控和中央财政风险的影响更大。三是通过横向对比可以得出，中央财政风险主要影响农村金融机构，这主要源于农村金融机构的业务经营范围有限，只有基本的存贷款业务和债券承销资格，所以受中央财政影响较大。地方财政风险对农村金融机构、股份制商业银行和城市商业银行均有显著影响。股份制商业银行相对于城市商业银行来说资金雄厚，而相对于国有商业银行来说具有灵活的审批权限，所以成为地方财政主要的资金补充渠道之一，受地方财政风险的影响相对较高。城市商业银行与农村金融机构由于公司治理和战略定位等因素，对地方政府依赖性更强，特别是农村金融机构还受经营区域的限制，只能在当地开展金融业务，不得跨区域经营，因此这两类机构的经营状况自然也与地方财政息息相关，受地方财政的影响也会较大。

7.4 本章小结

本章主要是在理论分析的基础上对财政风险金融化的两类传导机制进行定量测度分析。

首先在构建变量指标方面，将被解释变量分为两类，一类是表示通货膨胀风险的指标，另一类是表示银行机构系统性风险的指标，分别表示财政风险金融化两类传导机制的特征。将作为主要解释变量的财政风险细化为中央财政风险指标和地方财政风险指标，便于在实证过程中更清晰地分析财政风险金融化的来源与决定因素，论证理论分析中对于财政风险金融化演变过程的阐述。同时也增加了金融体系结构作为控制变量或解释变量，金融体系结构指标分为三部分：金融发展水平指标、融资结构指标和中小金融机构规模指标。金融体系结构指标既是财政风险金融化产生的制度原因，又可以影响其传导路径和作用程度。

其次在模型选择与设置方面，选用基本的时间序列模型方程作为实证分析方法，为实现变量指标的降维处理，采用了动态因子分析法，将各类变量指标进行降维合成，构建了中央财政风险因子、地方财政风险因子、金融体系结构因子、通货膨胀风险因子和银行机构系统性风险因子，各因子变量基本能反映原始变量的综合信息，在对数据进行平稳性检验的基础上进行模型回归分析。对于通货膨胀风险传导机制的实证分析结果表明，中央财政风险与地方财政风险对通货膨胀均有显著的正向促进作用，并且地方财政风险对通货膨胀风险的影响作用要大于中央财政风险。对于银行机构系统性风险传导机制的实证分析结果表明，中央财政风险可以降低银行机构的系统性风险，中央财政风险对地方财政风险有挤出效应，地方财政风险是银行机构系统性风险的主要来源，也是这类传导机制形成的决定因素。

最后在基本实证结果的基础上进行了对比论证和分类论证。一是对比论证通货膨胀风险传导机制的变化。剔除原通货膨胀风险因子中的房价指数影响，即在合成通货膨胀风险动态因子的指标中剔除百城住宅价格指数，由 CPI、社会融资规模、经济货币化三个指标合成新通货膨胀风险因子。实证结果表明，中央财政风险对新通货膨胀风险影响不显著，而地方财政风险对新通货膨胀风险存在显著的负向影响，并且模型通过了用 GDP 平减指数的增长率作因变量的稳健性检验，说明后金融危机时期地方财政风险的扩大造成了消费市场的通货紧缩现象，增加的货币供给没有流向消费市场，而是进入了房地产市场，推高了房地产价格，验证了之前理论分析中对于房地产行业风险的论述。二是分类论证财政风险金融化在不同类型商业银行体系的传导路径。将商业银行划分为国有商业银行、股份制商业银行、城市商业银行和农村金融机构四类，以不良贷款率为被解释变量。实证结果表明，地方财政风险对国有商业银行的信用风险影响不显著，股份制商业银行、城市商业银行和农村金融机构是其主要的资金来源，也是主要的传导渠道；中央财政风险对农村金融机构信用风险影响较为显著，这主要源于国有商业银行的发展定位与业务结构和农村金融机构业务经营范围等因素的影响。

第8章　财政风险金融化的宏观影响效应分析

第3章从理论层面论述了财政风险金融化的双重宏观效应，金融资金纳入财政分配范畴，或者说运用金融资金化解财政风险，会在一定程度上解决财政资金不足问题，对宏观经济增长具有正效应，但过度金融化会带来财政金融整体资金使用效益的损失和系统性风险的增加，对宏观经济产生负外部性。本章将从定量角度分两个层次研究财政风险金融化对宏观经济的影响效应，首先通过线性的有调节的中介效应模型论证后危机时期财政风险金融化对宏观经济的总体影响效应与影响程度，其次运用非线性的门限回归效应模型分阶段论证财政风险金融化与宏观经济的“倒U形”关系，以此确定财政风险金融化的控制目标。由于通货膨胀风险按通常标准已属于宏观金融范畴，无须进行宏观中介效应研究，可视为财政风险的直接效应，因此本章研究宏观影响效应时所涉及的金融风险特指银行机构系统性风险。在影响银行机构系统性风险的财政因素中，地方财政风险起决定性作用，中央财政风险能够减缓系统性风险的发生，为兼顾模型应用和研究重点，本章仅将地方财政风险作为主要研究对象，所以在宏观影响效应模型中财政风险金融化限定为地方财政风险通过特定机制向银行机构体系内传导，引起商业银行系统性风险的现象，银行机构体系成为财政风险与宏观经济之间的一个中介区域。

8.1　宏观影响效应理论分析与研究假说

8.1.1　宏观影响效应理论分析

研究财政风险金融化的宏观影响效应需要厘清三个关系：一是财政风险与宏观经济增长的关系。根据凯恩斯的赤字财政政策理论，财政风险对宏观经济增长有直接的影响，扩大政府投资可以弥补社会总投资的不足，增加社会总产出。但赤字扩大和债务风险的增加也会降低政府的偿债能力，影响经济的可持续增长。二是财政风险金融化与宏观经济增长的关系。财政风险金融化是以金融风险的增加换取财政赤字风险的降低，或者说财政风险金融化表现为金融风险，而金融风险产生的根源在于财政风险，那么财政风险金融化对宏观经济的影响就应当细化为财政风险影响金融风险，进而影响宏观经济。这里存在一个中间环节，即金融领域的风险，只有通过金融领域的传导才能看作财政风险金融化的宏观影响。否则认为是财政风险对宏观经济的直接影响。三是金融体系结构对宏观经济的影响。从财政风险金融化的历史演变可以看出，金融体系结构的变革在财政风险金融化的过程中发挥着关键性的作用，不仅影响着财政风险对金融风险的影响方式，也影响着金融风险对宏观经济的影响程度，比如金融发展水平的提高与间接融资市场的规模可以影响货币市场的均衡水平，中小银行机构的发展和非金融部门杠杆率的变化可以影响社会的产出与就业，信贷资金规模的变化直接影响着社会的总投资水平，进而影响社会总供求的均衡。

根据宏观影响效应中各因素的相关关系，本章对财政风险金融化宏观影响效应的定量研究分两个层次进行论证。第一层次是建立有调节的中介效应线性模型，研究财政风险金融化在后危机时期的总体宏观效应。通常理论认为财政风险金融化是由于财政风险的软约束，使得财政金融和宏观经济在长期形成恶性循环，财政风险金融化在风险循环累积的过程中必将恶化财政与金融状况，推高宏观经济风险，从而抑制经济增长①，因此财政风险、财政风险金融化与宏观经济之间在长期应存在负相关性。

财政风险金融化宏观影响效应定量研究的第二层次是在第一层次论证的基础上，运用时间序列的门限回归效应模型探讨财政风险金融化的双重宏观效应，找出临界值与最优区间，为合理控制财政风险金融化的负外部性提供政策参考。总体来说，2008 年金融危机后财政风险金融化对宏观经济增长存在显著的负外部性，金融体系风险持续处于易发高发期，系统性金融风险成为影响经济稳定和高质量发展的关键因素，但同时财政风险金融化是一个客观存在，是应对经济危机、弥补社会资金供给不足的有效方式。综合之前的理论分析和我国实践，财政风险金融化与宏观经济增长应该存在非线性关系，在合理限度内，财政风险金融化可以解决财政资金分配不足的问题，提高资金使用的整体社会效益，促进宏观

① 秦海林．财政风险金融化影响经济增长的模型分析与实证检验[J]．财贸研究，2011(2)：65－72.

经济增长，但持续过度的金融化可能会引发系统性金融风险，所以财政风险金融化与宏观经济存在非线性的“倒U形”关系，即存在一个阈值，在阈值以内属于正相关的合理区间，运用财政风险金融化可以实现社会总效益的增加，促进经济增长，但也要严格控制超出最优区间的财政风险金融化现象，尽可能避免对宏观经济产生负外部性。

8.1.2 研究假说

在第一层次的定量分析中，通过建立有调节的中介效应模型，论证财政风险金融化与宏观经济的线性关系，进一步明确财政风险金融化在金融体系结构变量的作用下对宏观经济的影响作用和影响程度，研究假说如下：

H_1：财政风险对宏观经济有显著的负效应。长期持续扩大财政赤字或增加政府债务会引起经济结构失衡，降低宏观经济增速和社会总效益，因此财政风险的总效应为负。

H_2：财政风险金融化对宏观经济的中介效应影响显著存在。财政风险通过金融风险对宏观经济的中介效应影响分为财政风险影响金融风险和金融风险影响宏观经济两个阶段，在第一阶段中，财政风险对金融风险有溢出效应，这也是财政风险金融化产生的基础，地方政府债务风险通过金融机构的中长期贷款产生风险空间外溢效应，这种隐性的风险传导会导致系统性金融风险的发生①。此外，地方政府利用行政权力和对金融体系的控制力，实施的直接或间接干预信贷投向等金融抑制措施也会导致金融风险的累积。第二阶段中，金融风险对宏观经济总体来说存在负面影响，作为主要资金中介的银行机构，一旦盈利能力和资产质量恶化，不仅反映了实体经济的疲软，也降低了资金供给能力，导致宏观经济增长趋缓。研究假说 H_2 分为两部分：

H_{2a}：财政风险对金融风险存在显著的正效应。

H_{2b}：金融风险对宏观经济存在显著的负效应。

H_3：财政风险的总效应中，金融体系结构对财政风险与宏观经济的关系有正向调节作用。以间接融资为主的金融结构和政府对中小银行机构的控制力加速了地方财政风险的积累，地方政府的巨额隐性负债成为制约宏观经济可持续增长的主要因素，转轨经济体特有的金融体系结构对于风险的传导起着放大和促进的

① 伏润民，缪小林，高跃光. 地方政府债务风险对金融系统的空间外溢效应[J]. 财贸经济，2017(9)：31-47.

作用。

H_4：金融体系结构对中介效应的两个阶段均存在调节作用。在第一阶段中对财政风险与金融风险的关系有显著的负向调节作用，随着财政金融制度与金融体系的完善与发展，金融发展水平与市场化程度都在逐步提高，防范化解风险政策的落实以及直接融资市场的发展在一定程度上会降低政府隐性债务的积累和对金融资源的控制，财政风险向金融风险的传导扩散也会减缓。在第二阶段中对金融风险与宏观经济的关系有显著的正向调节作用，宏观经济的发展与对金融的依赖度是同步的，尤其是对于发展中国家来说，同时面临发展与风险问题时，金融资金的需求只增不减，非金融企业对银行信贷资金的依赖、政策性贷款增长和中小银行规模扩大等因素都将放大金融风险对宏观经济的传导效应。研究假说 H_4 也分为两部分：

H_{4a}：金融体系结构对财政风险与金融风险的关系有显著的负向调节作用。

H_{4b}：金融体系结构对金融风险与宏观经济的关系有显著的正向调节作用。

在第二层次的论证中将运用时间序列的门限回归模型，验证财政风险与宏观经济、财政风险金融化与宏观经济的非线性关系，研究假说如下：

H_5：财政风险与宏观经济之间存在"倒 U 形"关系，适度地扩大赤字和债务融资规模可以促进经济恢复增长。

H_6：财政风险金融化与宏观经济之间存在"倒 U 形"关系，财政风险金融化具有双重宏观效应，合理的金融化可以提高宏观经济的总效益。

H_7：财政风险金融化能够延缓财政风险的负面宏观效应。财政风险金融化的宏观效应"拐点"应滞后于财政风险的宏观效应"拐点"。财政风险金融化的存在使得财政风险可以通过一定的传导机制转移至金融体系，财政风险存在缓释空间与时间，相较于财政风险对宏观经济的直接影响，财政风险金融化的负面效应显现较晚，对宏观经济的正向促进作用时间较长。

8.2 宏观影响效应的线性模型

8.2.1 有调节的中介效应模型

8.2.1.1 中介效应的基本原理

如果自变量 X 不仅直接对因变量 Y 产生影响，还通过变量 M 对 Y 产生间接影响，那么变量 X 和 Y 之间存在中介效应，变量 M 则称为中介变量。基本模型方程表示为如下形式：

$$Y = cX + e_1$$

$$M = aX + e_2$$

$$Y = c'X + bM + e_3$$

在上述方程中，c 表示自变量 X 对因变量 Y 的总效应；a 表示自变量 X 对中介变量 M 的效应；b 是在控制自变量 X 的影响后，中介变量 M 对因变量 Y 的效应；c'是在控制中介变量 M 的影响后，自变量 X 对因变量 Y 的直接效应。而中介效应则是自变量 X 对因变量 Y 的间接效应，由 ab 表示。自变量 X 对因变量 Y 的总效应等于直接效应与间接效应之和，即 $c = c' + ab$。中介效应模型示意图如图 8－1 所示。

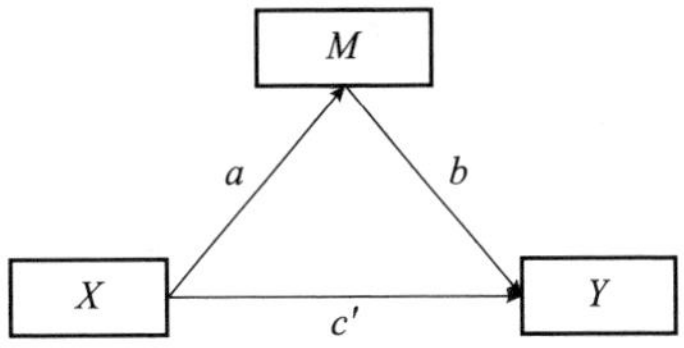

图 8－1　中介效应模型示意图

8.2.1.2　有调节的中介效应模型

如果自变量 X 对因变量 Y 的影响还受到另外变量 W 的约束，那么 W 就是调节变量，影响着变量 X 与 Y 关系变动的方向与强弱，根据调节变量作用的位置不同可分为有中介的调节效应模型和有调节的中介效应模型。有中介的调节效应模型表示调节效应通过中介变量起作用，相应地，有调节的中介效应模型意味着中介效应受调节变量的影响。根据调节变量个数与作用位置的不同，常用的有调节的中介效应模型有 5 种模型形式。

自变量同时调节中介变量与因变量；

调节变量 W 作用于自变量与中介变量之间，调节自变量与中介变量的关系；

调节变量 W 作用于中介变量与因变量之间，调节中介变量与因变量的关系；

调节变量 W 同时作用于自变量与中介变量、中介变量与因变量之间；

同时存在两个调节变量 W_1 和 W_2，W_1 作用于自变量与中介变量之间，W_2 作用于中介变量与因变量之间。

8.2.1.3　中介效应检验方法

目前，比较常用的三种检验中介效应的方法为因果逐步回归法、系数乘积法和因果逐步回归改良法。

1. 因果逐步回归法

逐步检验回归系数的方法最早由 Baron 和 Kenny（1986）提出，核心思想是对基本模型的三个方程依次做回归系数的显著性检验，方法具体分为三个步骤：一是检验系数 c 的显著性，即 c 是否为0，以此分析 X 对 Y 的总效应；二是检验系数 a 的显著性，即 a 是否为0；三是检验系数 b 和 c' 的显著性，即 b 和 c' 是否为0。由于中介效应主要在于乘积系数 ab 的显著性，所以步骤二和三也可以看作对系数 ab 的依次检验，如果系数 a、b、c 都显著，则中介效应显著成立。特别地，系数 c' 可以区分完全中介效应和部分中介效应，如果 c' 不显著则为完全中介效应。

2. 系数乘积法

系数乘积顾名思义指系数 a 和 b 的乘积，因果逐步回归检验法在实践中存在检验效能较低的问题，即系数乘积 ab 显著而依次检验 a 和 b 不显著。因而有学者在此基础上发展出统计功效更优的系数乘积法，其基本原理是直接检验系数乘积 ab 的显著性以验证中介效应的存在。常用的方法有两类，一类是基于抽样分布为正态分布的 Sobel 检验法，另一类是基于抽样分布为非正态分布的 Bootstrap 法。

Sobel 检验法的检验统计量为 $z = \widehat{a}\widehat{b}/S_{ab}$，其中 $\widehat{a}$ 和 $\widehat{b}$ 分别是 a 和 b 的估计值，S_{ab} 是 $\widehat{a}\widehat{b}$ 的标准误。但由于前提假设条件 $\widehat{a}\widehat{b}$ 服从正态分布且需要大样本很难满足，因此这种检验方法的实用性较差。Bootstrap 法是乘积分布法的一种，用两个正态变量 $\widehat{a}$ 和 $\widehat{b}$ 的乘积分布构建临界值以进行检验，具体做法是从样本中重复抽样，比如用给定的样本通过有放回地重复取样以产生足够多的样本量，计算样本的系数乘积 ab 的估计值 $\widehat{a}\widehat{b}$，按估计值从小到大排序，将2.5%和97.5%作为临界值，构建一个置信度为95%的置信区间，如果置信区间不包括数字0就表示 $\widehat{a}\widehat{b}$ 显著，说明中介效应存在。

3. 因果逐步回归改良法

如果方程中系数 a 和 b 以及系数乘积 ab 都显著，那么逐步回归检验法的检验能力要强于系数乘积法，所以以温忠麟等为代表的国内学者提出了改良版的因果逐步回归法，即先进行逐步回归，依次检验系数 a 和 b 的显著性，如果不显著再用 Bootstrap 法直接检验系数乘积 ab①。具体的方法分为五步：

一是检验模型方程中的系数 c，确定总效应的影响；

二是依次检验系数 a 和 b，如果均显著则说明间接效应存在，可直接进行第四步；

① 温忠麟，叶宝娟．中介效应分析：方法和模型发展[J]．心理科学进展，2014(5)：737－745.

三是如果系数 a 和 b 至少有一个不显著，则用 Bootstrap 法直接检验系数乘积 ab，如果系数乘积显著则间接效应存在，否则不存在，无须进行下一步操作；

四是检验系数 c'，如果不显著则说明直接效应不存在，只有中介效应；

五是比较 ab 和 c' 的变动方向，如果同方向则说明存在部分中介效应，ab/c 表示中介效应占总效应的比例。

8.2.2 指标选取

财政风险金融化的宏观影响效应模型中涉及的主要变量指标设定如下。

宏观经济变量(Y)。为全面反映宏观经济状况，本书选取可以代表三大均衡市场的变量指标，共计三个指标值，即产品市场用 GDP 不变价的当季值表示，劳动力市场用城镇登记失业率表示，货币市场用货币供应量 M_2 季末值表示。为实现数据降维，首先对原始变量数据进行频度转换、对数化、季节调整和标准化处理，在此基础上运用动态因子分析法合成宏观经济因子。

地方财政风险因子(E_2)。主要反映地方财政的赤字风险与债务风险。

银行机构系统性风险因子(F_2)。综合反映银行机构的盈利能力、流动性、资产质量与资本充足情况。

金融体系结构因子(E_3)。包含金融发展水平、融资结构和中小银行规模三个方面的指标，综合反映我国金融体系结构变化情况。

8.3 宏观影响效应的线性实证分析

8.3.1 模型构建

8.3.1.1 宏观经济因子

宏观经济因子的 KMO 检验与 Bartlett 球形度检验结果如表 8－1 所示。

表 8－1 宏观经济指标检验结果

KMO 取样适切性量数		0.701
Bartlett 的球形度检验	近似卡方	211.926
	自由度	3
	显著性	0.000

样本数据的 KMO 检验值和 Bartlett 球形度检验的 P 值均通过检验，样本数据可以进行因子分析。计算宏观经济因子的特征值和累计解释方差，计算结果如表 8－2 所示。

表 8－2　宏观经济因子特征值和累计解释方差结果　（%）

主成分	特征值	提取的方差贡献率（%）		特征值	旋转后的方差贡献率（%）	
		解释方差	累计解释方差		解释方差	累计解释方差
1	2.744	91.459	91.459	2.744	91.459	91.459
2	0.245	8.176	99.635			
3	0.011	0.365	100.000			

第一个共同因子的特征值为 2.744，累计方差贡献率为 91.459%，符合标准要求，可以反映宏观经济因子数据的综合信息。用最大方差法对共同因子进行旋转得到因子载荷矩阵，如表 8－3 所示。

表 8－3　宏观经济指标旋转主成分矩阵

变量名称	成分
	T_1
GDP 增长率（Z_1）	0.357
城镇登记失业率（Z_2）	－0.332
货币供应量 M_2 增长率（Z_3）	0.356

根据宏观经济的主成分得分系数矩阵，得到共同因子与原始指标变量之间的关系：

$$T_1 = 0.357Z_1 - 0.332Z_2 + 0.356Z_3$$

从旋转主成分矩阵和共同因子方程式得出，共同因子 T_1 能够解释 GDP 增长率等三个原始变量，基本反映出原始变量所包含的综合信息。以共同因子 T_1 的方差贡献率为权重，得到宏观经济因子的最终得分：$Y = 0.915T_1$。

加入时间序列后的宏观经济因子动态趋势变化如图 8－2 所示。

可以看出危机后的刺激经济政策使得宏观经济在最初的几年里高速增长，但之后经济增速开始下降并逐渐趋缓，基本符合实际状况。

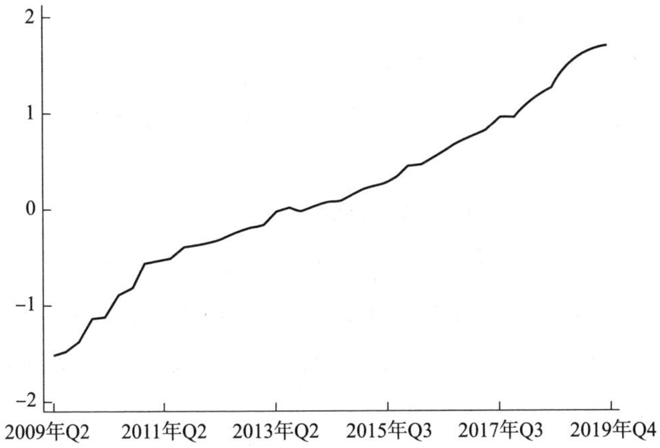

图8－2　宏观经济因子动态趋势变化

8.3.1.2　模型设定

以下将建立有调节的中介效应模型对样本数据进行回归分析，并使用因果逐步回归改良法对调节效应和中介效应等进行检验。

1. 有调节的总效应

首先运用层次分析法检验自变量（地方财政风险 E_2）对因变量（宏观经济 Y）的总效应和调节变量（金融体系结构 E_3）是否在总效应影响中发挥调节作用及调节方向。建立有调节的总效应模型如下：

$$Y=\alpha+\alpha_1E_2+\alpha_2E_3+\varepsilon_1 \tag{8－1}$$

$$Y=\alpha+\alpha_1E_2+\alpha_2E_3+\alpha_3E_2\times E_3+\varepsilon_1 \tag{8－2}$$

式（8－1）表示财政风险对宏观经济的总效应，财政风险的总效应为 α_1，式（8－2）加入了财政风险因子与金融体系结构因子的交互项，表示财政风险对宏观经济有调节的总效应，财政风险有调节的总效应为 $\alpha_1+\alpha_3E_3$。如果 α_1 检验结果显著，说明财政风险对宏观经济有直接影响；如果 α_3 也显著，说明金融体系结构对财政风险的总效应存在调节作用，表明金融市场化程度和间接融资模式等因素对宏观经济的风险传导存在显著影响。财政风险有调节的总效应作用图如图8－3所示。

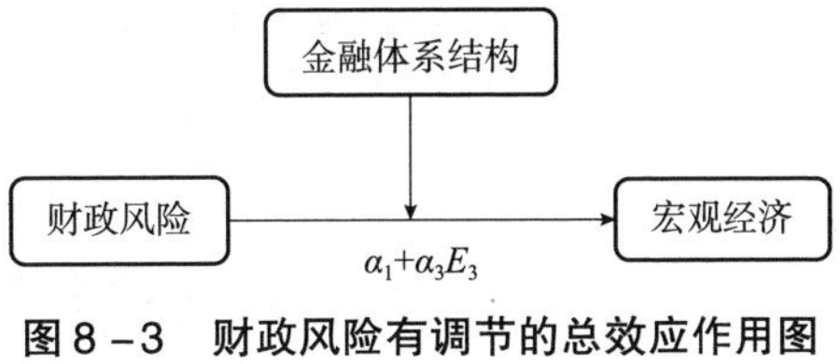

图8－3　财政风险有调节的总效应作用图

2. 有调节的中介效应

财政风险金融化的中介效应分为两个阶段，财政风险对金融风险和金融风险对宏观经济。在总效应显著的情况下进一步检验财政风险通过金融风险影响宏观经济的中介路径，同时检验金融体系结构这一调节变量是否对两个阶段的中介效应具有调节作用，分别建立两个阶段有调节的中介效应模型，第一阶段中介效应模型如下：

$$F_2 = \beta_0 + \beta_1 E_2 + \beta_2 E_3 + \varepsilon_2 \tag{8-3}$$

$$F_2 = \beta_0 + \beta_1 E_2 + \beta_2 E_3 + \beta_3 E_2 \times E_3 + \varepsilon_2 \tag{8-4}$$

式(8-3)表示财政风险对中介变量金融风险的中介效应，式(8-4)加入财政风险因子与金融体系结构因子的交互项，表示财政风险对金融风险有调节的中介效应。第二阶段中介效应模型如下：

$$Y = \alpha_0' + \alpha_1' E_2 + \alpha_2' E_3 + \gamma_1 F_2 + \varepsilon_3 \tag{8-5}$$

$$Y = \alpha_0' + \alpha_1' E_2 + \alpha_2' E_3 + \alpha_3' E_2 \times E_3 + \gamma_1 F_2 + \gamma_2 F_2 \times E_3 + \varepsilon_3 \tag{8-6}$$

式(8-5)表示财政风险对宏观经济的中介效应，或者说财政风险金融化的宏观经济效应，式(8-6)加入财政风险因子与金融体系结构因子的交互项和金融风险因子与金融体系结构因子的交互项，表示财政风险对宏观经济有调节的中介效应。财政风险对宏观经济的中介效应可表示为 $\beta_1\gamma_1$，直接效应为 α_1'；有调节的中介效应为 $(\beta_1 + \beta_3 E_3) \times (\gamma_1 + \gamma_2 E_3)$，有调节的直接效应为 $\alpha_1' + \alpha_3' E_3$。若 β_1 和 β_3 同时不显著或 γ_1 和 γ_2 同时不显著，说明中介效应不存在，否则说明中介效应存在。在中介效应存在的前提下，如果 β_3 显著而 γ_2 不显著，说明调节变量仅对第一阶段的中介效应发挥调节作用；如果 β_3 不显著而 γ_2 显著，说明调节变量仅对第二阶段的中介效应发挥调节作用；如果 β_3 与 γ_2 同时显著，说明调节变量对第一阶段和第二阶段的中介效应均存在调节作用；如果 β_3 与 γ_2 均不显著，那么说明该调节变量对财政风险金融化的中介效应不存在调节作用。财政风险金融化有调节的中介效应作用图如图 8-4 所示。

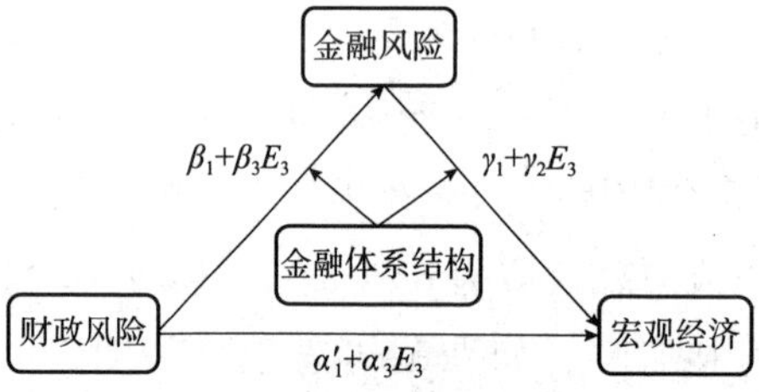

图 8-4　财政风险金融化有调节的中介效应作用图

8.3.2　模型检验与实证分析

宏观经济变量样本数据来源于 WIND 数据库，模型数据区间为 2009 年第二季度至 2019 年第四季度，共计 43 期、989 个观测值，使用 stata15.1 软件进行实证操作。

8.3.2.1 单位根检验(ADF 检验)

对于时间序列数据来说，需要在进行回归估计之前对变量数据的平稳性进行检验，如果各变量为平稳的时间序列，则可直接进行模型检验与估计，若各变量不平稳，则需要通过差分转换为平稳的时间序列数据。表 8 -4 是各变量的 ADF 检验结果，银行机构系统性风险因子和金融体系结构因子的 ADF 检验值分别为 -4.126 和 -2.036，均小于在 95% 置信水平下的临界值 -1.684，说明这两个因子变量是平稳的时间序列，宏观经济因子和地方财政风险因子的检验值分别为 -0.626和 -0.352，大于临界值，经一阶差分转换后变为平稳的时间序列数据。

表 8 -4 财政风险金融化中介效应模型的 ADF 检验结果

变量名称	检验值	1% 临界值	5% 临界值	是否通过检验
宏观经济因子	-0.626	-2.423	-1.684	否
银行机构系统性风险因子	-4.126	-2.423	-1.684	是
地方财政风险因子	-0.352	-2.423	-1.684	否
金融体系结构因子	-2.036	-2.423	-1.684	是
宏观经济因子的一阶差分	-6.678	-2.426	-1.685	是
地方财政风险因子的一阶差分	-7.648	-2.426	-1.685	是

8.3.2.2 描述性统计分析

财政风险金融化有调节的中介效应模型数据的描述性统计分析结果如表 8 -5 所示，2009 年至 2019 年，宏观经济整体呈波动上升趋势，宏观经济因子 Y 的最小值为 -1.544，最大值为 1.667，标准差为 0.856，Y 的标准差大于 E_2 和 F_2 的标准差，说明宏观经济在这十年间整体波动幅度大于地方财政风险和银行机构系统性风险的波动幅度，表明相较于金融体系，实体经济的波动更大，与实际情况基本相符。

表 8 -5 财政风险金融化有调节的中介效应模型数据的描述性统计分析结果

变量名称	平均值	标准差	最小值	最大值
宏观经济因子(Y)	0.101	0.856	-1.544	1.667
银行机构系统性风险因子(F_2)	0.112	0.464	-1.285	0.626
地方财政风险因子(E_2)	0.088	0.789	-0.982	1.481
金融体系结构因子(E_3)	0.108	0.798	-1.349	1.230

8.3.2.3 有调节的总效应实证分析

运用层次分析法检验财政风险有调节的总效应，需要分别检验财政风险对宏观经济的总效应和金融体系结构的调节作用，实证结果如表 8－6 所示。表 8－6 中第一列检验值是对式(8－1)的回归估计，检验财政风险对宏观经济的总效应；第二列检验值是对式(8－2)的回归估计，检验财政风险对宏观经济有调节的总效应。

表 8－6 有调节的总效应实证分析结果

变量名称	模型(8－1)	模型(8－2)
	宏观经济(Y)	宏观经济(Y)
财政风险(E_2)	－0.249***	－0.257***
	(0.064)	(0.062)
金融体系结构(E_3)	0.574***	0.616***
	(0.199)	(0.192)
交互项($E_2 \times E_3$)	—	0.162**
	—	(0.078)
常数项	－0.021	－0.023
	(0.027)	(0.026)
R^2	0.429	0.485

注：***、** 分别表示在 1%、5% 的水平下显著。括号内为稳健标准误。

估计结果显示，模型中各变量均通过显著性水平检验。表 8－6 第一列中财政风险(E_2)的系数为－0.249，第二列财政风险(E_2)的系数为－0.257，加入调节变量前后财政风险的系数均为负数，表示财政风险对宏观经济总体上存在显著的负效应，验证了研究假说 H_1。

关于总效应中金融体系结构的调节作用，表 8－6 第二列的检验中加入财政风险与金融体系结构的交互项($E_2 \times E_3$)，回归系数为 0.162，且在 5% 的水平下显著，说明金融体系结构对财政风险与宏观经济的关系有正向调节作用，验证了研究假说 H_3。

8.3.2.4 有调节的中介效应实证分析

以银行机构系统性风险作为中介变量，研究财政风险金融化对宏观经济的中介效应影响，同时加入调节变量金融体系结构因子，设定调节变量对中介效应的两个阶段均有调节作用。对中介效应的两个阶段，财政风险对金融风险的影响和金融风险对宏观经济的影响分别进行回归分析，实证分析结果如表 8－7 所示。

表 8-7 中检验值的前两列是对中介效应第一阶段的回归估计，第一列是财政风险对金融风险的中介影响效应，第二列是在第一列的基础上加入调节变量金融体系结构因子，对财政风险与金融体系结构交互项($E_2 \times E_3$)进行估计，检验调节变量在第一阶段中介效应中的作用；后两列是对中介效应第二阶段的回归估计，第三列是金融风险对宏观经济的中介影响效应，第四列是在第三列的基础上加入调节变量金融体系结构因子，对金融风险与金融体系结构交互项($F_2 \times E_3$)进行估计，检验调节变量在第二阶段中介效应中的作用。

表 8-7　有调节的中介效应实证分析结果

变量名称	模型(8-3)	模型(8-4)	模型(8-5)	模型(8-6)
	金融风险(F_2)	金融风险(F_2)	宏观经济 Y	宏观经济 Y
财政风险(E_2)	0.538*** (0.079)	0.679*** (0.078)	-0.192*** (0.048)	-0.117*** (0.031)
财政风险与金融体系结构交互项($E_2 \times E_3$)	— —	-0.467*** (0.122)	— —	0.016 (0.035)
金融体系结构(E_3)	0.498** (0.238)	0.576*** (0.207)	0.233*** (0.053)	0.002 (0.020)
金融风险(F_2)	— —	— —	-0.106** (0.048)	-0.263** (0.107)
金融风险与金融体系结构交互项($F_2 \times E_3$)	— —	— —	— —	0.588*** (0.129)
常数项	0.095 (0.052)	0.084 (0.045)	0.002 (0.015)	0.015 (0.015)
R^2	0.528	0.656	0.389	0.520

注：***、** 分别表示在 1%、5% 的水平下显著。括号内为稳健标准误。

在第一阶段的中介效应中，财政风险(E_2)的回归系数在加入调节变量前后均为正值，且在 1% 的水平下显著，说明地方财政风险对银行机构系统性风险存在显著的正向影响，验证了研究假说 H_{2a}。第二列检验值中财政风险与金融体系结构交互项($E_2 \times E_3$)的回归系数是 -0.467，且在 1% 的水平下显著，说明金融体系结构对于财政风险与金融风险的关系具有显著的负向调节作用，即金融体系结构的发展变化可以减缓财政风险金融化的程度，验证了研究假说 H_{4a}。

在第二阶段的中介效应中，金融风险(F_2)的回归系数在加入调节变量前后均为负值，且在 5% 的水平下显著，说明银行机构的系统性风险对宏观经济存在显著的负向影响，验证了研究假说 H_{2b}。第四列检验值中金融风险与金融体系结构交互项($F_2 \times E_3$)的回归系数是 0.588，且在 1% 的水平下显著，说明金融体系结构对于金融风险与宏观经济的关系具有显著的正向调节作用，表明这一时期金融体系结构的变化加剧了银行机构的系统性风险对宏观经济的负外部性，验证了研究假说 H_{4b}。

综上，根据中介效应两个阶段的回归估计结果，表 8-7 第三列检验值显示式(8-5)中财政风险(E_2)的系数 α_1' 显著，表明财政风险金融化对宏观经济的影响属于部分中介效应。根据部分中介效应的原理，式(8-3)和式(8-5)中系数 β_1 和 γ_1 的乘积与 α_1' 的符号均为负，符号同向说明不存在遮掩效应，中介效应占总效应的比例为 $\beta_1\gamma_1/\alpha_1$，根据模型方程的估计结果，这一比例约为 22.89%，表明大约 22.89% 的财政风险通过金融领域影响宏观经济，即财政风险金融化的宏观效应存在，且在整个财政风险宏观效应中的占比约为 1/4。

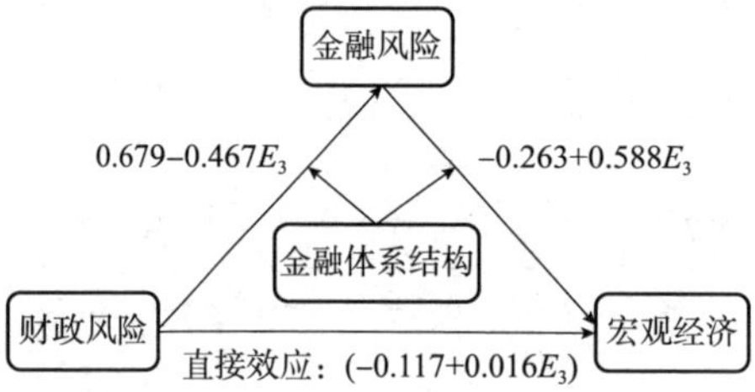

图 8-5　财政风险金融化有调节的中介效应模型结果图

加入调节变量后，在财政风险金融化有调节的中介效应模型中，第一阶段中介效应为 $0.679-0.467E_3$，第二阶段中介效应为 $-0.263+0.588E_3$。综合财政风险的直接效应和财政风险金融化的中介效应，可以得到财政风险金融化有调节的中介效应模型结果如图 8-5 所示。

财政风险金融化有调节的中介效应为

$$(0.679-0.467E_3)\times(-0.263+0.588E_3) = -0.179+0.522E_3-0.275E_3^2$$

以 E_3 的平均值估计，有调节的中介效应约为 -0.084，中介效应为负说明这一时期财政风险金融化对宏观经济在总体上具有显著的负面影响。财政风险金融化有调节的总效应约等于直接效应与中介效应之和，即有调节的总效应约为：

$$(-0.117+0.016E_3)+(0.679-0.467E_3)\times(-0.263+0.588E_3) = -0.296+0.538E_3-0.275E_3^2$$

以 E_3 的平均值估计，有调节的总效应约为 -0.198，总效应为负说明财政风险金融化在金融体系结构因素的调节作用下与宏观经济存在显著的负向关系，整体上这一时期的财政风险金融化表现为负向宏观效应。在调节变量作用下中介效应占总效应的比例约为 42.42%，表明在金融体系结构因素影响下，财政风险金融化的宏观效应在财政风险宏观效应中所占比重显著上升。

8.3.3 稳健性检验

在研究财政风险与宏观经济波动的关系时，模型设定中因变量为宏观经济因子，由代表产品市场、劳动力市场和货币市场的三类指标动态合成，现剔除劳动力市场和货币市场影响，以 GDP 不变价作为因变量，表示这一时期宏观经济增长情况。

据此重新进行相关模型的回归检验，得到模型的回归检验结果如表 8－8 所示。模型稳健性检验结果显示，替换因变量样本数据，使用最能代表宏观经济波动的实际 GDP 增长率作为新的被解释变量，相关模型中的主要变量系数并未发生能影响研究结论的实质性变动，说明这一回归结果与之前的中介效应模型研究结果不存在实质性差异，由此得出前述财政风险金融化有调节的中介效应模型结论是比较稳健的。

表 8－8　相关模型稳健性检验结果

变量名称	模型(8－1)	模型(8－2)	模型(8－5)	模型(8－6)
	lnGDP	lnGDP	lnGDP	lnGDP
财政风险(E_2)	－0.296***	－0.309***	－0.361***	－0.149***
	(0.049)	(0.046)	(0.082)	(0.041)
财政风险与金融体系结构交互项($E_2 \times E_3$)	—	0.149**	—	0.051
	—	(0.058)	—	(0.034)
金融体系结构(E_3)	0.283*	0.322**	1.425***	0.764***
	(0.152)	(0.143)	(0.257)	(0.150)
金融风险(F_2)	—	—	－0.459**	－0.144**
	—	—	(0.221)	(0.068)
金融风险与金融体系结构交互项($F_2 \times E_3$)	—	—	—	0.481***
	—	—	—	(0.152)
常数项	0.002	0.001	－0.046	－0.025
	(0.021)	(0.020)	(0.029)	(0.014)
R^2	0.547	0.612	0.787	0.855

注：***、**、* 分别表示在 1%、5% 和 10% 的水平下显著。括号内为稳健标准误。lnGDP 表示对 GDP 不变价当季值取对数。

8.4 宏观影响效应的非线性模型

8.4.1 门限效应回归模型构建

8.4.1.1 门限效应回归模型

对于时间序列数据来说，如果回归分析的系数估计值不稳定，则意味着变量关系随着时间而改变，那么就需要将整个样本分成若干个子样本分别进行回归。如果用来划分样本的变量不是离散型变量而是连续型变量，则需要设定一个划分的标准，即门限(门槛)值。对于门限值的选择，传统做法是由研究者人为设定，然后据此划分样本区间，对门限值不进行参数估计和显著性检验，这样主观划分样本区间得到的估计结果容易引起质疑。Hansen(2000)提出了门限(门槛)回归方法，以残差平方和最小化为原则对门限值进行参数估计和假设检验，确定门限值的个数与阈值。门限回归基本模型设定如下：

$$y_i = \beta_1' x_i + \varepsilon_i, \quad q_i \leqslant \gamma$$

$$y_i = \beta_2' x_i + \varepsilon_i, \quad q_i > \gamma$$

其中，γ 为待估计的门限值，x_i 为外生解释变量，与扰动项 ε_i 不相关。将上面两个分段函数表达式合并为

$$y_i = \beta_1' x_i \cdot I(q_i \leqslant \gamma) + \beta_2' x_i \cdot I(q_i > \gamma) + \varepsilon_i \tag{8-7}$$

式(8-7)为单门限模型的回归方程，其中 $I(\cdot)$ 为示性函数，即如果括号中的表达式为真，则取值为1，反之取值为0。对于式(8-7)可采用两步法进行估计，一是给定 γ 的取值，用OLS对其进行一致估计，得到估计系数 $\widehat{\beta}(\gamma)$ 以及残差平方和 $SSR(\gamma)$；二是选择 $\widehat{\gamma}$，使得 $SSR(\widehat{\gamma})$ 最小，最后以残差平方和最小为原则，计算估计系数 $\widehat{\beta}(\widehat{\gamma})$。类似地，也可以建立包含多个门限值的门限回归模型，由于 $SSR(\gamma)$ 是 γ 的阶梯函数，只需考虑 γ 的取值即可确定门限值的个数。

8.4.1.2 宏观影响效应的门限回归模型设定

根据门限回归模型基本原理，在分析财政风险金融化的宏观影响效应时在上一节线性模型的基础上引入门限变量，对宏观影响效应模型作进一步扩展。将财政风险因子和银行机构系统性风险因子依次作为门限变量，分别论证财政风险与宏观经济、财政风险金融化与宏观经济的非线性关系。使用单门限回归模型，分别估计使财政风险与宏观经济、财政风险金融化与宏观经济之间的关系发生结构

性改变的财政风险门限值和金融风险门限值，并根据门限值将样本区间分割为两个区制。模型设定如下：

(1)地方财政风险因子作为门限变量

以宏观经济因子(Y)为被解释变量，地方财政风险因子(E_2)和金融体系结构因子(E_3)为解释变量，其中 E_2 为门限变量，构建财政风险的宏观影响效应门限回归模型。

$$Y_t = \alpha_0 + \alpha_1 E_{2t} \cdot I(E_{2t} \leqslant \gamma) + \alpha_2 E_{2t} \cdot I(E_{2t} > \gamma) + \alpha_3 E_{3t} + \varepsilon_t \quad (8-8)$$

(2)银行机构系统性风险因子作为门限变量

以宏观经济因子(Y)为被解释变量，地方财政风险因子(E_2)、银行机构系统性风险因子(F_2)和金融体系结构因子(E_3)为解释变量，其中 F_2 为门限变量，构建财政风险金融化的宏观影响效应门限回归模型。

$$Y_t = \beta_0 + (\beta_1 E_{2t} + \beta_2 F_{2t}) \cdot I(F_{2t} \leqslant \gamma) + (\beta_3 E_{2t} + \beta_4 F_{2t}) \cdot I(F_{2t} > \gamma) + \beta_5 E_{3t} + \varepsilon_t \quad (8-9)$$

8.4.2 双重宏观效应的实证分析

模型数据区间为2009年第一季度至2019年第四季度，使用stata15.1软件进行实证操作。对各时间序列变量进行ADF平稳性检验，结果如表8-4所示，对宏观经济因子和金融体系结构因子作一阶差分处理，转换为平稳的时间序列数据。

8.4.2.1 财政风险的门限效应

对式(8-8)的门限效应是否显著进行估计检验，地方财政风险因子(E_2)为门限变量，并分别用自定义门限值个数和BIC准则确定最合适的门限值个数，模型估计结果如表8-9所示。

表8-9 财政风险门限效应的实证分析结果

变量名称	系数	稳健标准误	P值	显著性
金融体系结构因子(E_3)	1.117	0.092	0.000	***
地方财政风险因子(E_2)($E_2 \leqslant -0.072$)	0.128	0.053	0.017	**
地方财政风险因子(E_2)($E_2 > -0.072$)	-0.239	0.088	0.006	***
门限值：-0.072		SSR值：1.609		BIC值：-134.224

注：***、** 分别表示在1%、5%的水平下显著。

用BIC最小准则确定的门限值个数也是1，与自定义门限值个数为1的门限效应检验结果相同，表明财政风险因子变量在样本区间内仅有 1 个门限值，只能将样本划分为两个区间。表 8 – 9 中门限值为 – 0.072，对应的时间变量值为 2012 年第四季度，表明第一区间的时间范围是 2009 年第一季度至 2012 年第四季度，第二区间的时间范围是 2013 年第一季度至 2019 年第四季度。在第一区间内，即地方财政风险因子小于等于 – 0.072 时，地方财政风险因子的系数为 0.128，且通过显著性检验，说明在第一区间地方财政风险与宏观经济存在显著的正效应；在第二区间内，即地方财政风险因子大于 – 0.072 时，地方财政风险因子的系数为 – 0.239，且通过显著性检验，说明在第二区间地方财政风险与宏观经济存在显著的负效应。

综上可以论证地方财政风险对宏观经济的影响效应是先正向后负向，两者关系呈“倒 U 形”，且负效应的影响作用更大。结果表明财政风险对宏观经济有双重影响效应，财政赤字的适度扩张可以强化投资、就业等因素的作用，进而增加社会总产出，促进宏观经济增长，但持续增加的财政风险最终会对宏观经济产生负面影响，论证了研究假说 H_5。

8.4.2.2 财政风险金融化的门限效应

对式(8 – 9)的门限效应是否显著进行估计检验，银行机构系统性风险因子(F_2)为门限变量，分别用自定义门限值个数和 BIC 准则确定最合适的门限值个数，模型估计结果如表 8 – 10 所示。

表 8 – 10 财政风险金融化门限效应的实证分析结果

变量名称	系数	稳健标准误	P 值	显著性
金融体系结构因子(E_3)	0.176	0.046	0.000	***
地方财政风险因子(E_2)	– 0.102	0.042	0.016	**
银行机构系统性风险因子($F_2 \leqslant 0.052$)	0.093	0.027	0.001	***
银行机构系统性风险因子($F_2 > 0.052$)	– 0.019	0.019	0.314	
门限值：0.052		SSR 值：0.279		BIC 值：– 213.447

注：***、** 分别表示在 1%、5% 的水平下显著。

用 BIC 最小准则确定的门限值个数是 1，与自定义门限值个数为 1 的门限效应检验结果相同，表明银行机构系统性风险因子变量在样本区间内仅有 1 个门限值，只能将样本划分为两个区间。表 8 – 10 中门限值为 0.052，对应的时间变量值为 2013 年第二季度，表明第一区间的时间范围是 2009 年第一季度至 2013 年第二季度，第二区间的时间范围是 2013 年第三季度至 2019 年第四季度。在第一区间内，即银行机构系统性风险因子小于等于 0.052 时，其回归系数为 0.093，且通过显著性检验，说明在第一区间财政风险金融化与宏观经济存在显著的正效应；在第二区间内，即银行机构系统性风险因子大于 0.052 时，其回归系数为 -0.019，说明在第二区间财政风险金融化对宏观经济存在负面影响，可以论证研究假说 H_6。

8.4.3 门限回归模型的稳健性检验

银行机构系统性风险因子包含银行机构的资本充足率指标、盈利性指标、流动性风险指标和信用风险指标，其中信用风险指标具有核心作用，一旦信用风险变化，其他三类指标也将进行相应调整，因此将银行机构的系统性风险聚焦于信用风险，进一步检验财政风险金融化的宏观效应。以银行机构的整体不良贷款率（NLR）作为门限变量，NLR 通过了 ADF 平稳性检验，表明数据序列平稳，经过标准化处理后引入式（8-9），模型检验结果如表 8-11 所示。

表 8-11 财政风险金融化门限效应的稳健性检验

变量名称	系数	稳健标准误	*P* 值	显著性
金融体系结构因子（E_3）	0.096	0.048	0.044	**
地方财政风险因子（E_2）	-0.092	0.044	0.035	**
银行机构不良率（C_ NLR≤0.319）	0.044	0.016	0.005	***
银行机构不良率（C_ NLR>0.319）	-0.155	0.068	0.023	**
门限值：0.319		SSR 值：0.228		BIC 值：-222.632

注：***、** 分别表示在 1%、5% 的水平下显著。

用 BIC 最小准则确定门限值与自定义门限值个数为 1 的门限效应检验结果相同，表明样本区间内仅有 1 个门限值，只能将样本划分为两个区间。表 8-11 中门限值为 0.319（标准化处理后的数据），对应的不良贷款率原始变量值为 1.86%，对应的时间变量值为 2018 年第二季度，表明第一区间的时间范围是 2009 年第一季度至 2018 年第二季度，第二区间的时间范围是 2018 年第三季度至 2019 年第四季度。在第一区间内，即银行机构不良率小于等于 1.86% 时，其回归系数为 0.044，通过显著性检验，说明在第一区间财政风险金融化与宏观经济存在显著的正效应；在第二区间内，即银行机构不良率大于 1.86% 时，其回归系数为 -0.155，通过显著性检验，说明在第二区间财政风险金融化与宏观经济存在显著的负效应，与正向促进作用相比，财政风险金融化对宏观经济增长的负面抑制作用更大。模型结果能够验证财政风险金融化与宏观经济之间存在稳定的“倒U形”关系，财政风险金融化具有双重宏观效应，合理的金融化可以提高宏观经济的总效益，但过度金融化引发的系统性金融风险将会更大程度地抑制经济增长。此外需要特别说明的是，模型中使用的数据值均为金融监管部门公开的统计数据，但在现场调研中发现银行机构的风险指标值远高于账面统计数据，2012年以后银行机构的资产质量真实状况要比账面情况更为严峻，实际的不良贷款率预计是账面不良贷款率的几倍甚至十几倍，所以财政风险金融化对宏观经济影响的拐点应当早于表8－11显示的估计结果，并且财政风险金融化的负面效应可能会更显著。

综上所述，财政风险、财政风险金融化与宏观经济的门限效应回归结果表明各有一个拐点，使得财政风险的宏观经济效应和财政风险金融化的宏观经济效应均呈现“倒U形”的非线性关系，且财政风险金融化的宏观效应拐点相较于财政风险的宏观效应拐点后移，表明财政风险向金融领域的转移一定程度上延缓了财政风险对宏观经济的直接负面冲击，使负面效应滞后发生，可以论证研究假说H_7。

2020年新冠疫情对实体经济和财政金融体系均产生较严重的负面影响，商业银行整体不良贷款率上升，盈利能力下降，2020年四个季度的不良贷款率依次为1.91%、1.94%、1.96%和1.84%，除第四季度外，不良贷款率均高于往年同期水平；2020年末资产利润率和资本利润率分别为0.77%和9.48%，同比分别下降0.1个百分点和1.48个百分点，且低于监管要求。2020年国内生产总值增长率为2.3%，较上年下降3.8个百分点。由此可以看出银行机构系统性风险与宏观经济维持了负向影响关系，2020年新冠疫情的冲击加剧了财政风险金融化的负面宏观经济效应，对“倒U形”的非线性关系未产生任何实质性改变。

8.5 财政风险金融化的预警与防控机制

财政风险金融化的预警防控机制应当建立在双重宏观效应的基础上，明确预警与防控的触发标准与控制目标。财政风险与财政风险金融化的宏观经济影响效应如图8－6所示，虚线表示财政风险与宏观经济的非线性关系，实线表示财政风险金融化与宏观经济的非线性关系，点O'和O分别表示两者关系的拐点。

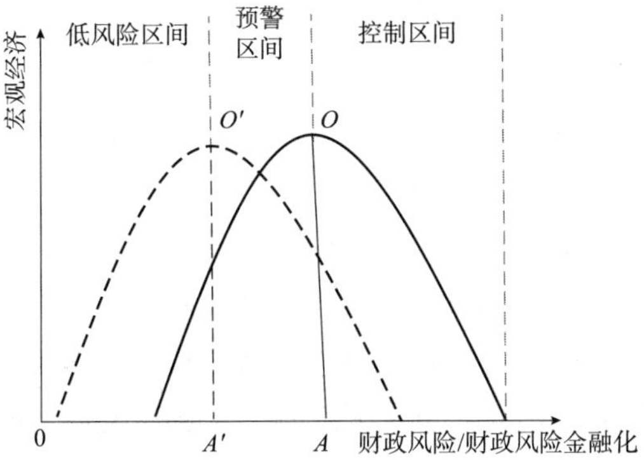

图 8-6　财政风险与财政风险金融化的宏观经济影响效应

点 O' 和 O 两个拐点可以把整个区间划分为三部分，从左到右依次为低风险区间、预警区间和控制区间，财政风险宏观效应的拐点 O' 是预警机制的触发标准，财政风险金融化宏观效应的拐点 O 是防控机制的触发标准，总体上讲财政风险金融化的控制目标是将财政风险金融化保持在低风险区间与预警区间内，严格控制财政风险金融化对宏观经济的负面影响，实现金融稳定与经济增长的双重目标。财政风险金融化的预警防控机制具体可分为三个阶段。

第一阶段是 O' 的左侧区间，属于低风险区间。财政风险和财政风险金融化对宏观经济均具有正向促进作用。政府运用发行债券、提高赤字率或加强对金融资金的使用来扩大总投资和总产出，可以提升宏观经济的整体效益。

第二阶段是 O' 和 O 的中间区间，属于预警区间。财政风险对宏观经济开始出现负外部性，财政风险金融化对宏观经济仍保持正外部性，在此区间内财政风险已超出合理限度，财政风险向金融体系的转移较为明显，但整体上资金的市场性效益损失小于公共性效益增加。从宏观经济层面来看，资金使用的整体效益仍为正值，财政风险金融化的宏观收益大于宏观成本，不仅延缓了财政风险的负面冲击，而且有效地支持了宏观经济增长。在预警区间，对于财政风险需要进行适度控制，避免财政风险的快速累积与蔓延对金融体系造成过度影响。

第三阶段是 O 的右侧区间，属于控制区间。财政风险和财政风险金融化对宏观经济都具有负外部性，表明金融体系对财政风险的负担已经超出合理限度，导致了银行机构的系统性风险，金融体系的盈利能力与资产质量出现大范围的显著下降，资金供给能力和对实体经济的支持力度减弱，影响了金融稳定与经济可持续增长。财政风险与财政风险金融化处于控制区间时，应当进行政策性干预和外部监管，采取精准有效的防范化解风险措施使财政金融风险降至低风险区间或预警区间内，严格防控财政风险金融化的负向宏观效应。

8.6 本章小结

本章主要研究论证了财政风险金融化宏观影响效应的线性与非线性关系，通过线性的有调节的中介效应模型论证了财政风险金融化的存在以及财政风险金融化宏观效应在整体财政风险宏观效应中的占比；通过非线性门限回归模型论证了财政风险和财政风险金融化的双重宏观效应，为财政风险金融化客观存在的合理性提供理论支撑。在论证前首先厘清了财政风险金融化对宏观经济的直接影响效应和间接影响效应，其中间接影响效应是指财政风险金融化的宏观效应，具体而言财政风险金融化对宏观经济的影响应当细化为财政风险影响金融风险，进而影响宏观经济，只有通过影响金融领域才能看作财政风险金融化的影响，否则认为是财政风险对宏观经济的直接影响。为全面反映宏观经济波动，选取可以代表产品市场、劳动力市场和货币市场三大均衡市场的变量指标来表示宏观经济状况，用动态因子分析法实现变量数据的降维，合成宏观经济因子。采用有调节的中介效应模型论证财政风险金融化的宏观效应和金融体系结构变量在中介效应中的调节作用，依次验证了四个研究假说，得出以下结论：一是财政风险对宏观经济存在显著负面效应，持续的赤字财政政策在长期内会抑制宏观经济增长；二是财政风险与金融风险存在显著的正向关系，而金融风险与宏观经济存在显著的负向关系，金融风险的累积使得宏观经济增速趋缓；三是总效应中，金融体系结构对财政风险与宏观经济的关系有正向调节作用，可以加大财政风险对宏观经济的正外部性或负外部性；四是金融体系结构对中介效应的两个阶段均存在调节作用。对财政风险与金融风险的关系有显著的负向调节作用，对金融风险与宏观经济的关系有显著的正向调节作用，宏观经济对金融依赖程度的加深会放大金融风险对宏观经济的传导效应。

在财政风险金融化与宏观经济的非线性分析中，运用时间序列门限回归模型分别论证财政风险与宏观经济、财政风险金融化与宏观经济的非线性关系，首先以 BIC 最小化和自定义门限值为准则分别检验两个模型的门限值个数，再确定样本区间和回归系数。模型检验结果表明，财政风险与宏观经济、财政风险金融化与宏观经济均存在非线性的“倒 U 形”关系，说明财政风险和财政风险金融化均具有双向的宏观效应，在一定范围内是可以促进宏观经济增长的。两者的拐点分别出现在 2012 年第四季度和 2013 年第二季度，说明在 2013 年前后财政风险和金融风险的累积先后超过合理限度，导致负外部性的溢出，同时表明财政风险金融化的存在可以延缓财政风险对宏观经济的负面冲击，使拐点滞后。考虑到银行机构信用风险突出的问题，将门限变量置换为银行机构整体不良贷款率，回归结果表明财政风险金融化的双重宏观效应更为显著，在不良率达到1.86%时宏观影响效应出现“倒U形”的拐点。由于现场调研的实际情况中银行机构的真实信用风险远高于账面统计数据，所以拐点应当在2018年之前就出现，且负面效应比模型检验结果要更显著。财政风险金融化的预警与防控应当以双重宏观效应为前提基础，明确触发条件与控制目标，将财政风险金融化保持在低风险区间与预警区间，对于进入控制区间的财政风险金融化需要实施政策干预与外部监管。

第9章 研究结论及防控财政风险金融化的制度改进

本章将对论文的研究结论进行梳理总结，在分析论证财政风险金融化产生原因与传导机制的基础上，对防控财政风险金融化的负面效应提出制度改进建议。首先明确防控基本原则，制定财政金融制度的改革框架，最大限度地降低财政风险金融化的制度性因素影响。研究财政风险金融化问题的出发点与落脚点是要化解我国当前经济金融体系中存在的重大风险问题，因此需要在吸收国际经验、遵循国际准则的基础上制定和完善适合我国国情的系统性风险防控机制。针对我国金融风险的体制性和结构性特征，以及财政风险金融化的特殊传导机制与表现，建立财政金融双支柱的宏观审慎管理体系，实现宏观审慎管理的“本土化”，提升财政在中国式宏观审慎管理中的定位与作用。

9.1 研究结论

一是财政风险金融化是政府运用金融方式解决财政资金不足、化解财政风险的有效措施，其产生与发展演变具有客观必然性。政府参与并干预经济活动为财政风险金融化提供了重要的前提条件，财政风险金融化的类型取决于政府的主体属性，具体类型包括将金融资金纳入财政分配体系和将财政职能转移至金融体系。与金融风险财政化共同构成风险循环机制，但风险转移的两个阶段本质不同，并非单一链条式的风险传导，财政风险是整个风险循环机制的关键。

二是财政风险金融化的特征表现与传导路径取决于经济体制类型与金融体系结构等因素。财政风险金融化的程度与财政风险呈正相关，通货膨胀风险传导机制在所有类型的经济体制中均存在，但传导方式存在阶段性变化，银行机构系统性风险传导机制随着市场经济和金融自由化程度的提高而减弱。我国自新中国成立以来70多年的财政风险金融化演变历史大致可分为四个时期，总体特征呈现出由宏观到微观、由中央到地方、由单一到多元的变化趋势。

三是后危机时期财政风险金融化受经济与制度因素影响呈现出多元复杂与隐蔽的特征，传导机制主要包括广义通货膨胀风险传导机制与银行机构系统性风险传导机制两类。对于广义通货膨胀风险传导机制，中央财政风险与地方财政风险均有显著的正向作用，其中地方财政风险金融化起主要作用；通过剔除房价因素影响进行对比论证得出，地方财政风险的扩大使得新增的货币供给进入房地产市场，推高了房地产价格，形成了广义通货膨胀风险。对于银行机构系统性风险传导机制，地方财政风险是这一机制形成的决定性因素，中央财政风险对地方财政风险有挤出效应，金融体系结构因素对银行机构系统性风险的形成有促进作用；通过对商业银行进行分类论证得出，地方财政风险金融化的传导机制主要存在于股份制商业银行、城市商业银行和农村金融机构，而中央财政风险金融化对国有商业银行和农村金融机构的影响较为显著。

四是财政风险金融化具有双重宏观效应。宏观效应的表现取决于资金的市场性效益损失与公共性效益增加的"加总"效益，可以从全社会财政与金融资源配置的有效性和宏观成本与收益两个角度进行宏观评价。财政风险金融化的宏观效应可以视为财政风险对宏观经济影响的中介效应，总体来说，后危机时期财政风险与财政风险金融化对宏观经济均存在显著的负面影响，财政风险金融化的宏观影响效应约占财政风险总体宏观效应的1/4，在金融体系结构因子的调节作用下，宏观效应占比上升至约42%，金融体系结构因素显著加大了财政风险金融化对宏观经济的影响程度。分阶段而言，财政风险和财政风险金融化均具有双重宏观效应，在适度范围内可以促进宏观经济增长，财政风险金融化的存在可以延缓财政风险对宏观经济的负面冲击，使财政风险的负向宏观效应延时发生。

五是财政风险金融化的预警防控目标旨在控制负向宏观效应。财政风险金融化的防控机制要建立在双重宏观效应的基础上，防控关键在于保持财政风险金融化处于合理限度内，既要用足、用好有限的金融资源，充分利用正外部性促进资源的优化配置和经济的可持续增长，又要避免过度地将金融资金用于财政分配或是承担政策性职能，形成财政风险与金融风险的恶性风险循环。应当构建包含财政体系、金融体系和宏观经济体系三部分的防控机制与风险监测指标体系，具体来说，预警防控机制可划分为低风险区间、预警区间与控制区间三个阶段，财政风险宏观效应的拐点是预警机制的触发标准，财政风险金融化宏观效应的拐点是防控机制的触发标准。当财政风险金融化处于低风险区间与预警区间时，对宏观经济有正向促进作用；当财政金融风险化处于控制区间时，应采取精准有效的防范化解措施进行政策性干预与外部监管。

9.2 防控财政风险金融化的基本原则

以财政风险金融化的宏观效应评价标准为前提，财政风险金融化的防控目标是增加社会资金的“加总”效益，降低宏观成本，维持财政风险金融化在预警区间以内。应在明确防控目标的基础上，确定制度改进的基本原则与具体措施，弱化财政风险过度金融化的内在动因与制度基础。

9.2.1 合理定位财政与金融在资金融通中的职能

财政风险金融化负面效应产生的根源在于金融资金过多地用于非市场化的财政分配，使全社会资金“加总”效益减少，因此防控财政风险金融化的负外部性首先要明确财政与金融在资金融通或是价值分配中的职能与作用。财政与金融在宏观调控方面有相似的功能，但在微观的资金融通领域理应坚守各自职能，加强政策的协同性，科学划定财政与金融资金分配的职能边界，尽量减少在功能重合领域和资金流通领域中的矛盾与冲突。财政资金的使用主要以国家意志为主且具有无偿性或低偿性，金融资金的使用则应以市场规律为主且价格由市场供求决定；财政资金应主要用于提供公共物品，即用于不产生收益或收益率很低的公益性项目，以增加资金的公共性效益为主要目标；金融资金应主要用于提供非公共物品，以增加资金的市场性效益为主要目标。财政赤字与财政风险金融化的正向效应可以促进经济增长，是经济发展和应对危机所必需的，财政与金融在资金运动中的功能交集会愈加复杂广泛。因此，防范财政风险过度金融化应一方面科学界定政府的职能范围与财政资金的使用范围，确立服务型政府的职能定位，提高财政资金使用绩效，同时让政府逐步退出竞争性领域，通过完善投资法规、搭建投资市场、提供投资服务来引入社会资金参与项目投资和提供准公共服务地，更好地发挥政府资金的杠杆作用和引导作用，降低财政负担。另一方面应坚持金融资金的风险收益原则，逐步打破政企银“铁三角”利益联结，改革完善企业与银行机构的公司治理结构，最大限度地降低政府的直接控制力和行政干预，遵循商业化经营原则，自负盈亏、自担风险，逐步打破刚性兑付与隐性担保，建立并完善现代化的金融体系制度。

9.2.2 政府债务融资遵循市场化原则

政府拥有行政主体和经济主体双重身份，政府作为经济主体参与并干预经济活动产生了财政风险金融化，所以保持财政风险金融化在合理区间的前提是政府对经济活动的干预应当在一定的限度内。政府干预与调控可以弥补信息不对称导致的市场失灵，但政府干预无法同时满足提高金融机构经营效率和维护金融体系稳定的目标，过度的干预往往导致严重的金融抑制，政府通过金融抑制获取大量的金融租金成为政府持续过度干预的动力，从各国历史实践情况来看，长期地通过金融控制进行非市场化的政府融资或政府分配不仅会造成金融体系的扭曲和金融行业的萎缩，还会导致金融资源的低效与金融腐败，最终引发金融危机。因此政府应以经济主体的身份遵循市场化原则融资，以项目本身的成本收益和现金流等财务指标状况为基础进行贷款定价，地方政府债券应当经过第三方机构客观公正的信用评级并严格实行信息公开，禁止以行政主体的身份使用政府信用进行显性或隐性担保，或是以金融机构控股股东的身份对资金投向进行干预限制或隐性控制。

9.2.3 政策性金融与商业性金融职能分离

为保证政策性资金的专款专用，割断政策性贷款与基础货币之间的直接联系，加强人民银行对基础货币调控的主动权，党的十四届三中全会通过的《关于建立社会主义市场经济体制若干问题的决定》提出商业银行的政策性职能与商业性职能相分离，成立了三家政策性金融机构，解决了国有商业银行一身二任的问题。但实际中开发性金融机构与两家政策性金融机构由于定位明确、经营范围有限，远远无法满足政策性金融的需求。无论是地方政府的城镇化建设还是绿色金融、普惠金融等政策需求，在财政资金投入不足的情况下，只能依赖金融资金的补充。于是地方性商业银行和农村金融机构因经营地和业务经营权限的限制成为承担所在区域内政策性金融职能的主要对象，为政府直接干预金融机构的运作提供了条件，结果导致地方性商业银行出现经营困境，特别是规模较小的农村金融机构难以负担自负盈亏和完成政策任务的双重责任。实行政策性职能与商业性职能分离，不仅可以解决商业银行一身兼两任造成的政策性负担，还可以阻断财政职能转移造成的财政风险金融化问题。针对当前商业性金融与政策性金融职能交叉的问题，首先从制度上，应明确规定商业性金融与政策性金融经营运作的基本原则、战略目标与业务范围等内容。其次从机构与业务设置上，商业性金融机构与政策性金融机构应独立设置，建立层次、类型、规模多样化的政策性金融体系，规定不同类型的政策性机构承担与自身能力和定位相匹配的金融职能与政策目标，以提升我国的金融普惠力度与政策性金融发展水平；对于同一家金融机构中的商业性金融业务和政策性金融业务要实行单独会计核算与金融统计，建立业务隔离制度，商业性业务应自负盈亏、自担风险，政策性业务可给予合理的财政补贴。最后从监管要求上，应当制定差异化的政策性要求，综合考虑金融机构的业务规模、盈利能力和客户群体等因素设定任务指标，缓解中小型金融机构的经营压力与政策负担。

9.3 防控财政风险金融化的制度改革

从我国财政风险金融化的历史演变与定量分析可以看出，2008 年金融危机以后，财政风险金融化主要来源于地方财政风险，地方政府与国有企业投融资问题成为影响财政风险金融化两类传导机制的决定性因素。改进财政风险金融化的防控机制，需要从财政与金融制度改革两方面入手，健全以管控政府隐性债务为主的财政体制和以市场化为导向的金融体制，增加资金的市场性效益，促使资金的整体宏观效益恢复至正向区间，强化财政在防范化解系统性风险中的职能作用。

9.3.1 健全和完善财政风险防控机制

9.3.1.1 强化预算法治，严控隐性债务

凯恩斯主义的赤字财政政策长期以来成为各个国家政府的政策指导理论，不可否认赤字财政推动财政政策在调节社会总供求、促进经济产出水平增长方面发挥了重要作用，成为宏观调控和克服经济危机的主要工具，但长期对赤字财政政策的依赖也使美国、日本等发达国家深陷债务问题。对财政赤字的弥补方式主要有财政方式与金融方式两种，在以增税与发债为主的财政方式效用下降或政策受限时，比如减税降费政策要求、债券流通不足等，政府只能通过增发货币或是控制信贷资金等金融方式弥补财政资金的不足，由此造成政府巨额隐性债务和财政

风险的金融化问题。我国自改革开放至今，仅在少数年份实现微小盈余，大多数年份都是财政赤字状态，官方赤字率稳定在3%以下。但如果按IMF提出的全球可比口径统计狭义赤字率和广义赤字率，2016年至2018年中国的狭义赤字率依次为3.7%、3.9%和4.8%，广义赤字率依次为10.4%、10.8%和11.2%，在全球处于较高水平①。广义赤字率计算中包括了政府融资平台等部分政府隐性债务在内，虽然财政赤字率的安全标准存在争议，但国际横向比较显示我国的财政赤字风险相对较高，尤其是未纳入我国官方统计的隐性债务风险。

因此要高度重视隐性债务风险，硬化预算约束，强化预算法治。一是完善财税立法。财政风险的积累要归根于财政预算的软约束和财税立法的不完善，就财税立法现状而言，现行的财税法律体系远远滞后于现实发展需求，党的十八届四中全会将财税立法视为财税改革的核心内容，只有建立科学严谨、完整有序的法律法规体系，才能强化财政权力的法治和财政风险的防控效果。无论是提高资源配置效率，还是防控财政风险，建立公开透明的预算法律制度以及内外有效的监督机制都是首要任务，坚持预算全过程的法治化和信息公开是增加预算硬约束的必由之路，也是防范财政风险和财政风险金融化的根本之策。二是完善常态化的债务风险监测防控机制。坚持“坚定、可控、有序、适度”的原则，在化解存量隐性债务的基础上，严格控制新增债务，审慎合理地运用“时间换空间”的化解措施，确保债务偿还机制的科学性与可操作性，减少无条件的债务延期与债务置换对商业银行经营的负面影响。根据财政政策逆周期调节、财政可持续性等要求，合理确定政府债务规模，完善政府债务风险评估指标体系，加强风险评估预警结果的运用，做到早发现、早纠正、早处置。三是加大地方政府违规融资的问责。坚持权责利对等原则，对于地方政府的举债行为实行终身问责和倒查制度，将财政风险与债务问题纳入绩效考核，减少地方政府的短期行为造成的福利损失。

9.3.1.2 建立事权、支出责任与财力相适应的预算管理体制

地方政府债务规模扩大的重要原因是各级政府事权、支出责任和财力不匹配，现阶段我国地方政府既要承担宏观调控的短期任务比如处置重大金融风险、落实减税降费的积极财政政策措施等，又要兼顾中长期投资目标以拉动经济增长比如开展基础设施和城镇化建设。中央与地方政府在投融资事权上的责任划分会

① 罗志恒，任泽平，盛中明．2020年财政政策应更加积极有为——基于财政赤字理论、现实以及国际比较的探讨[J]．发展研究，2020(4)：50－61.

带来地方政府短期目标与中长期目标的冲突，也不利于地方政府防范化解财政风险与金融风险。因此建立各级政府事权、支出责任和财力相适应的预算管理体制，合理划分政府间投融资的事权与支出责任是防控风险的前提。政府间投融资事权的划分和投资支出责任应适度上移，减轻地方政府的支出压力，比如外交国防等全国性公共产品应由中央政府全额负担，外溢性明显的公共安全、教育、环保和社会保障等应由中央政府承担大部分支出责任。同时改革政府考核绩效评价体系，转变唯投资论的政绩观，减少不合理的投资冲动与盲目的支出扩张。

9.3.1.3 改革和完善地方政府融资机制

地方政府积极参与经济发展建设创造了经济持续增长的“中国奇迹”，地方政府的基建投资成为我国逆周期调控经济的主要手段，不断扩张的投资资金需求与有限的财政预算资金之间的矛盾客观上要求地方政府拓宽融资渠道，保证持续的资金供给。由于相关法律的限制，地方政府以政府信用背书的方式通过各种企业渠道获取资金，并以“软硬兼施”的做法与商业银行建立起长期的利益联结，政府隐性融资长期游离于财政与金融监管之外，导致财政风险过度金融化。控制财政风险金融化的负面效应需要管住源头风险，在化解地方政府存量债务风险的同时解决好地方政府的新增融资问题。地方政府巨大的融资需求是客观存在的现实，在理顺支出责任的基础上依然存在较大的融资压力，因此管理融资风险的关键在于开好“前门”与关住“后门”。

开好“前门”的重点是让地方政府的债务管理显性化和规范化。一是适度扩大地方政府债券发行规模，优化债券发行结构，在风险可控的前提下，适当下放债券发行的权限给基层政府，使债券结构与期限更加符合基层政府实际需求，此外要积极发展多元化的债券市场，培育多样化的投资主体，完善信息公开与信用评级等相关制度措施，扩大地方政府债券的流通范围。二是以立法来完善地方政府的多元化融资机制，以法律保障社会资本的产权利益和公平竞争权利，打破融资垄断，引入更多的社会资本参与项目共建，建立科学合理的风险共担机制，加强项目的可行性分析与论证，避免回归政府担保和银行资金兜底的风险模式。同时创新发展股权财政融资渠道，降低对银行信贷资金的高度依赖，适度放宽银行机构投资非金融企业股权的政策限制，比如降低银行阶段性并购、持有科技企业股权的风险资本权重，综合运用商行+投行业务提供金融服务，打通股权财政体制的堵点，创新股权财政融资模式。三是规范地方政府专项债券的发行与使用，厘清专项债券的合理边界，精准聚集国家重大战略和重大项目，坚决落实资金跟着项目走的发行原则，审慎规定专项债券资金的使用范围，对专项债券资金使用进行全流程管理，禁止擅自改变资金用途等违规行为。

关住“后门”的重点在于理顺资本市场的融资机制。一是按照市场经济体制的要求理顺政企银关系，打破利益“铁三角”，银企作为独立的经济主体要自担风险，树立市场化的经营理念，资金投向要遵循市场化原则，加强风险监测力度与市场敏感性，及时调整资金布局，控制风险损失。二是建立政府财务报告制度，为各级政府和金融机构提供政府财务状况和偿债能力的准确信息。融资规模是与财政承受能力相匹配的，只有对政府全部融资收支有清晰的统计与核算，对政府违约情况实时了解才能有效规避债务融资规模的过度扩张和风险的扩大蔓延。如同企业与个人作为借款主体可以通过征信查询了解资产负债情况，地方政府通过各种渠道获得的投资资金也有必要进行集中归口统计核算，定期公布政府财务审计结果，这样金融机构在进行项目收益与偿还能力测算时才能根据真实状况审定信贷额度，而不是仅凭政府信用或是企业背后的行政级别进行“关系型”授信。三是建立健全地方债务全口径统计和管理制度，把未能纳入政府会计核算范围的隐性债务纳入统计范围，精确掌握各级地方政府的债务规模与风险状况，严禁不计成本地过度融资。

9.3.1.4 加强财政支出管理，提高财政资金使用效率

财政支出是公共产品供给的资源配置过程，财政支出政策具有调节经济运行状况和社会经济发展战略方向的重要作用。近年来我国不断加强财政支出管理，明确要求把财政支出政策纳入预算绩效管理范围，重点优化财政支出结构，提高财政资金使用效率。一是明确财政支出的重点领域。在财政收入增长趋缓与公共产品供给扩围提标的政策要求下，科学界定财政支出的范围，将提供均等化的基本公共服务作为主要目标，把基层三保放在首位，更加突出财政的公共性职能，减少市场竞争性领域的资金投入。二是科学制订政府投资计划，与中期财政规划有效衔接。依据国民经济和社会发展规划及国家宏观调控总体要求，编制三年滚动政府投资计划，明确计划期内的重大项目，并与中期财政规划相衔接，统筹安排、规范使用各类政府投资资金，依据三年滚动政府投资计划及国家宏观调控政策，编制政府投资年度计划，合理安排政府投资①。编制中长期的政府投资计划

① 资料来源：中共中央、国务院《关于深化投融资体制改革的意见》，http：//www.gov.cn/zhengce/2016－07/18/content_5092501.htm.

有助于合理统筹安排政府投资资金的使用，避免短期性政府行为，减少无效债务负担的同时提高有限资金的使用效率。中长期的投融资规划不仅要能持续动态优化，其内容也需要经过科学论证，建设规模、融资方式和偿还能力等要具备可行性。三是全面实施预算绩效管理，按照“花钱要问效、有效多安排、低效多压减、无效要问责”的原则强化预算绩效约束，大力压降非急需、非刚性和低效、无效支出，增加财政资金的公共性效益产出，持续健全绩效评价法规制度体系和优化绩效评价工作机制，加强绩效评价结果运用①，同时加大信息公开力度，强化社会监督与民众参与，建立对财政资金的社会约束机制。

9.3.2　深化金融体制的市场化改革

9.3.2.1　发展健全直接融资市场

党的十九大报告中明确提出深化金融体制改革，提高直接融资比重，促进多层次资本市场健康发展的目标要求。我国自社会主义市场经济建设以来一直是以间接融资为主，造成了企业以债务融资为主的高杠杆问题，同时还由于商业银行贷款受政府行政影响较大，形成了财政风险金融化的信贷传导机制。从日本、韩国等国家金融改革和财政风险金融化的演变趋势可以看出，资本市场的发展与完善能改善财政风险金融化的负面影响，减弱信贷传导机制造成的商业银行信用风险，同时利用资本市场直接融资也能扩大企业的融资渠道，一方面可以解决中小企业因经营风险高和抵质物不足造成的融资难、融资贵问题，从一定程度上减轻商业银行的政策性职能负担；另一方面通过资本市场的股权交易可以盘活存量资金，助力经济转型升级和结构调整，实现存量资金与新增融资的良性循环。目前我国已初步建立起多层次的资本市场，但与发达国家相比，股票融资规模较小，股市总市值与 GDP 的比例均小于 1，也远小于发达国家指标值，结构也不够合理，企业在我国资本市场不仅上市难，退出也难，这种不合理的机制设置难以为中小企业和创新型企业提供较强的融资支持，从一定程度上抑制了市场主体的多元化发展和市场竞争活力，间接地为国有企业垄断金融市场提供了条件。要打破融资垄断、激活资本市场，解决后发国家银行制融资的制度缺陷，首先需要找准资本市场多年来发展中的难点与堵点，实施适应当前发展阶段的改革措施，从准入、定位、退出等各个环节逐一解决。在保持上海科创板、创业板、北交所的差

---

① 郜进兴．积极构建新时代高质量的预算绩效评价体系[J]．中国财政，2020(23)：36－38.

异化、特色化定位基础上，持续完善注册制试点安排，简化上市流程，降低上市企业的准入门槛，针对不同板块设立差异化的上市标准，扩大市场容量。不断强化再融资、并购重组和减持等基础制度建设，完善交易制度提升市场效率，如恢复 T+0 交易、放开涨跌幅限制、降低交易成本等，提高市场活跃度。加大退市力度，建立科学的退市标准，通过提高上市公司质量来增强市场吸引力，推动更多长期资金入市，使资本市场更合理地承担资源配置功能。

9.3.2.2 建立多层次差异化发展的金融机构体系

我国在改革开放初期就注重培育发展多样化的金融市场主体，在确立分业经营基本原则的前提下，银行、保险、证券、信托以及租赁等各类金融机构快速发展，满足了市场经济转轨过程中对于金融业务与产品种类的不同需求。就银行体系来说，形成了全国、省级、市县级三个层次的金融机构体系，90%以上的金融机构集中在市县一级，2019 年末银行业金融机构共有 4029 家，包括 1 家开发性金融机构、2 家政策性金融机构、6 家国有大型商业银行(工农中建交邮储)、12 家全国性股份制商业银行和 4008 家中小商业银行①，其中中小商业银行包括城市商业银行、农村商业银行、外资法人银行、民营银行、村镇银行和农村信用社。为突出差异化的发展定位，重点支持区域经济发展，实现偏远农村地区的金融服务广覆盖，金融监管部门在市场准入和业务经营区域方面设定了严格的限制条件，规定全国性股份制银行和城市商业银行不再设立新机构，城市商业银行也不得在省外新设分支机构，农村商业银行、村镇银行和农信社严格限制在注册地址区域内经营，不得从事开展跨区域业务。这样的限制规定本意是要求金融机构服务于当地经济发展，避免盲目扩张加剧同质化竞争，但实际中 4000 多家银行业金融机构并未体现出差异化经营，反而由于业务范围和品种、经营区域等各类限制使中小金融机构在客户选择、定价能力与中介服务等方面明显处于劣势，规模小的银行只能以更高的融资成本、承担更高的信用风险来开展业务，导致盈利空间缩小，抗风险能力较弱。此外，监管部门在制定普惠金融、支小支农等政策性指标时，往往采取“一刀切”的做法，使全部金融机构承担相同的任务数量指标，更是加剧了银行间的同质化竞争。中小银行在经济下行周期维持自身发展已属不易，额外的承担政策性职能无疑加重了经营困境，这也是中小金融机构风险持续暴露的一个主要原因，中国人民银行开展的

① 数据来源：中国人民银行金融稳定分析小组．2020 年中国金融稳定报告[M]．北京：中国金融出版社，2020.

央行评级结果显示，省级及以下的商业银行成为系统性金融风险的高发区。要解决中小银行与普惠金融的发展矛盾，需要改进政策规划，重新调整金融结构布局，在保障中小银行自负盈亏可持续发展的前提下推进整体性的差异化发展。一是可以适当减少大型银行在农村与市县级区域内的网点布局，腾挪更多的业务空间让位于区域内的中小银行，避免同区域内有限资源的过度竞争。二是完善优化中小银行的战略定位与经营目标，利用业务灵活、贴近客户等优势寻求业务创新，最大限度地减弱同质化竞争压力，尤其是新型农村金融机构，应充分发挥网点人员优势，提升服务质量，深耕助农助小业务，使中小银行成为普惠金融和偏远农村金融服务的主力军，形成多层次差异化金融发展格局。三是在制定政策时充分考虑不同类型银行的可承担能力，制定差异化的政策要求，给予中小银行更多的发展空间与政策优惠，降低其融资成本，通过补贴风险溢价解决银行不想做、不敢做的政策业务，在日常监管和风险监测的基础上进行业务指导，避免向壁虚构的"一刀切"政策，制定与银行业务经营规模与风险相匹配的政策要求。

9.3.2.3 加强综合性监管与监管协同

由金融衍生品和系统重要性金融机构风险引起并蔓延至全球的金融危机发生后，主要发达国家均实施了影响较大的金融改革，扩大了金融监管的范围与权限，重新制定了金融监管框架与准则，成立了金融稳定委员会专门负责系统性风险的监测与处置，将防范系统性金融风险为主要目标的宏观审慎管理上升到与货币政策调控同等重要的地位，金融监管改革的主要方向由分业监管向统一监管转变、由功能监管向行为监管转变、由合规监管向风险监管转变。从商业银行风险角度来看，由于我国分业监管与混业经营的现实矛盾产生了表外通道融资和影子银行风险，为地方政府债务扩张和财政风险的积累提供了条件，因此加强综合性监管也是我国金融监管改革的趋势。2018 年以来金融领域一系列的机构改革逐渐形成我国综合性金融监管的制度与组织框架，并在最后贷款人、微观审慎监管和存款保险制度三大传统金融安全网支柱基础上纳入行为监管和宏观审慎管理建立扩展版的金融安全网。金融稳定与金融安全制度体系的完善将在资金的供给端加强风险防控力度，但制度框架内的机制协调与政策落实或许更为重要，机构的合并重建不能只是形式上的加法，而应形成政策上的乘法，在解决监管真空的同时要避免监管重复与监管竞争，提升事前防范与早期纠正职能作用。

9.4 建立财政金融双支柱的中国式宏观审慎管理体系

9.4.1 财政金融双支柱的宏观审慎管理体系更加适合中国国情

9.4.1.1 我国系统性金融风险的特殊性决定了财政金融应协同管控治理

2008年的国际金融危机让各国普遍认识到宏观经济的稳定并不意味着金融体系的稳定，金融稳定与物价稳定同等重要，防范化解系统性金融风险和以此为目标的宏观审慎管理得到各国学者和监管当局前所未有的重视。从发达国家理论研究来看，理论集中于探讨货币政策与宏观审慎管理、货币政策与财政政策的协同配合，较少研究财政政策与宏观审慎政策的关系。从实践经验来看，发达国家的宏观审慎管理职能大多由中央银行履行，究其原因是由发达国家系统性金融风险的成因与市场化的金融体制所决定的。其系统性金融风险多数来自金融体系内部，因此加强金融衍生品与系统重要性机构的管理，扩大金融体系的监管范围对于防范发达国家的系统性风险更为有效。但我国如果完全照搬发达国家宏观审慎管理体系的经验做法可能有效性会大打折扣，存在“水土不服”的问题。

我国目前尚未大规模爆发系统性金融风险，但金融体系积累的潜在风险已成为阻碍经济可持续发展的首要因素，在影响金融风险的指标中，微观风险指标值上升明显，且银行业对系统性金融风险的边际贡献最高，特别是中小银行机构①。这与我国财政风险金融化的特征变化趋势相吻合，随着社会主义市场经济体制的建立与不断深化完善，财政风险金融化引起的消费品物价上涨风险逐渐居于次要地位，而资产价格过快上涨和商业银行系统性风险逐渐成为主要表征。与发达国家系统性金融风险的内生性成因不同，我国的金融衍生品与金融创新工具都具有“类信贷”业务特征，底层资产基本以政府融资平台和房地产企业贷款为主，潜在的系统性金融风险是体制性、结构性、周期性因素叠加的结果，财政体制与财政风险问题是其重要成因。系统性金融风险的成因与表现不同，决定了其防控机制的不同，因此宏观审慎管理与宏观审慎政策工具也应根据我国系统性金融风险的特殊性而“本土化”，发挥财政政策工具在防范化解金融风险方面的优

① 李青，颜守保，施翠娥．主要发达国家系统性金融风险监管分析及经验借鉴[J]．经济师，2020(9)：117－120.

势，加强财政与金融的协同治理作用，这样才能保证政策实施效果。

9.4.1.2　现行宏观审慎管理体系存在局限性

我国现行的宏观审慎管理体系框架依据事权责任分为两个层级，第一层级是中央层级的宏观审慎管理与金融监管协调，主要以中央银行为核心。2017 年在国家层面成立了金融委员会，金融委员会主任由国务院副总理担任，金融委员会成员涵盖范围较广，在一定程度上保障了机制层面的宏观协调，主要包括中财办、国务院常务副秘书长、国家发展改革委、中国人民银行、财政部、外管局、银保监会和证监会，同时还有中央纪委、中组部等非经济管理部门作为协作单位加入。金融委办公室设在中国人民银行，办公室主任由中国人民银行行长担任，在中国人民银行内部增设秘书局，负责处理金融委员会办公室日常事务，主要以联席会议的方式统筹研究协调金融领域相关事项。2023 年中央金融委员会成立后，原金融委员会办公室和秘书局职责均划入中央金融委员会办公室。同时设立宏观审慎管理局，负责牵头建立宏观审慎政策框架和基本制度，以及系统重要性金融机构评估、识别和处置机制等工作事项，建立了“货币政策 + 宏观审慎管理”的双支柱宏观调控框架，确定了中央银行在维护金融稳定与宏观审慎管理中的牵头作用与核心地位。第二层级是地方层级的宏观审慎管理和金融风险处置机制，分别由中国人民银行分支机构的相关部门承担牵头责任。具体而言，由货币信贷部门牵头负责宏观审慎管理政策的落实；由金融稳定部门牵头负责地方层面的金融监管协调，主要职能是监督与协调各金融监管部门与地方政府相关部门参与金融风险化解处置等工作，地方政府的各部门仅作为成员单位参加定期举行的联席会议。此外，由于我国金融风险更多源于地方性因素，为落实属地责任，各省级地方政府分别成立地方应急管理和地方防范化解金融风险领导小组，落实金融风险处置任务。在我国的宏观审慎管理与金融监管协调的具体实践中存在以下三个方面的问题。

一是以金融工具为主的宏观审慎政策应对金融风险的有效性不足。我国金融风险主要源于资金需求方的扩张冲动与政府财政金融体制等问题，当前以金融工具为主的宏观审慎政策单从金融体系的资金供给方加强监管、抑制金融风险，难免效果事倍功半。从政策实践来看，金融风险仍持续处于易发高发期，防范化解重大风险由攻坚战转入了持久战，风险来源多且处置难度大，对银行机构表外业务的强监管不仅未能解决商业银行的系统性风险，反而造成流动性紧缺。此外，现有的宏观审慎政策工具在抑制金融资产泡沫、制止影子银行监管套利和维护金融稳定等方面也存在局限性。

二是宏观审慎政策应对经济衰退的能力不足，且存在政策冲突。宏观审慎管理的金融政策工具在抑制经济过热时能起到很好的作用，通过压缩信贷规模、控制贷款价值比或其他逆周期调节措施可以减缓投资扩张，对信贷规模增长有明显的抑制作用，避免经济过热产生虚假繁荣和资产泡沫。但在经济衰退期，会削弱货币政策与财政政策的实施效果。当经济总投资水平下降时，货币政策会通过银行系统扩大信贷规模，财政政策也会利用银行资金来促进投资增长，而以信贷增速为盯住目标的宏观审慎金融政策会在信贷规模扩张时提高监管标准，限制流动性的过快增长①，通过减少信贷供给影响积极财政政策的实施效果。可见单独运用金融政策的宏观审慎管理无法解决社会产出下降问题，这种逆周期的调节会制约总投资和总消费规模的扩张，从而影响经济恢复到均衡水平的速度，对经济衰退造成的金融不稳定缺乏有效应对②。

三是现行金融监管协调机制存在层级脱钩问题。在我国条块分割的行政体制下，中央垂直部门和地方政府无隶属关系，在央地权责划分不清、成员机构监管目标不一致等情况下，现行金融稳定监管协调机制的中央与地方两个层级存在“脱钩”现象，表现在监管协调权威和动力的上热下冷，严重制约了金融稳定机制运行的有效性。地方政府在处置金融风险时，既无足够的处置资金，也没有有效的金融监管权限，只是被动地以土地收益权或发行专项债券来为问题金融机构或国有企业提供资金支持，导致处置动力不足、处置手段单一等问题，往往错过最佳的处置时机，增大了处置成本与难度，也使金融风险传染范围更大、破坏性更强。对于人民银行分支机构来说，与地方政府和其他金融监管部门之间无隶属关系，仅依靠联席会议机制根本无法发挥牵头作用，存在协调不动的困境，只能向地方政府和金融监管部门发布风险提示，做到形式上的“尽职免责”。

9.4.1.3 财政金融双支柱的宏观审慎管理体系有利于宏观效益最大化

在20世纪70年代国际清算银行(Bank for International Settlemonts，BIS)最早提出宏观审慎管理的概念时就将财政政策作为宏观审慎的政策基础，经过几年防范化解重大风险的实践，财政政策在金融稳定与宏观审慎管理中的重要作用逐渐

① 苏嘉胜，王曦．宏观审慎管理的有效性及其与货币政策的协调[J]．财贸经济，2019，40(9)：65－83.

② 卜林，郝毅，李政．财政扩张背景下我国货币政策与宏观审慎政策协同研究[J]．南开经济研究，2016(5)：55－73，88.

得到重视。鉴于我国系统性风险的特殊性和财政制度的显著优势，中国式的宏观审慎管理体系不应局限于金融部门和金融体系之内，有必要将财政政策纳入制度框架内，搭建财政与金融双支柱的中国式宏观审慎管理体系。一是能有效弥补金融政策在应对经济衰退与金融不稳定时的局限性，增强财政政策与金融政策在宏观审慎管理方面的协同性和互补性，避免政策抵消。二是可以理顺权责关系，压实地方政府风险处置责任的同时，赋予相应的风险管理职能，将风险防范责任前置，避免“风险大锅饭”的事后兜底。三是能针对财政风险金融化负面效应产生的根源，综合运用财政与金融政策，精准协同发力，充分发挥财政在防范化解重大风险方面的关键作用，提升宏观审慎管理政策效果，实现财政风险金融化的宏观效益最大化。

9.4.2 提升财政在宏观审慎管理中的定位与作用

由于财政风险金融化是我国金融风险的重要起因，财政风险是风险循环机制的核心，财政政策对于防控财政金融风险至关重要，因此在实施财政金融制度改革，以减弱影响金融风险制度性因素的基础上，需要提升财政在宏观审慎管理体系中的定位与作用。

9.4.2.1 改进财政部门在宏观审慎管理框架中的定位与分工

货币政策和传统的金融分业监管模式与金融稳定职能存在政策冲突，在实施金融风险逆周期管理和防范跨市场风险传染等方面有效性不足，因此无论是从防范系统性风险的有效性角度还是从金融稳定与安全的准公共物品属性角度来讲，财政对维护金融稳定与金融安全都具有不可推卸的职责。但在现行的宏观审慎管理框架下，无论是中央层级还是地方层级的宏观审慎管理与金融监管协调机制，财政都是仅作为成员单位协同参与相关工作，存在权责利不对等问题，也由此造成现行宏观审慎管理体系在政策制定与政策实施等方面存在冲突和有效性不足等问题，严重影响了防控系统性风险的政策效果。因此，在财政金融双支柱的宏观审慎管理体系中，应提升改进财政部门的定位与分工，财政与金融应当各有侧重又协同互补，形成政策合力，发挥政策乘数效应。

总体来说，财政应当作为宏观审慎管理的双支柱之一，提升财政在维护金融稳定工作方面的参与度，扩大职责范围。一方面要参与宏观审慎管理政策的制定。财政部门要作为政策制定的主要参与方，积极参与宏观审慎管理政策的制定，以加强政策制度层面的协同性，保持财政政策与金融政策在宏观审慎管理方面的政策目标一致性，减少政策冲突，避免政策抵消。以不发生系统性金融风险为底线目标，重点参与系统重要性机构与系统性风险监管规则的制定，提高权利与责任的匹配度。另一方面要提升财政在金融监管和金融监管协调等方面的重要作用。财政政策与金融政策要共同实现稳增长与防风险的双重目标，发挥财政政策在防控财政风险金融化负面宏观效应方面的优势，改进防控金融风险的政策框架与政策工具，财政应侧重经济衰退期的逆周期调节，重点监管系统重要性机构和系统性风险，对现有金融监管形成有效的监管补充。同时在金融监管协调中发挥主要作用，以解决现行行政体制的条块分割造成协调效率低的问题，对各级地方政府在落实属地责任和防范化解金融风险责任等方面可以进行更有效的制度约束。

9.4.2.2 财政在宏观审慎管理体系中的主要作用

财政应充分利用制度性与结构性工具的优势，在宏观调控、金融监管协调、政府债务管理、出资人职责以及政策性金融发展等职能领域做好宏观审慎管理工作，成为防控系统性风险与维护金融稳定的重要支柱。

(1)加强财政政策与金融政策在宏观审慎管理中的宏观协调。在财政与金融双支柱的宏观审慎管理框架下，应当研究制定财政与金融在宏观审慎管理中的政策组合，实现更科学灵活的调控，使政策协同效用与宏观效益最大化。精准有效地运用财政与金融工具使财政风险金融化处于合理区间，最大限度地发挥财政风险金融化在资金供给与促进经济增长等方面的作用，促进政府在实现平衡稳增长与防风险的政策目标中取得最优均衡。在经济上升期，宏观审慎政策以金融政策工具为主，抑制投资过度扩张，同时财政政策应予以配合，避免积极财政政策的持续扩张导致风险积累；在经济下行期，宏观审慎政策以财政政策工具为主，充分发挥财政在综合防范化解财政风险金融化负面宏观效应方面的优势，同时适度地采用扩张型财政政策以促进经济复苏，金融政策也应灵活适度，在防控风险的同时，避免严监管政策造成的流动性资金紧缺，影响实体经济融资，拖缓经济的复苏进程。

此外，财政政策可以利用结构性调节的优势，对结构性的经济金融风险进行管控。发挥财政的资源配置功能，综合运用税收、财政支出、财政补贴等结构性政策工具化解经济金融风险，对产能过剩、高风险的行业或企业应严格进行管控，减少财政资金投入，实现社会资金的合理再分配。具体而言，利用税收的事前预防与事后化解功能，通过鼓励性税收与惩罚性税收可以调节市场资金供求，淘汰高风险行业或企业；通过政府购买、政府投资等财政支出政策引导资金流向，优化产业结构，抑制资产泡沫；通过财政补贴可以降低特定群体的信用风险和金融机构损失，解决货币政策信贷传导机制在政策性金融服务中的“最后一公里”问题。此外诸如土地供应规则、房贷抵税规则等财政税收制度也能有效增强财政政策对金融风险的防控能力①。

(2)提升财政在金融监管协调中的作用，减少各部门的条块管理矛盾。针对目前我国宏观审慎和监管协调机制运行中存在的问题，提高机制与政策效率需要将财政纳入宏观审慎管理核心框架。提升财政在第一层级金融监管协调机制中的重要作用和各级政府在第二层级金融稳定协调机制中的主导作用，建立常态化、高效率、多层级的金融监管协调机制，增加行政与制度约束力，提高运作效率。一方面可以解决行政体制带来的协调权威与动力不对称问题，政府相较于中央银行来说，协调的权威与能力较强，在应对系统性金融风险时可以更广泛地协调资源、提供综合性的救助措施，在应对跨市场、跨机构的传染性风险时可以协调各个监管部门，化解混业经营机构与除银证保以外的机构风险，解决监管“真空”问题，有效弥补市场在风险防范机制上的失灵。另一方面也使财政的事前防范与事后救助责任对等，统一事权与支出责任，在现有的金融安全网框架下厘清财政的“越位”与“缺位”，加大财政对于事前防范的监管责任，同时也能更好地落实属地责任管理，解决在金融风险处置中存在的动力不足等问题，实现成本最小化的风险处置目标。具体可以从制度保障与共享机制两方面建立完善协调机制的制度规程，在制度保障上，可以通过立法形式规定协调机制中各成员部门的职能，提高财政在监管协调机制中的作用，实现协调机制的制度化与常态化；在共享机制上，可建立双边或多边合作机制，以例会、论坛、数据共享和联合调查等形式解决信息不对称问题。

(3)加强对地方债务风险的管控，实现对融资供需双方的金融监管。在金融监管和防控金融风险工作中，财政与金融应加强协调配合能力，共同作用于融资的供需双方，其中财政要加大对融资需求端的管理，着力防范政府隐性债务风险。一方面要严格财经纪律和预算约束，提高财政资金使用效益，对资金产出效益较低的项目及时清理退出，严控债券发行规模与使用范围；另一方面在制定债务政策时，要考虑对金融市场，特别是对银行信贷资金的需求影响，实现与金融

---

① 金成晓，姜旭．基于宏观审慎视角的财政政策与系统性金融风险防范：作用机制与政策规则[J]．财政研究，2021(2)：59－77.

监管部门信息共享，共同监控债务风险及其对金融风险和宏观经济的影响。金融要侧重对融资供给端的管理，保持严监管与强监管力度，促进金融回归本源、业务回归表内，对表内外信用风险资产定期开展专项评估，摸清风险底数，跟踪风险变化，提高金融监管创新与监管水平。

(4)履行出资人职责，落实股东监督责任。财政作为经济主体应切实履行出资人职能，管控国有企业债务风险与中小金融机构风险。一是要加快国有企业混合所有制改革，打破隐性的政企利益联结，加强对国有控股企业的风险管理，充分发挥股东董事监管职责。管住管好国有金融资本，遵循市场化机制分配使用金融资金，对国有企业的公司战略规划、重大决策、人事任免等具体经营行为应禁止行政干预，确保国有企业作为独立经济主体参与市场活动，自主经营、自担风险，杜绝任何形式的政府显性或隐性担保，最大限度地降低甚至消除地方政府隐性债务中的国有企业债务部分。二是落实高风险中小金融机构的股东监督与救助责任，参与问题控股公司的风险预警及早期纠正措施的实施，强化早期风险的防范管理职责。当风险恶化时，可通过增资扩股的方式缓解高风险机构核心资本金不足的问题，增强问题机构的抗风险能力。

(5)化解政策性金融风险难题，发挥财政资金的杠杆作用。小微企业与涉农金融的高风险造成了融资难问题，商业银行对于小微客户的开发与维护成本造成了融资贵问题，行政性的普惠政策只能形成一时的指标绩效，以利润换指标不可持续，并且导致了中小银行的生存困境。为解决政策性金融、普惠金融发展面临的难题，财政资金应当充分发挥杠杆效应和引导作用，由金融资金遵循市场定价，财政资金弥补风险溢价以增进社会福利。此外，商业银行在开发中小微企业信贷市场时，大多以政府设立的科技园区或产业园区内企业作为重点客户群，其主要原因就在于有政府的资质审查和政府信用担保。所以政府应当积极投入财政资金，科学规划产业园区，形成集聚效应，同时建立风险补偿基金或政府融资担保基金，补偿中小企业融资的风险溢价，形成政银风险共担机制。

9.5 本章小结与展望

防控财政风险金融化要建立在财政风险金融化双重宏观效应的基础上，既要肯定并合理运用其正面效应促进经济增长，同时要严格控制财政风险的过度金融化对金融安全与稳定的负面影响。总体来说金融安全是底线，经济可持续发展是最终目标，保持财政风险金融化的合理适度应从基本原则、制度框架与风险防控三个方面入手。一是确立防控财政风险金融化的基本原则，合理划分财政与金融在资金融通中的不同职能，政府债务融资要严格秉持市场化原则，政策性金融与商业性金融职能应尽可能分离，着力避免职能混淆带来过度的政策性负担。二是从财政与金融两个方面搭建风险防控制度框架，在财政方面，要强化预算法治与严控隐性债务，建立各级政府事权、支出责任和财力相适应的预算管理体制，改革和完善地方政府融资机制，推动地方政府债务管理显性化和规范化，加强财政支出管理，提高财政资金使用效率。在金融方面，要促进金融体制与金融市场的深化改革，发展健全直接融资市场，建立多层次、差异化发展的金融机构体系，加强综合性监管与监管协同。三是实现宏观审慎管理的“本土化”，建立财政金融双支柱的中国式宏观审慎管理体系，我国系统性金融风险的特殊性决定了财政金融应协同管控治理，财政政策能有效弥补宏观审慎管理政策的局限性，有助于宏观效益的最大化。因此应提升财政在宏观审慎管理中的定位与作用，充分利用制度性与结构性工具的优势，发挥财政在防控系统性风险与维护金融稳定方面的重要支柱作用。

尽管目前对中国特色社会主义制度下财政与金融关系的研究尚未形成系统性成果，对财政风险与金融风险关系的研究认识具有一定的争议性，但本书通过系统的理论分析和深入的实地调研，表明政府运用金融资源在实现稳增长与防风险的双重目标时存在均衡解与最优范围，建立适合我国国情的宏观审慎管理制度将是我国财政金融改革的必由之路，将有助于防控化解我国的系统性风险，提升金融体系的稳健性，促使金融与实体经济步入良性循环轨道。随着对财政风险与金融风险问题的持续关注研究，以及财政金融制度改革的不断深化，相信本书研究的主题也会有更成熟、更深入的研究论证，理论与实践也会相互印证。本人也将持续关注，实时跟踪新变化和新情况，不断拓展和丰富对财政金融风险理论与实践的认识。

参考文献

[1]白钦先，王兆刚．体制变革的风险与可持续发展——浅评日本的金融改革与金融危机[J]．日本学刊，1999(2)：50－63.

[2]卜林，郝毅，李政．财政扩张背景下我国货币政策与宏观审慎政策协同研究[J]．南开经济研究，2016(5)：55－73，88.

[3]财政部财政科研所课题组．我国财政赤字和债务政策取向[J]．财政研究，1999(7)：36－46.

[4]曾辉．完善地方政府债券的思考[J]．中国金融，2018(12)：38－40.

[5]陈凤娣．金融风险“财政化”的制度缺陷及其防范对策[J]．福建师范大学学报(哲学社会科学版)，2005(4)：21－24.

[6]陈工，谢贞发．浅析我国财政或有负债[J]．中央财经大学学报，2002(4)：14－17.

[7]陈共．财政学(第八版)[M]．北京：中国人民大学出版社，2015.

[8]陈国进．日本金融制度变迁的路径依赖和适应效率[J]．金融研究，2001(12)：81－87.

[9]陈华，王晓．中国 PPP 融资模式存在问题及路径优化研究[J]．宏观经济研究，2018(3)：81－88.

[10]陈建奇，张原．美国赤字政策演化路径及债务货币化风险研究：基于奥巴马新政背景的分析[J]．世界经济，2010，33(5)：27－50.

[11]陈景耀．对当前中国财政可持续性的探讨[J]．经济科学，2000(4)：5－13.

[12]陈靖，余素芳．财政、金融风险的传导机制和影响研究[J]．改革与战略，2017，33(3)：91－92，96.

[13]陈松威．分权、地方政府债务与金融风险[J]．现代管理科学，2017(2)：73－75.

[14]陈宪，尹柏杨．地方政府债券对上市地方商业银行流动性风险的影响[J]．湖南农业大学学报(社会科学版)，2020，21(3)：67－73.

[15]陈晓艳，许静．基于动态因子法的企业财务指标分析——以白酒上市企业为例[J]．价值工程，2018(34)：94－95.

[16]陈彦达，隋学深，王玉凤．成本收益法在美国金融规制影响分析中的应用与启示[J]．征信，2020，38(10)：61－68.

[17]陈志勇，陈莉莉．财政体制与地方政府财政行为探讨——基于治理“土地财政”的视角[J]．中南财经政法大学学报，2009(2)：42－46，143.

[18]丛树海，李生祥．我国财政风险指数预警方法的研究[J]．财贸经济，2004(6)：29－35，96－97.

[19]崔光庆．我国隐性财政赤字与金融风险地对策研究[J]．宏观经济研究，2007(6)：30－35.

[20]道格拉斯·C. 诺思．经济史上的结构和变革[M]．北京：商务印书馆，1992.

[21]道格拉斯·C. 诺思. 制度、制度变迁与经济绩效[M]. 上海：上海出版社，2014.
[22]德隆·阿西莫格鲁 & 詹姆斯·A. 罗宾逊. 国家为什么会失败[M]. 长沙：湖南科学技术出版社，2015.
[23]地方财政或有负债研究课题组. 地方财政或有负债研究[J]. 财政研究，2003(2)：9-13.
[24]饶友玲. 地方政府财政风险：表现形式、成因与防范[J]. 中央财经大学学报，2004(4)：1-5.
[25]范振洪. 韩国金融危机及对我国的启示[J]. 东岳论丛，1998(5)：58-62.
[26]方福前. 当代西方经济学主要流派(第二版)[M]. 北京：中国人民大学出版社，2014.
[27]伏润民，缪小林，高跃光. 地方政府债务风险对金融系统的空间外溢效应[J]. 财贸经济，2017，38(9)：31-47.
[28]高鸿业. 西方经济学(宏观部分)(第4版)[M]. 北京：中国人民大学出版社，2007.
[29]高鸿业. 西方经济学(微观部分)(第4版)[M]. 北京：中国人民大学出版社，2007.
[30]高雷，何少华，仪垂林. 国家控制、政府干预、银行债务与资金侵占[J]. 金融研究，2006(6)：90-98.
[31]高培勇. 中国财税体制发展道路[M]. 北京：经济管理出版社，2013：140.
[32]郜进兴. 积极构建新时代高质量的预算绩效评价体系[J]. 中国财政，2020(23)：36-38.
[33]耿欣. 金融风险处置中财政与央行职能协调配合问题研究[J]. 山东社会科学，2013(9)：133-137.
[34]龚关. 中华人民共和国经济史[M]. 北京：经济管理出版社，2010(1).
[35]贡慧. 日本财政赤字的经济分析[D]. 上海：复旦大学，2012.
[36]郭峰. 政府干预视角下的地方金融：一个文献综述[J]. 金融评论，2016，8(3)：67-79，125.
[37]郭贯成，汪勋杰. 地方政府土地财政的动机、能力、约束与效应：一个分析框架[J]. 当代财经，2013(11)：25-35.
[38]郭平，李恒. 当前金融风险与财政赤字货币化的共生性分析[J]. 当代财经，2005(9)：48-52，57.
[39]郭玉清. 地方政府违约债务规模及偿债准备金研究——控制和化解地方财政风险的数理经济学视角[J]. 山西财经大学学报，2006(3)：44-48.
[40]国立波，吴浠. 2020年政府引导基金专题研究报告[R]. 投中研究院，2020(11).
[41]海曼·P. 明斯基. 稳定不稳定的经济——一种金融不稳定的视角[M]. 北京：清华大学出版社，2015.
[42]韩健，向森渝. 地方政府隐性债务诱发系统性金融风险的路径与防范[J]. 财会月刊，2018(24)：9-13.
[43]韩心灵，韩保江. 供给侧结构性改革下系统性金融风险：生成逻辑、风险测度与防控对策[J]. 财经科学，2017(6)：1-13.

[44]韩晓东．国家发展改革委表示万亿新增中央投资有四大来源[N]．中国证券报，2009-05-22(A01).

[45]何德旭，苗文龙．财政分权是否影响金融分权——基于省际分权数据空间效应的比较分析[J]．经济研究，2016，51(2)：42-55.

[46]何晓星．论中国地方政府主导型市场经济[J]．社会科学研究，2003(5)：27-31.

[47]胡庆康．现代货币银行学教程[M]．上海：复旦大学出版社，2011.

[48]黄达，陈共，侯梦蟾，等．黄达书集(第三卷)——社会主义财政金融问题[M]．北京：中国金融出版社，2005.

[49]黄达．财政信贷综合平衡导论[M]．北京：中国人民大学出版社，2009.

[50]黄达，张杰．金融学(第五版)[M]．北京：中国人民大学出版社，2019.

[51]黄国桥，徐永胜．地方政府性债务风险的传导机制与生成机理分析[J]．财政研究，2011(9)：2-5.

[52]黄春元，刘瑞．地方政府债务、区域差异与空间溢出效应——基于空间计量模型的研究[J]．中央财经大学学报，2020(4)：3-14.

[53]黄红珠．试论拉丁美洲国家的金融改革[J]．拉丁美洲研究，1997(3)：2-9，64.

[54]黄薇，张海洋，李海．财政专户存款、地方金融机构贷款行为及其经营效率[J]．金融研究，2016(10)：79-94.

[55]黄运．浅谈我国地方财政风险的特点及其防范[J]．中央财经大学学报，2002(2)：38-41.

[56]蒋劲，宋光磊，范东．财政政策与宏观审慎政策协调的问题分析[J]．金融与经济，2019(11)：87-91.

[57]蒋自强，史晋川．当代西方经济学流派(第三版)[M]．上海：复旦大学出版社，2000.

[58]金熙纵，高贤升．韩国金融体制的重整与创新[J]．中国外资，2002(12)：102-104.

[59]金成晓，姜旭．基于宏观审慎视角的财政政策与系统性金融风险防范：作用机制与政策规则[J]．财政研究，2021(2)：59-77.

[60]金荣学，徐文芸．地方政府隐性债务特征、成因及治理[J]．中国财政，2020(11)：64-66.

[61]李安安．地方债务置换风险分配的理论检讨与法治化改造[J]．法学，2018(5)：118-128.

[62]李桂平．或有债务与财政风险[J]．财政研究，2001(7)：56-60.

[63]李佳玲．基于动态因子分析的我国金融稳定指数研究[J]．科技和产业，2015，15(3)：147-151.

[64]李建强，张淑翠，秦海林．货币政策、宏观审慎与财政政策协调配合——基于DSGE策略博弈分析与福利评价[J]．财政研究，2018(12)：19-34.

[65]李军林，朱沛华．防范和化解地方银行风险的两重维度：财政扩张冲击与贷款市场竞争[J]．改革，2017(11)：114-125.

[66]李兰英，李伟．我国房地产金融风险向土地财政风险传导的博弈机制分析[J]．现代财经(天津财经大学学报)，2012，32(7)：59-68.

[67]李茫茫，王红建，李青原．金融危机、天量信贷与银行债务契约——来自我国上市公司的经验证据[J]．经济评论，2016(4)：129－140，160.
[68]李青，颜守保，施翠娥．主要发达国家系统性金融风险监管分析及经验借鉴[J]．经济师，2020(9)：117－120.
[69]李帅，靳涛．政府干预、金融歧视与资本市场扭曲——基于中国不同所有制部门的行业分析[J]．现代财经(天津财经大学学报)，2014，34(12)：36－48.
[70]李丽珍．地方政府或有隐性债务风险预警系统构建与应用研究——基于BP神经网络分析法[J]．财经论丛，2021(3)：14－25.
[71]李伟．警惕因控制不良贷款不当而导致金融风险财政化[J]．现代财经(天津财经大学学报)，2009，29(6)：23－29.
[72]李文溥，李昊．论政府主导型市场经济转型[J]．东南学术，2014(1)：13－26，245.
[73]李玉龙．地方政府债券、土地财政与系统性金融风险[J]．财经研究，2019，45(9)：100－113.
[74]刘大志．后危机时代中国经济发展战略格局的多重转换[J]．财经问题研究，2012(8)：10－15.
[75]刘国光．中国十个五年计划研究报告．北京：人民出版社，2006.
[76]刘红．日韩金融改革的比较制度分析[J]．日本研究，2011(2)：32－39.
[77]刘璐，王晋斌．中国金融周期地再测度——基于动态因子法的分析[J]．云南财经大学学报，2020，36(12)：39－52.
[78]刘蓉，黄洪，刘楠楠．金融风险与财政分担：基于激励相容的视角[J]．财经科学，2015(5)：66－75.
[79]刘尚希，白景明，傅志华，等．高度警惕风险变形、提升驾驭风险能力——“2017年地方财政经济运行”调研总报告[R]．财政研究，2018(3)：2－13，30.
[80]刘尚希，隆武华，赵全厚．论财政风险[J]．财经问题研究，1997(12)：3－9.
[81]刘尚希．论政府的公共主体身份与财政风险的两个层次[J]．现代财经(天津财经学院学报)，2005(6)：3－7.
[82]刘尚希，白景明，石英华，等．财政风险指数框架研究[J]．财政科学，2016(4)：5－23.
[83]刘尚希．公共风险论[M]．北京：人民出版社，2018.
[84]刘守英，蒋省三．土地融资与财政和金融风险——来自东部一个发达地区的个案[J]．中国土地科学，2005(5)：3－9.
[85]刘锡良．财政货币政策与金融风险的防范[J]．经济体制改革，1999(4)：3－7，133.
[86]刘谊，刘星，马千真，等．地方财政风险监控体系的建立及实证分析[J]．中央财经大学学报，2004(7)：1－5.
[87]刘志洋，宋玉颖．宏观审慎监管政策工具实施及有效性国际实践[J]．中国社会科学院研究生院学报，2016(1)：50－55.

[88]龙少波，陈璋，胡国良．货币政策、房价波动对居民消费影响的路径研究[J]．金融研究，2016(6)：52－66.
[89]楼继伟．40年重大财税改革的回顾[M]．北京：中国财政经济出版社，2019.
[90]卢文鹏．渐进转型中的制度性公共风险[J]．战略与管理，2002(3)：39－46.
[91]路军伟，林细细．地方政府融资平台及其风险成因研究——基于财政机会主义的视角[J]．浙江社会科学，2010(8)：31－37，127.
[92]罗纳德·I. 麦金农．经济自由化的顺序：向市场经济过渡中的金融控制[M]．北京：中国金融出版社，2006.
[93]罗志恒，任泽平，盛中明．2020年财政政策应更加积极有为——基于财政赤字理论、现实以及国际比较的探讨[J]．发展研究，2020(4)：50－61.
[94]吕健．影子银行推动地方政府债务增长了吗[J]．财贸经济，2014(8)：38－48.
[95]毛捷，刘潘，吕冰洋．地方公共债务增长的制度基础——兼顾财政和金融的视角[J]．中国社会科学，2019(9)：45－67，205.
[96]毛振华，袁海霞，汪苑晖．当前我国地方政府性债务风险及对策研究[J]．财政科学，2020(10)：54－58，66.
[97]梅冰菁，罗剑朝．财政补贴、研发投入与企业创新绩效——制度差异下有调节的中介效应模型检验[J]．经济经纬，2020(1)：167－176.
[98]孟庆斌，杨俊华．基于门限自回归模型的中国财政风险预警系统[J]．中国人民大学学报，2016，30(6)：86－94.
[99]孟飞．成本收益分析：金融监管治理的技艺及其法治化[J]．华中科技大学学报(社会科学版)，2014(4)：44－52.
[100]潘英丽．对中国金融系统性风险的追问——制度成因、历史差异与化解之策[J]．探索与争鸣，2014(7)：47－52，2.
[101]裴育．构建我国财政风险预警系统的基本思路[J]．经济学动态，2003(9)：26－19.
[102]彭成．地方金融风险分析研究——兼与地方财政风险比较[J]．西南民族大学学报(人文社科版)，2005(7)：248－252.
[103]彭刚，刘曼赟，胡志九．广义价格指数与中国货币之谜：指数编制和成因解释[J]．统计与信息论坛，2021，36(5)：3－13.
[104]秦海林，门明．制度变迁影响财政风险金融化的VEC模型分析[J]．中央财经大学学报，2010(10)：1－6，64.
[105]秦海林．财政风险金融化影响经济增长的模型分析与实证检验[J]．财贸研究，2011(2)：65－72.
[106]秦海林．金融风险财政化、财政风险金融化与经济增长[J]．上海金融，2010(3)：17－22.
[107]秦海林．金融风险财政化的理论框架与实证分析[J]．财贸经济，2014(7)：50－61.
[108]屈丽．宏观审慎管理框架中的政府与央行[J]．中国金融，2019(14)：89－90.

[109]饶友玲．地方政府财政风险：表现形式、成因与防范[J]．中央财经大学学报，2004(4)：1-5.

[110]沈能，何婷英．政府主导还是市场主导——我国转轨金融运行机制的评价研究[J]．中央财经大学学报，2006(1)：39-44.

[111]盛宏清．政府赤字与金融危机之间的关系——试析阿根廷金融危机[J]．拉丁美洲研究，2003(2)：12-15.

[112]盛松成．社会融资规模与货币政策传导[J]．金融研究，2012(10)：1-14.

[113]石建华，孙洪波．拉美国家金融动荡的财政因素分析[J]．拉丁美洲研究，2006(8)：48-51，59，80.

[114]史青春，妥筱楠．政府经济干预、公司管理层过度投资与公司业绩——一个有调节的中介效应模型[J]．中央财经大学学报，2016(9)：73-82.

[115]苏嘉胜，王曦．宏观审慎管理的有效性及其与货币政策的协调[J]．财贸经济，2019，40(9)：65-83.

[116]汤小青．我国金融风险形成的财政政策环境和制度因素[J]．金融研究，2002(11)：1-10.

[117]唐龙生．财政风险层次论[J]．财经问题研究，2001(2)：38-41.

[118]唐雪松，周晓苏，马如静．政府干预、GDP增长与地方国企过度投资[J]．金融研究，2010(8)：33-48.

[119]唐云锋，刘清杰．地方政府债务诱发金融风险的逻辑与路径[J]．社会科学战线，2018(3)：65-72.

[120]托马斯·赫尔曼，凯文·穆尔多克，约瑟夫·斯蒂格利茨．金融约束：一个新的分析框架[J]．经济导刊，1997(5)：43-48.

[121]陶正芳，杨振东，李艳萍．从控制权到所有权：地方性股份制商业银行法人治理结构改革的逻辑[J]．金融研究，2004(4)：130-135.

[122]田素华，虞亚庆．巨额财政刺激计划引发的物价上涨压力与银行信贷违约风险控制[J]．财贸经济，2010(10)：29-36.

[123]通商产业政策史编纂委员会．日本通商产业政策史(16卷)[M]．北京：中国青年出版社，1994.

[124]王华．中国金融机构不良资产的财政风险问题分析[J]．中央财经大学学报，2003(8)：11-14.

[125]王金龙．宏观调控要关注财政风险与金融风险的相关性[J]．财政研究，2005(10)：43-45.

[126]王俊，洪正．地方政府金融竞争与区域金融风险——基于博弈视角的理论分析[J]．贵州社会科学，2015(8)：115-120.

[127]王俊．地方政府债务的风险成因、结构与预警实证[J]．中国经济问题，2015(2)：13-25.

[128]王玲，李葆萍，丁峙．财政风险探索[J]．中央财经大学学报，1999(8)：33-37.

[129]王文召，顾永昆．财政压力与金融结构演化[J]．宏观经济研究，2019(4)：30-40.

[130]王晓娆，庞志，张曦如．政府直接干预、金融抑制与银行不良贷款——基于省际动态GMM估计方法[J]．北京工商大学学报(社会科学版)，2018，33(1)：97－104.
[131]王亚芬，梁云芳．我国财政风险预警系统的建立与应用研究[J]．财政研究，2004(11)：25－27.
[132]王永明，宋艳伟．地方政企合谋与信贷资源配置[J]．广东金融学院学报，2010，25(5)：62－71.
[133]王永祥．韩国、日本金融危机与亚洲模式[J]．世界经济，1998(9)：66－69.
[134]王章慧，郑联盛．金融稳定与货币政策的职能融合：经验与启示[J]．郑州大学学报(哲学社会科学版)，2017，50(1)：46－52，158－159.
[135]温忠麟，叶宝娟．中介效应分析：方法和模型发展[J]．心理科学进展，2014(5)：737－745.
[136]闵晓鸣．国际清算银行对宏观审慎框架的阐述及对中国的启示[J]．海南金融，2018(3)：32－35，54.
[137]吴国平．21世纪拉丁美洲经济发展大趋势[M]．北京：世界知识出版社，2002.
[138]吴晓求．大国经济的可持续性与大国金融模式——美、日经验与中国模式之选择[J]．中国人民大学学报，2010，24(3)：83－88.
[139]吴智华，杨秀云．影子银行、金融稳定与货币政策[J]．当代财经，2018(9)：48－61.
[140]项卫星，李玉蓉．日本金融体制的结构性缺陷与金融危机——对日本金融体制模式及其改革的重新审视[J]．东北亚论坛，2000(2)：49－53，97.
[141]谢平．论防范金融风险的财政措施[J]．财贸经济，1999(9)：19－23.
[142]邢志平，靳来群．政府干预的金融资源错配效应研究——以中国国有经济部门与民营经济部门为例的分析[J]．上海经济研究，2016(04)：23－31，68.
[143]熊琛，金昊．地方政府债务风险与金融部门风险的“双螺旋”结构——基于非线性DSGE模型的分析[J]．中国工业经济，2018(12)：23－41.
[144]徐海波．地方政府财政风险转化为金融风险的途径及对策研究[J]．武汉金融，2013(9)：26－28.
[145]徐文渊，苏振兴．拉丁美洲国家经济发展战略研究[M]．北京：经济管理出版社，2007.
[146]徐仲民．防范金融风险的财政思考[J]．中央财经大学学报，1998(6)：8－12.
[147]许涤龙，何达之．财政风险指数预警系统和构建与分析[J]．财政研究，2007(11)：9－12.
[148]亚当·斯密．国富论[M]．北京：商务印书馆，2018.
[149]阎坤，陈新平．我国当前金融风险财政化问题及对策[J]．管理世界，2004(10)：21－28，46.
[150]阎坤．积极财政政策的通货膨胀风险分析[J]．税务研究，2002(6)：9－14.
[151]颜廷峰，袁安妮，徐旭初．互联网金融、政府干预与经济增长质量——基于面板门限回归模型的实证检验[J]．财政研究，2019(9)：47－61.

[152]阳建勋．论我国地方政府债务风险的金融法规制[J]．法学评论，2016，34(6)：34－42.
[153]杨奇才，韩文龙．财政赤字、利率波动与金融危机——美国金融危机再审视[J]．财经科学，2013(1)：19－27.
[154]杨希天，等．中国金融通史(第六卷)[M]．北京：中国金融出版社，2002.
[155]杨艳，刘慧婷．从地方政府融资平台看财政风险向金融风险的转化[J]．经济学家，2013(4)：82－87.
[156]姚绍学，宋立根，黄朝文．地方财政风险问题研究[J]．财政研究，2001(12)：71－74，30.
[157]叶谦，沈文颖．拉美债务危机和欧洲债务危机成因的比较及其对我国的启示[J]．经济问题探索，2011(10)：167－174.
[158]叶青．防范金融风险的财政对策[J]．财经论丛(浙江财经学院学报)，1998(6)：32－35.
[159]尹音频．财政运行机制与金融风险探析[J]．财经论丛(浙江财经学院学报)，2001(2)：21－27.
[160]余明桂，潘红波．政府干预、法治、金融发展与国有企业银行贷款[J]．金融研究，2008(9)：1－22.
[161]俞乔，赵昌文．政治控制、财政补贴与道德风险：国有银行不良资产的理论模型[J]．经济研究，2009，44 (6)：73－82，158.
[162]张富祥，张颖．金融压抑、政府支出与经济增长[J]．云南财经大学学报，2014，30(3)：83－88.
[163]张弘力．化解金融风险的财政政策安排[J]．财经问题研究，2002(4)：36－38.
[164]张杰，杨连星．中国金融压制体制的形成、困境与改革逻辑[J]．人文杂志，2015(12)：43－50.
[165]张金清，聂雨晴．中国地方政府债务违约风险评估——基于债务可持续性分析框架[J]．南方经济，2020(11)：13－27.
[166]张军．地方政府行为与金融资源配置效率[J]．经济问题，2016(12)：37－41.
[167]张磊．后起经济体为什么选择政府主导型金融体制[J]．世界经济，2010，33(9)：134－158.
[168]张明喜，丛树海．我国财政风险非线性预警系统——基于BP神经网络的研究[J]．经济管理，2009，31(5)：147－153.
[169]张前程，龚刚．政府干预、金融深化与行业投资配置效率[J]．经济学家，2016(2)：60－68.
[170]张泉泉．系统性金融风险的诱因和防范：金融与财政联动视角[J]．改革，2014(10)：74－83.
[171]张微微．财政压力、金融抑制与经济增长方式转型[J]．财经问题研究，2017(4)：69－74.
[172]张应武，李董林．基于动态因子分析法的区域开放型经济发展水平测度研究[J]．工业技术经济，2017，36(3)：123－130.

[173]张圆圆．财政在防范系统性金融风险中的作用机制研究[J]．西南金融，2019(7)：68－77.

[174]赵灵芝．分税制改革、地方政府干预和金融加速器效应——基于中部地区1995—2008年面板数据的实证分析[J]．经济问题，2012(6)：7－9.

[175]赵尚梅，史宏梅，杜华东．地方政府在城市商业银行的大股东掏空行为——从地方政府融资平台贷款视角的研究[J]．管理评论，2013，25(12)：32－41.

[176]赵雷．行政立法评估之成本收益分析——美国经验与中国实践[J]．环球法律评论，2013，35(6)：132－145.

[177]郑力璇，王耀东．财政分权对金融分权的影响——基于信贷的视角[J]．经济问题，2018(8)：12－20.

[178]郑永海．金融风险与财政风险的综合防范[J]．经济与管理研究，2002(3)：58－59.

[179]周小川．拓展通货膨胀的概念与度量[J]．中国金融，2020(24)：9－11.

[180]周彩霞．招商引资热背景下的财政风险与金融风险[J]．浙江金融，2007(11)：20－21.

[181]周立．渐进转轨、国家能力与金融功能财政化[J]．财经研究，2005(2)：26－37.

[182]周业樑，盛文军．转轨时期我国产能过剩的成因解析及政策选择[J]．金融研究，2007(2)：183－190.

[183]朱超．农村金融体系发展中的政府干预——以印度为例[J]．经济与管理研究，2007(1)：90－94.

[184]朱军，李建强，张淑翠．财政整顿、“双支柱”政策与最优政策选择[J]．中国工业经济，2018(8)：24－41.

[185]祝志勇，吴垠．内生型制度因子的财政风险分析框架——模型及实证分析[J]．财经研究，2005(2)：5－13.

[186]邹秀清，莫国辉，刘杨倩宇，等．地方政府土地财政风险评估及预警研究[J]．中国土地科学，2017，31(9)：70－79.

[187]中国人民银行金融稳定分析小组．2017年中国金融稳定报告[M]．北京：中国金融出版社，2017.

[188]中国人民银行金融稳定分析小组．2020年中国金融稳定报告[M]．北京：中国金融出版社，2020.

[189]ALBERTO GIOVANNINI，MARTHA DE MELO. Government revenue from financial repression[R]. NBER Working Paper，1991(1)，NO. 3604.

[190]ALIONA CEBOTARI. Contingent Liabilities：Issues and Practice[R]. IMF Working Paper，WP 2008：245.

[191]ALLEN N BERGER，RALUCA A ROMAN，JOHN SEDUNOV. Did TARP reduce or increase systemic risk? The effects of government aid on financial system stability[J]. Journal of Financial Intermediation，2020(6)，Volume 43.

[192]ALLEN SCHICK. Budgeting for fiscal space[J]. OECD Journal on Budgeting，2009，Vol. 9/2：

1 – 18.

[193] ANDERS C JOHANSSON. Financial Repression and China's Economic Imbalances[R]. CERC Working Paper22, 2012(4).

[194] ATHANASIOS O TAGKALAKIS. Financial stability indicators and public debt developments [J]. The Quarterly Review of Economics and Finance, 2013, Volume 54(2).

[195] ATHANASIOS O TAGKALAKIS. The effects of financial crisis on fiscal positions Original Research Article[J]. European Journal of Political Economy, 2013, 29(3): 197 – 213.

[196] BARON R M, KENNY D A. The moderator – mediator variable distinction in social psychological research: Conceptual, strategic, and statistical considerations[J]. Journal of Personality and Social Psychology, 1986(51): 1173 – 1182.

[197] BAUM A, CHECHERITA – WESTPHAL C, Rother P. Debt and Growth: New Evidence for the Euro Area[R]. ECB Working Paper, 2012, No. 1450.

[198] BERND JAN SIKKEN, JAKOB DE HAAN. Budget deficits, monetization, and centralbank independence in developing countries[J]. Oxford Economic Papers, 1998(6), Volume 50(3): 493 – 511.

[199] BO BECKER, VICTORIA IVASHINA. Financial Repression in the European Sovereign Debt Crisis[J]. Review of Finance, 2018, Volume 22(1): 83 – 115.

[200] BUCH C M, EICKMEIER S, PRIETO E. Macroeconomic factors and micro – level bank risk[J]. Social Science Electronic Publishing, 2010(9).

[201] CARMEN REINHART, M BELEN SBRANCIA. The Liquidation of Government Debt[R]. NBER Working Paper, 2011(3), No. 16893.

[202] CATAO LUIS, MARCO TERRONES. Fiscal Deficits and Inflation: A New Look at the Emerging Market Evidence[R]. IMF Working Paper, WP/01/74.

[203] CECCHETTI S G, MOHANTY M S, ZAMPOLLI F.. The Real Effects of Debt[R]. BIS Working Paper, 2011, No. 352.

[204] CHERNG G DING, CHIU – HUI WU, PAO – LONG CHANG. The influence of government intervention on the trajectory of bank performance during the global financial crisis: A comparative study among Asian economies[J]. Journal of Financial Stability, 2013, Volume 9(4): 556 – 564.

[205] CHRISTOPHER WHALEN. The Financial Repression Index: U. S Banking System Since 1984 [R]. Working Paper, 2019(6).

[206] CHUANGLIAN CHEN, SHUJIE YAO, PEIWEI HU, et al. Optimal government investment and public debt in an economic growth mode[J]. China Economic Review, 2017(9), Volume 45: 257 – 278.

[207] CHUEN – PING CHANG, SHI CHEN. Government capital injection, credit risk transfer, and bank performance during a financial crisis[J]. Economic Modelling, 2016, Volume 53: 477 – 486.

[208] COPPI R, ZANNELLA F. L'Analisi Fattoriale di una Serie Temporale Multipla relativa allo Stesso Insieme di Unità Statistiche[R]. XXIX Meeting of the Italian Stat. Soc, Bologna, 1978: 61 – 79.

[209] COPPIR. Analysis of three – way data matrices based on pairwise relation measures [C]. In Compstat 1986 – Proceedings in computational statistics, Physica – Verlag, Wien.

[210] CRAIG BURNSIDE, Martin Eichenbaum, Sergio Rebelo. Prospective Deficits and the Asian Currency Crisis[J]. Journal of Political Economy, 2001, 109(6): 1155 – 1197.

[211] CRISTINA CHECHERITA – WESTPHAL, PHILIPP ROTHER. The impact of high government debt on economic growth and its channels: An empirical investigation for the euro area[J]. European Economic Review, 2012(10), Volume 56(7): 1392 – 1405.

[212] DAVID AMAGLOBELI, NICOLAS END, MARIUSZ JARMUZEK, et al. From Systemic Banking Crises to Fiscal Costs: Risk Factors[R]. IMF Working Paper, 2015(6), No. 15/166.

[213] DAI SIYUAN. Risks and countermeasures of local government debt in China[J]. Modern Economy, 2020, Volume 11, Issue 10: 1611 – 1620.

[214] DONGWEI SU. Corporate finance and state enterprise reform in China[J]. China Economic Review, Volume 16(2005): 118 – 148.

[215] DUO QIN, MARIE ANNE CAGAS, GEOFFREY DUCANES, et al. Empirical assessment of sustainability and feasibility of government debt: The philippines case[J]. Journal of Asian Economics, 2006(2), Volume 17(1): 63 – 84.

[216] ELVA BOVA, MARTA RUIZ – ARRANZ, Frederik G ToscaniH. Elif Ture. The Fiscal Costs of Contingent Liabilities: A New Dataset[R]. IMF Working Paper, Fiscal Affairs Department, 2016(2), No. 16/14.

[217] EMANUELE BALDACCI, JAMES MCHUGH, IVA PETROVA. Measuring Fiscal Vulnerability and Fiscal Stress: A Proposed Set of Indicators[R]. IMF Working Paper, 2011(4), WP/11/94.

[218] ERIC POSNER, E. Glen Weyl. Benefit – Cost Analysis for financial regulation[J]. American Economic Review Papers and Proceedings, 2013, 103(3).

[219] FALK BRÄUNING, SIEM JAN KOOPMAN. Forecasting macroeconomic variables using collapsed dynamic factor analysis[J]. International Journal of Forecasting, 2014, Volume 30, Issue 3: 572 – 584.

[220] FARROKH LANGDANA. Sustaining Domestic Budget Deficits in Open Economies[M]. Rout ledge, 1989(12).

[221] GARRICK HILEMAN. Origins and measurement of financial repression: The british case in the mid – 20th century[J]. Financial History Workshop, Brussels, 2016(5).

[222] GORDON L BRADY, COSIMO MAGAZZINO. Government debt in EMU countries[J]. The Journal of Economic Asymmetries, 2018(11), Volume 18, e00096.

[223] GUANGDONG XU. China's financial repression: Symptoms, consequences and causes[J]. The Copenhagen Journal of Asian Studies, 2018, 36(1).
[224] HANA POLACKOVA. Government Contingent Liabilities: A Hidden Risk to Fiscal Stability [R]. World Bank Policy Research Working Paper, 1998.
[225] HANA POLAKOVA BRIXI, ALLEN SCHICK. *Government at Risk: Contingent Liabilities and Fiscal Risk*[M]. The World Bank and Oxford universality Press, 2002.
[226] HANSEN B E. Threshold effects in non - dynamic panels: Estimation, testing and inference [J]. Journal of Econometrics, 1999, 93(2): 345 - 368.
[227] HAN HONG. The causes and risk prevention of local government debt in China[J]. International Journal of Social Science and Education Research, 2020, Volume 3, Issue 9.
[228] HONOHAN PATRICK, Klingebiel Daniela. Controlling the fiscal costs of banking crises[R]. Policy, Research working paper, 2000, NO. WPS 2441, Washington D. C.: World Bank Group.
[229] HUANG XIAO - BO, YAN XUE. Research on the Chinese Government's Debt and its Financial Risks[A]. University of Electronic Science and Technology of China, The American Society for Public Administration, Chinese Public Administration Society, The School of Public Administration of Moscow State University, The Chinese Public Administration Journal. Proceedings of 2011 International Conference on Public Administration(7th)(Volume Ⅲ)[C]. University of Electronic Science and Technology of China, The American Society for Public Administration, Chinese Public Administration Society, The School of Public Administration of Moscow State University, The Chinese Public Administration Journal: 公共管理国际会议组委会, 2011(5).
[230] IMF. Public investment and public and private sector partnership arrangements[EB/OL]. 2007(8), http://www.imf.org/external/chinese/pubs/ft/issues/issues40/ei40c.pdf.
[231] ISLAM M F, HASAN M S. The Macroeconomic Effects of Government Debt on Capital Formation in the United States: An Empirical Investigation[J]. Manchester School, 2007, 75(5): 598 - 616.
[232] ISAAC ALFON, PETER ANDREW. Cost - Benefit Analysis in Financial Regulation: How to Do It and How It Adds Value[R]. FSA Occasional Paper Series, 1999, NO. 3: 16 - 19.
[233] J. K. KHUNDRAKPAM, SITIKANTHA PATTANAIK. Fiscal Stimulus and Potential Inflationary Risks: An Empirical Assessment of Fiscal Deficit and Inflation Relationship in India[J]. Journal of Economic Integration, 2010, Volume 25(4): 703 - 721.
[234] JUSTIN Y LIN, XIFANG SUN, HARRY X WU. Banking structure and industrial growth: Evidence from China[J]. Journal of Banking&Finance, 2015(58): 131 - 143.
[235] KATSUTOSHI SHIMIZU, KIM CUONG LY. Were regulatory interventions effective in lowering systemic risk during the financial crisis in Japan? [J]. Journal of Multinational Financial Management, 2017(9), Volume 41: 80 - 91.

[236] KIVILCIM METIN. The Relationship Between Inflation and the Budget Deficit in Turkey[J]. Journal of Business & Economic Statistics, 1998, Volume 16(4): 412 -422.

[237] KUNYU TAO. Assessing local government debt risks in China: A case study of local government financial vehicles[J]. China & World Economy, 2015, Volume 23(5): 1 -25.

[238] LEVON BARSEGHYAN. Non - performing loans, prospective bailouts, and Japan's slowdown [J]. Journal of Monetary Economics, 2010(10), Volume 57(7): 873 -890.

[239] MACKINNON D P, WARSI G, DWYER J H. A simulation study of mediated effect measures [J]. Multivariate Behavioral Research, 1995(30): 41 -62.

[240] MINEA A, PARENT A. Is High Public Debt Always Harmful to Economic Growth? Reinhart and Rogoff and some Complex Nonlinearities[R]. CERDI, Etudes et Documents, 2012(18).

[241] NICOLAS JANNONE BELLOT, MA LUISA MARTÍSELVA, LEANDRO GARCÍA MENÉNDEZ. Determinants of sub - central European government debt[J]. The Spanish Review of Financial Economics, 2017(12), Volume 15(2): 52 -62.

[242] PATRICK HONOHAN. Banking system failures in developing and transition countries: Diagnosis and prediction[R]. BIS Working Paper, NO. 39, 1997(1).

[243] PAUL KRUGMAN. A Model of Balance - of - Payments Crises[J]. Journal of Money, Credit and Banking, 1979(8), Vol. 11, No. 3: 311 -325.

[244] PREACHER K J, HAYES A F. Asymptotic and resampling strategies for assessing and comparing indirect effects in multiple mediator models[J]. Behavior Research Methods, 2008 (40): 879 -891.

[245] PAUL ROSE, CHRISTOPHER J WALKER. Dodd - Frank Regulations, Cost - Benefit Analysis, and Agency Capture[J]. Stanford Law Review Online, 2013, 66(9).

[246] RAFAEL LA PORTA, Florencio Lopez - de - Silanes, Andrei Shleifer. Government ownership of Banks[R]. NBER Working Paper, 2000(3), 7620.

[247] ROBERT CULL, WEI LI, BO SUN, et al. Government connections and financial constraints: Evidence from a large representative sample of Chinese firms[J]. Journal of Corporate Finance, 2015(32): 271 -294.

[248] ROBERT J BARRO. On the determination of the public debt[J]. Journal of Political Economy, 1979(10), Vol. 87, No. 5: 940 -971.

[249] RONGZHOU ZHANG, RUOYU SHI, CHENG LI. Local government debt risk measurement and early warning structural system building—Research Based on KMV and TOPSIS Models[J]. E3S Web of Conferences, 2021, Volume 235: PP 02039.

[250] SARGENT, WALLCE. Some unpleasant monetarist arithmetic[J]. Federal Reserve Bank of Minneapolis Quarterly Review, 1981, 5: 1 -17.

[251] SCARTH WILLIAM M. Can economic growth make monetarist arithmetic pleasant? [J]. South-

ern Economic Journal, 1987, Vol. 53: 1028 - 1036.

[252] SHAWN COLE. Financial Development, Bank Ownership, and Growth. Or, does quantity imply quality? [J]. The Review of Economics and Statistics, 2009, 91(1): 33 - 51.

[253] SHIMIN CHEN, ZHENG SUN, SONG TANG, et al. Government intervention and investment efficiency: Evidence from China[J]. Journal of Corporate Finance, 2011(17): 259 - 271.

[254] SHIYU LI, SHUANGLIN LIN. The size and structure of China's government debt[J]. The Social Science Journal, 2011(9), Volume 48(3): 527 - 542.

[255] SINMIN GAO. Seeing Gray in a Black - and - White Legal World: Financial Repression, Adaptive Efficiency, and Shadow Banking in China[J]. Texas International Law Journal, 2015, VOL. 50: 1.

[256] TAKERO DOI, TAKEO HOSHI, Tatsuyoshi Okimoto. Japanese government debt and sustainability of fiscal policy[J]. Journal of the Japanese and International Economies, 2011(12), Volume 25(4): 414 - 433.

[257] THOMAS J SARGENT, NEIL WALLACE. Some unpleasant monetarist arithmetic[J]. Federal Reserve Bank of Minnepolis Quarterly Review, 1981(5): 1 - 17.

[258] TONG H., K S LIM. Threshold Auto - regression, Limit Cycles and Cyclical Data (with Discussion of the Paper)[J]. Journal of the Royal Statistical Society, 1980, 42(3): 245 - 292.

[259] Vighneswara Swamy. Financial Development and Inclusive Growth: Impact of government intervention in prioritised credit[J]. Zagreb International Review of Economics&Business, 2010, 13(2): 55 - 72.

[260] WARREN BAILEY, WEI HUANG, ZHISHU YANG. Bank Loans with Chinese Characteristics: Some Evidence on Inside Debt in a State - Controlled Banking System[J]. Journal of Financial and Quantitative Analysis, 2011, 46(6).

[261] YI - LING CHEN, HSIU - I TING, MING - CHUN WANG. Government support and bank performance during the 2007 - 2008 financial crisis[J]. The North American Journal of Economics and Finance, 2021(1), Volume 55.